暗夜 灯火

——打开历史尘封的红色记忆

樊国安◎著

天津出版传媒集团

天津人民出版社

图书在版编目(CIP)数据

暗夜灯火 ：打开历史尘封的红色记忆 / 樊国安著. --
天津 ：天津人民出版社，2022.1
ISBN 978-7-201-17883-7

Ⅰ. ①暗… Ⅱ. ①樊… Ⅲ. ①期刊研究—中国—现代
Ⅳ. ①G255.2

中国版本图书馆CIP数据核字(2021)第251929号

暗夜灯火:打开历史尘封的红色记忆
ANYE DENGHUO:DAKAI LISHI CHENFENG DE HONGSE JIYI

出　　版	天津人民出版社
出 版 人	刘　庆
地　　址	天津市和平区西康路35号康岳大厦
邮政编码	300051
邮购电话	(022)23332469
电子信箱	reader@tjrmcbs.com

策划编辑	韩玉霞
责任编辑	李佩俊
装帧设计	汤　磊

印　　刷	天津新华印务有限公司
经　　销	新华书店
开　　本	710毫米×1000毫米　1/16
印　　张	23.5
字　　数	280千字
版次印次	2022年1月第1版　2022年1月第1次印刷
定　　价	68.00元

奇人、奇事、奇书(代序)

　　樊国安是我当年在《新闻出版报》(现为《中国新闻出版广电报》)的老同事。他为人热情、豪爽、仗义,是一位奇人。他曾任中国人民解放军空军战斗英雄杜凤瑞飞行大队政治委员,是天津市首届"十佳记者"之一,担任《中国新闻出版广电报》天津记者站站长将近三十年。在报社大家都叫他"老樊",天津文化出版界同行们都叫他"樊哥",中宣部一位老领导则称他为"中国名记"。大家都说,有他在事情就办得红火,事业就干得兴旺。

　　老樊从读书中尝到了无尽的甜头,更愿以专业记者的角度和责任去唤起更多的人读书。早在20世纪90年代,他就撰文呼唤天津开办读书节。在广泛调查研究的基础上,他于1994年1月8日在《今晚报》上发表了题为"中国人还读书吗"的长文,以大量的数据和事实,分析国人的读书现状,痛陈问题所在,呼吁"亡羊必须补牢"。在他和许多有识之士的倡议下,1996年天津首届读书节开办了。由于他对读书活动报道突出、策划积极,成为当年天津市委宣传部和读书节组委会表彰的唯一一位中央媒体记者。与此同时,他又倡议天津人民广播电台开办读书热线,并受邀担任特约嘉宾,利用这块园地,为读书鼓与呼,为营造津城浓郁的读书风气,立下了汗马功劳。此外,他还倡导成立了由出版社、政府部门负责人和社会阅读推广人组成的天津市第一个全民阅读公益团体——天津市南开区公民读书促进会,身体力行地推进全民阅读活动。如今,全民阅读已经蔚为大观,成为全社会的共识。看到此情此景,我想作为阅读推广人的老樊一定会感到欣慰的。

除了写书作文,老樊还有一大爱好——收藏。因为从事新闻出版工作,他很早就对中国古籍和民国以来出版的书、报、刊产生了浓厚的收藏兴趣,开始在天津古文化街、沈阳道、鼓楼,北京的潘家园,以及全国各地的古玩市场淘起旧书故纸来。他说自己搞古玩收藏,主要是为发思古之幽情,给自己充充中国传统文化的电,同时给自己的业余生活添点文化的情趣。他说:"古玩收藏这个门道,除了必须具备一定的财力基础外,能否淘到货真价实的藏品,关键是要靠恒心、眼力和运气。首先是必须有恒心,搞古玩收藏不能鼠目寸光,不能急功近利。"正是靠着这份恒心和眼力,不少高质量的藏品被他收入囊中。

和其他藏家不同,老樊对中共早期出版的"红色读物"兴趣非常浓厚。大约五六年前,他在天津举行的一次古旧书籍拍卖会上,发现了一套1947年出版的《读书与出版》全年12期合订本,就毫不犹疑地举牌拍买下来。

《读书与出版》于1935年5月18日由生活书店在上海创刊,到1937年底停刊。抗日战争胜利后复刊,先后由胡绳、史枚和陈原担任主编。资料显示,抗战胜利后的1946年,全国创办各种报刊1628种,但是生存时间却大多不长,一半以上的报刊生存不到1年,生存期能跨越3个年头的仅占报刊数的13.2%。《读书与出版》在解放战争时期生存了29个月,是当时在"国统区"生存时间较长的"一份很有影响的刊物"。自1946年4月复刊直至1948年9月最后一期被国民党当局勒令停刊为止,这份"红色刊物"的编辑人和撰稿人紧紧围绕人与书、书与人以及个人与时代、时代与个人之间发生的各种心灵碰撞,对那个时代作了真实而生动的记录,是引导"国统区"的人们，特别是引导广大青年奔向进步与光明的"一盏灯"，也是中国读书界和出版界的一个传奇。

《读书与出版》杂志是一部记录一个特殊时代读书界与出版界真实生活和基本文化走向的极其厚重的"大书"；是一部蕴藏着前辈写作人、读书人和出版人集体智慧的"大书"；是一部反映着前辈写作人、读书人和出版人时代风貌的"大书"；是一部闪烁着前辈写作人、读书人和出版人信仰追求的"大书"；是一部传承弘扬邹韬奋精神的"大书"，是一个特殊时代的绝唱！

翻阅杂志上的一篇篇文章，老樊被深深地感动着，激励着。他感到，当年办刊人这种大无畏的精神和"接地气"的办刊经验，对于我们办好今天的报刊、推动全民阅读、繁荣出版事业，仍然具有极为宝贵的借鉴意义。因此，何不把这些往事写下来，把这些经验总结出来呢？这个念头如电光石火般在他的脑海里闪过，一下子点燃了他心中不可遏制的激情。在这个瞬间，他完成了从藏书家向研究者身份的转变和飞跃。

为了研究，也为了写好《读书与出版》这份"红色刊物"的书稿，老樊收集了1935年的6期、1937年的2期，以及1946年4月复刊到1948年9月停刊的全套共29期《读书与出版》杂志。这个过程非常艰难，甚至在2020年初的疫情期间，他也没有停歇，终于从孔夫子旧书网上购买到了一套品相完好的1946年出版的共8期《读书与出版》和1948年出版的共9期《读书与出版》。至此大功告成。

找书不易，研究更难。为了全面、准确地了解《读书与出版》杂志的时代背景、出版历程，总结其办刊经验，为今天提供有益的借鉴，老樊夜以继日，焚膏继晷，殚精竭虑，呕心沥血，把这些杂志共200多万字的每一篇文章反复咀嚼、消化，同时阅读了大量参考书籍和文章，爬梳剔抉，旁征博引，淬炼打磨，总结升华，终于完成了这部20多万字的研究专著。

本书主要分为引言、历史大转折、刊物小档案、青年一盏灯、书籍交流台、阅读推广者、自学大课堂、竭诚为读者、封面和补白、特辑纪念号、精彩文章录、名家论鲁迅、科学小品文、杂志回顾录、图书馆掠影、一流办刊人、书香溢百年、附录等18个部分,从不同角度、不同层面对《读书与出版》杂志进行了全面深入的论述,意蕴丰厚,考据详实,观点深刻,文笔流畅,兼具历史性、思想性、文学性、趣味性、可读性,续写了《读书与出版》杂志跨越70年后的又一个传奇。

老樊这一辈子,和一个"书"字结下了不解之缘。数十年在一份关注书籍的媒体当记者,采访过写书人、编书人、发书人、读书人,而自己也经历了爱书、淘书、藏书、写书的各个阶段,如同一个小小的"书虫",徜徉于书籍的海洋。他之所以对《读书与出版》这份杂志情有独钟,是因为这是一本爱书人写的有关读书和出版故事的书。虽然它距离我们已经很远了,但是我们仍然能从中看见老一辈共产党人读书、评书、写书的精神气韵,感受到一个特殊时代的出版人和读书人的精神追求,从一本本"红色刊物"中,抚摸历史深深的年轮,重温那些激情燃烧的岁月。

2021年是中国共产党成立100周年。老樊的这本书不仅为出版史、读书史研究增添了一分亮眼的成果,也为庆祝党的百年华诞献上了一份珍贵的礼物。

2020年6月18日

李晓晔*于北京花园村

---

*现为中国新闻出版研究院传媒研究所所长,兼基础理论研究室主任。

目录

001　引言

006　历史大转折

011　刊物小档案

021　青年一盏灯

042　书籍交流台

081　阅读推广者

107　自学大课堂

120　竭诚为读者

129　封面和补白

145　特辑纪念号

169　精彩文章录

193　名家论鲁迅

211　科学小品文

229　杂志回顾录

268　图书馆掠影

286　一流办刊人

333　书香溢百年

339　附录:《读书与出版》总目录

362　后记

引言

《读书与出版》1935年5月18日创刊于上海，1936年一度停刊，停刊期间，卷期编号空缺。1937年3月恢复出版，1937年3月16日出版的第24期为复刊号，1937年底再次停刊。1946年4月第二次复刊。

1948年2月12日，国民党上海市执行委员会发出查封生活、读书、新知三联书店和《读书与出版》的密令。1948年10月18日，"三联书店"在《大公报》刊登书店迁往香港、《读书与出版》休刊的启事。俟国民党特务发现时已经人去楼空。[1]至此，到1948年（再次复刊第3年）第9期为止，《读书与出版》就这样被迫和广大读者告别了。

在决定新中国和旧中国"两个中国之命运"的解放战争时期，中国共产党在其所领导的解放区和国民党统治区创办了一大批进步报刊，这批进步报刊成为讴歌光明与进步的时代号角，成为推动解放战争取得彻底胜利的强大舆论力量，被誉为在文化战线向国民党反动派做最后决定性较量的"第二方面军"。在这批进步报刊中，《读书与出版》是中国共产党

---

[1] 范用：《一个战斗在白区的出版社——记读书生活出版社》，《出版史料》第一辑，学林出版社，1982年，第39页。

在当时国民党统治区的中心上海创办的一份"以书籍为中心的思想理论"刊物,是在国民党统治区勇于评论好书、推荐好书,积极倡导读书的"很有影响的刊物"。由于恰巧处于解放战争这个中国历史大转折的特殊时代,以《读书与出版》为代表的进步报刊的出版活动在中国新闻出版史上占有极为重要的特殊地位:在出版活动中形成的马列主义报刊思想理论基础,对于新中国新闻出版事业的发展产生了决定性的影响;以《读书与出版》为代表的一批进步报刊培养的编辑人员、作者队伍,成为新中国新闻出版事业的中坚骨干力量;在出版实践中积累的宝贵经验,对今天的报刊出版仍然具有十分重要的借鉴意义。《读书与出版》以极其鲜明的政治色彩和强大的社会影响成为令国民党反动派胆战心惊、必欲除之而后快的一份"红色刊物",以极其生动活泼的朴实文风和接近生活而成为广大读者争相订阅的"红色刊物",成为一个伟大时代的绝唱。

刊物是精美的,文章是精短的,内容是耐人寻味的,这是《读书与出版》留给读者的深刻印象。以下简单介绍几处。

《郭沫若的演说》中绘声绘色地描述道:"在热烈的鼓掌声中,沫若先生离开了座位,站在我们的面前了。他慢慢地取出预先写好的演说稿,开始读起来了。但立刻我们就不觉得他是在念他的稿子,只觉得他是把全部的心力,全部的人格,倾注了出来,构成他的声音和言语。渐渐地我们甚至不觉得有一个人在演说,只觉得在我们上下周围充塞着一个声音,这个声音宣说着我们人人心头的爱,我们人人心头的憎。于是我们不由自主地发疯一样地鼓起掌来了……"[1]

《夏衍的勤快》中言简意赅地写道:"多数人只知道夏衍先生是个剧作家。然而他实在不只是一个剧作家。他写报告文学,写杂文,写通讯,写小说,还写政论,写国际问题的分析,几乎什么都写。假如说,夏衍先生是

---

[1] 文萃:《郭沫若的演说》,《读书与出版》1946年第7期。

文坛中最勤快的人,恐怕是无可反驳的。"①

介绍《翦伯赞搜集史料的方法》的文章说:"有一天,遇见历史学家翦伯赞先生,谈起他的《中国史纲》……我问起他如何搜集材料的方法。伯赞先生说:'我的方法是很笨拙的。我先从文献资料读起。譬如二十四史,我就通篇读过,任何一篇都不遗漏掉。在读时,用各种颜色笔做下记号。经济史料用红色,政治史料用蓝色,文化史料用黑色……然后再根据这些记号把史料分类抄录下来。读别的文献也是一样。'他笑了一笑:'你看我这方法是不是很笨? 但我想,既要做学问就非笨拙地从头做起不可。'"②

《一本书的诞生》提到文坛两位名人和书的轶事:"抗战期间因纸张来源缺乏,版口都特别放大,有老五号字排十七行四十字,新五号字排十九行四十字者,名为'战时版'。其实用新五号字,印在土报纸上面,模糊不清,就菜油灯下阅读,确乎有损目力,对中年人尤不相宜。据说茅盾先生在重庆,经常须借助于放大镜。鲁迅先生生前自己设计排印的书版,不仅多留天地,且须加排'四配四',战前的北新版各书可以参看。可惜现在的《鲁迅全集》已非当年旧观了。""上面所讲的,都是粗枝大叶,但我们已经应感觉到一本书的诞生,实在也是'来处不易'! 何况更处在今天内战扩大,工料高涨,交通阻塞,销路滞呆,而出版又不自由的时候。"③

谈起当年读书人的风险,《悼失书》的作者沉痛地回忆:"时刻萦回在我脑际的,是一部分心爱的书的失去,每次想起,心中一直是酸溜溜,要难过半天。"因为"这许多书,是冒着极大的险,偷偷地藏在箱子底,从上海带回来的。那时敌人站在码头上,两只狰狞的眼,盯住着每个往来的客人,身上、衣包、箱子,都得经他细细的检查,谁也无法逃过,然而爱着这些书

①《夏衍的勤快》,《读书与出版》1946年第6期。
②《翦伯赞搜集史料的方法》,《读书与出版》1946年第6期。
③《一本书的诞生》,《读书与出版》1947第10期。

犹甚于自己的命,不顾一切,绞尽了脑汁,想尽了方法,终于带了回来。那时万一查出了,白晃晃的刺刀刺进胸口,向白浪滔天的大海里一推,那不是玩的事,然而当时竟没有顾虑到"①。

在《琉璃厂,这旧文化的库房》这篇文章中,作者借用北京一位古董商的口气来表达老百姓对国民党反动派打内战,导致民不聊生的反感情绪:"'这年头儿,在乡下,富的人变穷,穷的人更穷,大家都活不下去。这样冷的天气,'他拉拉大褂,'我连皮袍也换不起。人心太坏了,只有人人改心换肠,世界才有希望。'"②

诸如以上这些生动形象地讲述出版人的辛苦支撑、写书人的艰难创作、读书人书海寻航的各种故事以及文坛名流的奇闻轶事,仅仅只是刊登在《读书与出版》数千篇长短文章中的只光片羽,精彩的文章和珍贵的史料在每一期的《读书与出版》中俯拾皆是,可谓是期期刊物"开卷有益",篇篇文章都有特定价值。所以著名藏书家姜德明先生颇有感触地说:"抗战胜利后,上海生活书店创办的《读书与出版》月刊是一份很有影响的刊物。我有幸保存了它的全套共二十九本,暇时翻翻,仍然感到很新鲜。"③

的确,《读书与出版》自1946年4月5日创刊(复刊)直至1948年9月最后一期(被国民党当局勒令停刊),在长达29个月的时间内,这份"红色刊物"的编辑人和撰稿人不避政治高压,坚持刊登揭露社会黑暗,介绍进步思想、作品及人物的文章,紧紧围绕人与书、书与人、个人与时代、时代与个人之间发生的各种心灵碰撞,各种深刻思考,各种生动故事,各种文字表述,做了200多万字生动有趣的真实记录。恰如《读书与出版》当年的主要编辑人陈原先生所说:"那时写文章是一种战斗,环境虽那么险恶,

---

① 《悼失书》,《读书与出版》1947年第9期。
② 绍荃:《琉璃厂,这旧文化的库房》,《读书与出版》1947年第2期。
③ 姜德明:《〈读书与出版〉杂记》,《金台小集》,广西师范大学出版社,2008年,第149页。

战斗却不会停止的。"①应当说,《读书与出版》这份"红色刊物"当年在国民党统治区文化中心上海的诞生和存在就是中国读书界和出版界的一个传奇。

为了探索和解开这份"红色刊物"成为伟大时代号角的奥秘所在,为了深入挖掘和解析这份"红色刊物"深厚的文化底蕴,让其为我们今天的传承所用,笔者埋头钻进这些"堪称珍本"的《读书与出版》杂志之中,在200多万字的文字"宝库"中钩沉寻觅、剥茧抽丝,仔细欣赏一个个特色栏目,认真品读一篇篇精彩文章,反复研究一个个历史人物,追根溯源一例例动人故事。笔者愈发深刻地感觉到,虽然这份"红色刊物"告别我们已经有70余年的岁月,但是从每期刊物封面特大字号印出的刊名"读书与出版",到每期刊物内文的丰富文字,以及封二、封三、封四的"广告"内容,这份"红色刊物"的每一页都离不开一个"书"字。毫无疑问,《读书与出版》杂志是一部记录一个特殊时代读书界与出版界真实生活和基本文化走向的极其厚重的"大书";是一部蕴藏着前辈写作人、读书人和出版人集体智慧的"大书";是一部反映着前辈写作人、读书人和出版人时代风貌的"大书";是一部闪烁着前辈写作人、读书人和出版人信仰追求的"大书";是一部传承弘扬邹韬奋精神的"大书";是一个特殊时代的绝唱!

同时还应该指出,《读书与出版》的编辑人李平心、艾寒松、徐伯昕、张仲实、林默涵、胡绳、史枚、陈原、陈翰伯等,大多是邹韬奋先生创办的生活书店和"生活"系列报刊的骨干人员;《读书与出版》的撰稿人孙起孟、周建人、柳亚子、王任叔、侯外庐、戈宝权等,全是中国出版界、文化界元老级的人物,每一位人物都有一个传奇般的故事。

---

①陈原:《不是杂志的杂志》,《读书》1990年第9期。

历史大转折

今后数年内，不特对中国人民至关重要，且余信对世界和平亦然。

——马歇尔[①]

　　上面这句话是1946年4月《读书与出版》的创刊号，在显著位置刊登的是负责调解中国共产党和国民党军事冲突的美国特使马歇尔将军对当时中国政治局势的判断。《读书与出版》编辑人之一的胡绳先生说，当时所处的时代节点"对于中国的命运，是划时代的转折点；对于生活和工作在那个时期的每个人来说，都不能不具有分水岭的意义"[②]。

　　抗日战争胜利后，以蒋介石为首的国民党反动派妄图独吞抗战胜利果实，维持大地主和大资产阶级专政的半殖民地半封建的旧中国，妄图利用"和谈"争取时间作好军事部署，发动针对中国共产党及其领导的解放区的进攻；同时混淆视听，企图争取对其有利的舆论。同年，蒋介石连续

　　[①]马歇尔，曾任美国国务卿、国防部长。1945年12月，作为驻华特使抵上海，负责调处国民党与共产党的关系。1946年11月调处失败，返回美国。这句引语见《读书与出版》1946年第1期第3页。

　　[②]胡绳：《胡绳文集（1935—1948）》自序，重庆出版社，1990年，第1页。

三次致电邀请毛泽东赴重庆"共同商讨国家大计"。针对国民党反动派的这一政治伎俩，中共中央发出了《关于同国民党进行和平谈判的通知》，向全党通报了派毛泽东、周恩来、王若飞赴重庆同国民党进行谈判的决定。毛泽东向新闻界发表了简短的谈话，指出目前最迫切的任务，是保证国内和平，实现民主政治，巩固国内团结，以期实现全国统一，建立独立、自由与富强的新中国。毛泽东亲自到重庆谈判，中国共产党争取和平、民主、团结的诚意受到全国人民的热烈欢迎和拥护。同年10月10日，国共双方代表共同签署了《政府与中共代表会谈纪要》，即《双十协定》。国民党方面接受了中共提出的和平建国的基本方针，承认要坚决避免内战。可是1946年6月26日，国民党悍然撕毁停战协议，率先挑起了大规模的武装冲突，人民解放战争就此拉开序幕。

美国著名学者费正清当时曾经非常犀利地批判国民党政府："领导层腐败透顶，秘密警察制度残忍，蒙蔽群众，不管人民死活。"预言国民党"必将失去政权"，认为"中国人民最终会选择'毛泽东的民主'"[1]。果然，仅仅经过短短两年多的时间，到了1948年9月，以辽沈战役胜利为标志，中国人民解放军就在军事战场上进入了战略反攻阶段。

由于日本侵华战争的影响和国民党反动派的摧残，当时中国的文化事业一片凋零，1945年7月7日，田汉、曾昭抡、潘光旦、尚钺、李公朴、闻一多等党内外进步文化人士，在昆明举行的文化检讨会上指出："我们当前的文化正在被绞杀，我们要把文化从严酷的灾难中救出来，我们要把绞扼文化的黑手击退，文化才有发展的前途……谈起文艺，文艺死了，谈起科学，科学死了，谈起教育，教育死了，谈起出版事业，出版事业也奄奄一息了。今日中国文化之所以如此，完全是一个政治问题，政治不民主，一

---

[1]《1946年美国学者费正清对国共两党命运如何分析》，中国共产党新闻网，2001年3月25日。

切文化都没有前途,所以我们今天的任务,应该是用文化来做推进政治运动的工具,要把政治局面打开之后,新文化运动才有发展,否则生存都不可能,还有什么发展呢?"①

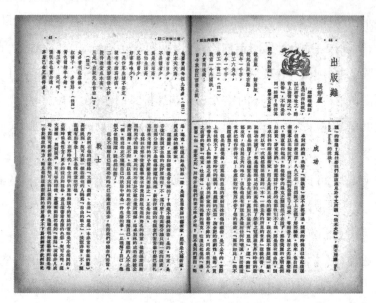

《读书与出版》1947年第2期《出版难》

《读书与出版》1947年第2期发表著名出版家张静庐先生采用"山西快板书"形式撰写的《出版难》,生动、形象地揭露了国民党统治区出版业的一片萧条景象:

说出版,话出版,说起出版实在难。……成本天天高,读者日日少。不是读者少,为是生活高。既怕生活高,又愁好书少,好书为啥少?一是作家生活不安定,没有心绪写好稿。二是通货膨胀发大钞,搅得造货成本高。三是"出版完全自由"了,太多书刊犯禁条,红裤子,多情郎,黄色读物奉令销。冯玉奇,笑呵呵,张恨水也卖勿过,茅

①张静庐辑注:《中国现代出版史料》(丙编),中华书局,1956年,第139页。

盾巴金更差得多！你要向前进，他要往后拖。文化运动三十年，文化水准只看低。往后拖，不算奇，拖倒了（还要）践死你，苛捐杂税样样有，工商贷款你吭份。邮费涨，书价高，出版新书吭人要，吭人要，我弗关，这种生意谁教你干，（到如今）吃苦受难你活该！[1]

在当时上海等国民党统治区内，不仅仅是"出版难"，甚至"抗战以后直到现在（1947年），青年们阅读进步书报还是有罪的。在学校、机关、部队、工厂，在特务势力统制所及的机构里，青年因偷阅书报而被警告，被告发，被申斥，被禁闭，被开除，被殴打，被送往集中营里受苦，乃是习见不怪的事。色情的，神怪的，荒唐的读物可以读，正当的书报被禁止，怕的青年们一旦睁开眼来看世界"。[2]

为此，从1946年5月开始，在思想文化战线，国共两党以上海为主要阵地也开展了十分激烈的争夺战。9月14日，正在重庆同国民党谈判的中国共产党领导人毛泽东、周恩来致电中共中央并转华中解放区负责人，指示华中解放区尽快派人去上海等地办报刊，同时要求"必须尽速出版。根据国民党法令，可以先出版后登记。早出一天好一天，愈晚愈吃亏"，"除日报外，其他报纸、杂志、通讯社、书店、印刷所、戏剧、电影、学校、工厂等方面无不需要，就近请即先到上海工作，在今后和平时期中有第一重要意义，比现在华中解放区的意义还重要些，必须下决心用最大力量经营之"。[3]

《读书与出版》正是利用了国民党政府对报刊"先出版后登记"管理的空隙，先行出版，后办登记手续。笔者发现，从1946年4月复刊开始一直

---

① 编者按：全书引用部分，对于遣词造句与今不同之处，以保留原文为原则。

② 光未然：《蒋介石绞杀新闻出版事业的真相》，张静庐辑注：《中国现代出版史料》（丙编），中华书局，1956年，第99页。

③ 袁亮：《周恩来关心新闻出版工作纪实》，《人民日报》2001年4月28日。

持续到1947年出版的第2期获得国民政府核发的"内政部登记证京警沪字第二一四号"为止,期间《读书与出版》在每期刊物的版权页上都要注明"本刊登记证在核发中"的字样,以对付国民党当局的报刊审查制度。《读书与出版》1937年3月16日的复刊号在版权页上也印有"本刊已呈请中央宣传委员会及内政部登记"的字样,这份"红色刊物"正是利用了国民党政府对报刊"先出版后登记"管理的空隙,肩负着占领和开辟当时国民党统治区域内文化阵地的重要政治使命开始复刊的,并且很快成为引导国民党统治区域内人民大众特别是广大青年认真读书,看清形势,奔向进步和光明的一盏明灯。

刊物小档案

　　一个时代结束了；另一个时代即将开始了。——对于《读书与出版》来说是这样，对于它的广大读者来说也是如此。

——陈原①

《读书与出版》1946年4月5日《读书与出版》复刊号

---

　　①陈原：《不是杂志的杂志》，《不是回忆录的回忆录》，文汇出版社，1997年，第59页。

《读书与出版》分为一次创刊与两次复刊三个阶段。何宝民先生在《〈读书与出版〉的停刊与复刊》中介绍,抗日战争前《读书与出版》是生活书店 1935 年 5 月 18 日在上海创刊的,由李平心、艾寒松、张仲实、林默涵编辑,1937 年 6 月停刊。大约从第 6 期起,由李平心一人负责。1936 年曾一度停刊,停刊期间,卷期编号空缺。1937 年 3 月恢复出版,年底出版至第 8 号(12 月 16 日)。1936 年杂志的期号与前一年接续。开本、装订也同上年,每期为 12 页。第 16 号增至 16 页。1937 年 3 月 16 日出版的第 24 期《读书与出版》为复刊号。编辑人改为张仲实、林默涵,发行人仍为徐伯昕。这个刊物,虽然编者有变动,其格局却没有多大变动。第一次创刊出版的《读书与出版》,在抗日战争爆发后书店领导机构向武汉转移时于 1937 年 6 月停刊。在《读书与出版》1937 年停刊之后至 1946 年复刊之前,生活书店在重庆创办了《读书月报》杂志,16 开本,1939 年 2 月 1 日创刊,1941 年 2 月终刊,共出版了 23 期。头几期由艾寒松和史枚负责,史枚去新疆后,胡绳接编。

关于《读书月报》,著名出版家范用先生生前讲过一段趣闻,1998 年秋天,他和另一位著名出版家王仿子先生去看望住在医院的胡绳先生,范用先生说:"我还带去 1939 年、1940 年胡绳用'雍蒲足'笔名写的一组读书随笔《夜读散记》。胡绳看了在上面题字'范用同志出示五十余年前从我主编的《读书月报》上一些小文章剪集在一起的本子,经历了半个世纪的风云,居然尚存,实属不易'。"①

为了便于对这份"红色刊物"追根溯源地进行研究,笔者有幸收藏了《读书与出版》1935 年 5 月 18 日的创刊号和 1937 年 3 月 16 日出版的复刊号,以及 1939 年 2 月 1 日创刊的《读书月报》。著名翻译家戈宝权先生回忆:"1939 年生活书店创办了《读书月报》,由艾寒松和史枚主编,发行人

---

① 范用:《怀念胡绳》,《书香处处》,生活·读书·新知三联书店,2020 年,第 218 页。

《读书与出版》1939年2月1日《读书月报》创刊号

为徐伯昕，我当时曾为这个刊物写了《马克思是怎样读书的？》《在斗争中成长的西班牙新兴文学》《关于学习俄文诸问题》《漫谈书在苏联》专文。"捎带一笔的是，1946年复刊后的《读书与出版》第3期曾经登出一则《读书月报出版预告》："抗战期间，生活书店曾于大后方发行《读书月报》。除刊载一般理论文字与各科学习的方法和经验外，并以学术思想独立自由为指归，与读者通讯讨论，每期均有各种书报的批评介绍，甚受青年学习者欢迎。今该刊拟于最近在沪恢复出版，敬希读者诸君注意。"①史枚先生说，《读书月报》的"性格基本上和《读书与出版》相同"②。《读书与出版》第二次复刊是抗日战争胜利后的1946年4月5日，先后由胡绳、史枚和陈原主编。

---

① 戈宝权：《我和生活·读书·新知三家书店》，《出版史料》第一辑，学林出版社，1982年，第54页。

② 史枚：《记〈读书与出版〉和〈读书月报〉》，《读书》2003年第5期。

一、《创刊漫话》

《读书与出版》1935年第1期发表的《创刊漫话》是这样写的：

> 说句太阳底下的话罢：只有当读书由少数人书斋里的游戏奇迹变成为众多人所必须的粗衣淡饭，出版事业完全对老底子被称为文盲的人公开着，然后我们才有勇气说中国有了坚实的文化。
>
> 凭我们的一点不敢说是怎么深广的观察，觉得现今国内并不完全缺乏好的读物，在生活书店不久就要出版的那本《全国总书目》中，读者可以看到有多少值得一读的书籍在那里等我们去读。当然，如果我们能直接读外国书自然更好，但一味只知道洋书可爱，而忘却了我们自己近一二十年来的文化成果，以为没有一本可读之书，那也有点冤枉。但是，我们不是国宝论者，也不是中西调和新旧合参论者，所以如果有人说"我们要多读点古书"，那就让他们去读吧，可是如果他们硬要说"你们也得跟我们一样"，大家只有谢谢啦，对不对？

《创刊漫话》最后写道：

> ……在可怕的不景气流入全国的出版界和读书界的现在，我们却来办这个刊物，神经过敏者也许会说我们怀了野心，要克服这两个"界"的不景气。我们又不是出版界的罗斯福，这野心于我们何用？这里也用不着列举我们的什么计划、希望、内容之类，只要老老实实告诉读者，如果说我们出版这刊物还有什么宗旨，那只有两点值得宣布一下的：头一是要替读者和出版界做一个老实的媒婆，一面叫出版界好的货色不致搁在灰尘满布的深闺中做老处女，一面叫读者不必

花冤枉钱讨进一只白鸽或杨梅毒；还有一点，我们很愿尽力告诉读者一点读书的"门槛"，报告一些新书或出版消息。

二、《出版界往哪儿走》

《读书与出版》创刊号上发表的平心先生撰写的《出版界往哪儿走？》一文，严肃指出了当时出版界的两大显著弱点：

　　头一是没有半点带有独创性的设计（当然不可一概而论），只知道跟帮学样的可靠，不懂得独辟蹊径之可贵。你要出一个百日通，我就来几本更快的一月通，你要出一部小朋友丛书，我就来一套儿童文库，你要出一部晚明小品，我就来一本公安文选。热闹诚然热闹，却不知道老是一套《桃花江孟姜女》的播音，听得人那怕尽是低能儿，也会感到厌倦啊。在我想，各家书店不论大小，能够稍稍用一点脑子对准着读者某一方面所没有满足的需要干他一下，即使稍带几分冒险性，也比紧紧跟在别人屁股背后而到头还不免失败要体面多了。当然，我们无意在这里讲体面问题，但一本正经地说，能够拿出道地的货色对准"读书界"的需要，而同时在营业方法上不过于落伍，也不趋于滑头，即使不能担保定操胜算，失败到那里去也不见得吧。

　　据笔者最近编《全国总书目》的经验，觉得中国出版物在各科目的比例上分配得极不均匀，有的同类的书多至数十种以上，有些科目（不一定是十分专门的）又一本没有，这种畸形的状态当然可以归因到读者的需要和程度，但书业界看不清缺少那些读物和那些读物过剩，造成瞎子浑水摸鱼式的投机，却是中国读物缺少新的生气的主要原因。

平心先生接着指出，当时中国出版界第二大弱点是缺乏鉴别的能力。最后提出要做点出版业消毒的工作：

> 将一些低级趣味的陈旧小说或腐败读物加上一套不三不四的新式标点，去骗那些落后读者的钱，妨碍一般读者接近新的读物，这不但是加速近年新的出版事业破落的原因之一，而且也是整个文化界堕落的征象。对于这，单是做点宣传或精神制裁的工作是无济于事的，必须要有廉价的、通俗的、有益的新出版物来代替那些劣等读物。

同期刊物发表的署名"鹤天"的文章《关于读书的态度与书》，也颇有深度。作者实事求是地批驳了书籍万能论和书籍无用论，作者认为：

> 我们还得把书当做朋友和敌人看待，爽快地说，就是要在书本里辨别"友乎？敌乎？"来，"开卷有益"的读书态度支配了无数读书人的头脑，其实如果本本书都对任何人有益，也就不成其为书了。书是有益的，但也有时是有害的，书是朋友，但也有时是敌人，这不只是从价值上来区别，而且是从书的立足点来判断的。有许多书能指示你往南或下北，你照着所指示的走去，是不会出拐的，但也有许多书有意或无意地向你乱指一阵，甚至指南为北，认北为南，如果你作为一个老实的读书者，就有得苦头要吃了。因此太老实地读书是有上大当的运气的。

还有署名"豁风"的《怎样利用杂志》一文，作者认为："事实上杂志能供给我们在书本子里所不易找到的生动知识，因为它们往往能提供簇新的精粹的材料，能表示人类智慧之有系统的发展，所以光知晓得阅读普通书籍而忽略杂志的利用，和只爱读杂志而不去读单行本的书籍，同样是偏狭的。"作者提出:"读杂志的文章我觉得应当和读普通书籍一样,不但须有精读和粗读之分,而且也要有笔记和整理的工作……"

《读书与出版》创刊后,除发表书刊评介和读书知识介绍外,还载文评述文化界的重要问题和事件,阐述学术上的重要问题,指导各科研究方法和经验,介绍书报,解答读者疑问,发表读书心得、读书印象等。笔者从1935年5月18日出版的《新生》周刊第二卷第十七期首页杜重远先生主持的"老实话"专栏旁边看到了这样一行字:"注意:本期附有生活书店编行之《读书与出版》八页,售价照旧。"《读书与出版》在"创刊号"中明确告知读者,"民国二十四年五月十八日出版。每月中出版,全年十二册,附《新生》周刊赠送",也就是说《读书与出版》当初是作为《新生》周刊的"附刊"赠送给读者的,是一份"刊中刊"。

应当说,抗日战争前后创办和复刊的《读书与出版》以及抗日战争期间创办的《读书月报》都在不同时期为读书界和出版界做出了巨大的贡献,成为当时倡导读书、鼓舞人心、推动进步的重要文化刊物,引导很多青年读者走上了追求进步的人生道路。这是一种伟大的历史性的贡献。

三、复刊

抗日战争胜利结束后的1946年4月5日,在上海重建了领导机构的生活书店出版了《读书与出版》复刊后的第一期。这也是《读书与出版》的第二次复刊。这次复刊的《读书与出版》是32开本,先是20页,后增加到32页。新书目以外的文章部分前期约二万五千字,后增加到约五万字(小五号,行间不加条)。从1946年复刊的第6期开始,将文章目录由内页里的一角改为在首页刊登,使读者对文章标题更加一目了然,开始了由介绍书籍的宣传小册子向"正式"杂志的过渡。1947年第1期正式改版,开始以正规杂志面貌和读者见面,改为大32开本,彩色封面,封一除了"读书与出版"大字刊题外,还有重点文章提示、绘画图案以及杂志的期数标识。封二用来刊登全部文章目录和杂志社的地址及版权页。封三和封四用来刊登生活书店出版的新书目。内文60~70页,容纳文章七八万字。

从当时刊物的读者分类情况看,三分之一是大、中学生,三分之二是职业青年。读者强烈需要的是与现实生活有关系的文字,包括时事性质的、工作学习方面的,喜欢实而不浮的有血有肉的论文。为此,《读书与出版》的宗旨之一就是继承韬奋《生活周刊》为读者服务的优良传统,与读者通信讨论,解答一切读书上的疑难问题,帮助读者丰富学问,增进读书兴趣,做辅导青年学习的好朋友。

1947年后,上海的政治环境更加恶劣起来。1948年2月12日,国民党上海市执行委员会发出查封生活、读书、新知三联书店和《读书与出版》的密令,加之此时解放战争的形势发生了根本的变化,生活书店决定主动收缩,同时为未来的新局面作准备。1948年10月18日在《大公报》同时刊登出"三联书店"迁往香港和《读书与出版》休刊的启事。俟国民党特务发现时已经人去楼空。至此,到1948年第9期为止,《读书与出版》就这样被迫和广大读者告别了。

《读书与出版》从第二次复刊到停刊,历时两年零五个月,总共出版了29期,成为一份在一个特殊时代留下绝唱的"红色刊物"。

有关资料显示,抗战胜利后的1946年,全国创办各种报刊1628种,其中包括大大小小的综合性刊物、专业行业报刊,但是生存时间却大多不长。其中生存时间不到一年(即当年创刊当年停办)的占当年创办报刊数的35%。生存时期在两年以内(即当年创当年停,或当年创次年停)的占所创报刊数的一半以上,达到了66.6%。生存时期能跨越三个年头的仅占报刊数的13.2%。20世纪20至40年代,特别是在抗日战争到解放战争时期,是我国读书刊物发展的一个兴盛期,诞生了《读书杂志》《中国读书月报》和《读书与出版》等30余种读书刊物。这些读书刊物大多数出版时间都没有超过两年,《读书与出版》在解放战争时期生存29个月,跨越了3

个年头,如果再加上第一次创刊的时间,就成为在"国统区"生存时间最长的"一份很有影响的刊物"。

《中国读书大辞典》中关于《读书与出版》的词条是这样写的:

> 该刊倡导在自身学习中求得读书方法,不必去迷信那些长篇大论的读书经验,并鼓励在学习中自我总结,互相交流以提高自学水平。战后曾由孙起孟倡议,发起"学习合作活动",介绍读者自由组合,交流学习心得,进而拟办"通讯图书馆"。该刊内容安排以读书心得、读书札记(背景材料)、名著摘要、书评为主,且以如何制定学习计划、如何搜集整理资料、如何调查与分析等基础方法为主。从30年代到40年代始终占有中心地位的栏目有《书评》等。有特色的栏目则有《文化谈评》《读物印象》《读书往来》《读书商讨》《书市散步》等。一批民主人士和著名学者如孙起孟、周建人、柳亚子、王任叔、胡绳、戈宝权、侯外庐等经常为之撰稿。该刊内容丰富,文笔通俗亲切,不避高压,经常刊登揭露社会黑暗、介绍进步思想、作品及人物的文章。如《图书审查种种》、《王贵与李香香》(书评)、《闻一多与吴晗》(其人及其著作)等。对引导青年接受新知、追求民主和社会光明前景起到了积极作用,是当时有影响的读书杂志。

四、"红色刊物"

客观而论,《读书与出版》这样一份在国民党政府眼皮底下出版的共产党刊物,既要坚持说真话、讲真理,又要应对、"智斗"国民党的新闻检查,把想发的文章发了,把想说的话说了。在极其恶劣的环境下竟然能够坚持连续出版三个年头之久,这不能不说是一个奇迹!正如陈原先生所说:"抗日战争胜利后,我回到上海。生活书店把原来一个宣传推广的刊物《读书与出版》改成一个以书籍为中心的思想评论的综合性杂志，由史枚主编。1947年春史枚调香港，由我接办。编委会有周建人、杜国庠（守素）、戈宝权、陈翰伯和我五人，我们每个月聚会一次，定选题，分任务，一直出到一九四八年冬，因政治环境恶化而停刊。回头一望，这个杂志在那'黎明前最黑暗的时刻'，起了我们预想不到的作用，特别是第一线刊物《民主》《消息》《文萃》相继被迫停刊，这个小刊物对国统区广大读者还是起到一定作用的。"①

著名学者方晓红在《抗日战争与解放战争时期中国报刊事业的特点》的学术论文中，引用刘光炎等人的谈话说，抗日战争"胜利后，新闻界'左倾'风气盛行，'亲共的昂首天外，气概不可一世；反共的报纸反而深感荒漠呼声，得不到回声的孤寂'"。我们可从这些话中看到中国共产党在政治军事上的伟大胜利和在报刊事业上的伟大胜利。应当说，虽然《读书与出版》杂志因为传播真理和正义的声音，成为国民党反动派极为嫉恨的"红色刊物"，因而遭受了被迫停刊的命运，但同时它也成为中国共产党取得"报刊事业上的伟大胜利"的一个有力的佐证。

曾经见证《读书与出版》复刊和停刊历程的陈原先生说："一个时代结束了；另一个时代即将开始了。——对于《读书与出版》来说是这样，对于它的广大读者来说也是如此。"②

①陈原：《生活·读书·新知三家出版社的杂志和我》，《陈原出版文集》，中国书籍出版社，1995年，第464页。
②陈原：《不是杂志的杂志》，《不是回忆录的回忆录》，文汇出版社，1997年，第59页。

青年一盏灯

一盏灯,在心里,又红,又亮,又热,烤我寒冷的心。

——牛汉①

"在灯光下,年轻的高尔基正在用功读书。"这是《读书与出版》1947年第1期的封面图片说明,图片中光亮闪闪的"一盏灯"寓意着这份杂志肩负的神圣历史使命:"为读者——主要是青年指引一条健康的人生通途。"当时国民党反动派以美帝国主义为靠山,正在发动全面内战;人民群众则在中国共产党"建立独立、和平、民主的新中国"的号召下,对国民党反动派进行着顽强的抗争。国民党统治区的人们尤其是广大青年正处在彷徨、徘徊、抉择的十字路口,做一盏灯,又红,又亮,又热,照亮人们的心,引导人们特别是青年看清大势,摒弃徘徊,奔向以中国共产党为代表的光明和进步的未来,踊跃参与到人民解放的时代大潮中来,就成为《读书与出版》最神圣的历史使命。

---

① 诗人牛汉的话转引自章洁思:《1994,我的北京之行》,《上海文学》2019年第7期。

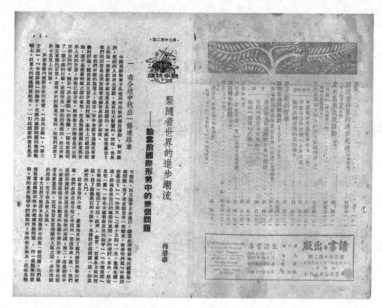

《读书与出版》1949年第2期《紧随着世界的进步潮流》

一、引导人们读"活"书

《读书与出版》1946年4月5日出版的第1期（复刊号）刊登署名"凡士"的文章《介绍一本大书——上海》，开篇写道：

> 抗战结束以后，中国的政治社会经济的各方面都进入大波动的时期！在上海这个地方，这个时候，有着各式各样的苦痛和喜欢，来自每一不同方面的人的要求和愿望，有严肃的斗争，也有无耻的荒淫，有笑，也有眼泪，有中国的过去，也有中国的将来。总之，有着我们几乎不能想象的复杂情形。

文章接着向人们提出了"五连问"：

什么书本可使我们读到上海的现实生活？从日报上可以看到上海么？从流行在报摊上的小报型的刊物上可以看到上海么？从文艺刊物上可以看到上海么？从为多数进步读者所喜爱的刊物上可以看到上海么？是的，他们告诉了我们当前的世界，当前的中国，足以帮助我们懂得当前的上海，他们也反映了当前的上海的某一些问题。但是人们有理由说，我们从这些刊物上还看到太少的上海。

文章向当时的"读书人"提出了这样的一个任务：

为了使得我们有一些书刊报纸能够丰富地反映出上海，反映出上海各方面的生活，各方面的要求和愿望，也就需要无数生活在上海中的人来努力——来观察，调查，研究，描写，记述……我们说，文艺要反映现实的生活，又说，理论要和实际结合，又说，个人的生活要和群众结合在一起。那么我们就不应忘记这环绕着我们的最现实不过的上海，以及上海的三百万人口。

文章最后指出："《读书与出版》一个责任是介绍书籍，我想，在介绍许多可从书店买到的书以外，还应介绍一本大书——就是这上海。读通这本书是不容易的，但我们应该仔细地读它。"

曾经主编这份刊物的陈原先生说，《介绍一本大书——上海》标明了刊物的宗旨是要人读"活"书，即同社会实践相结合。

这一段话写得真是入木三分；当然有点"伊索寓言"的笔法，但在1946年的上海，难道可以直截了当地说：亲爱的读者诸君，你们要读书，可你们不要死读书；书是传播知识的工具，不读书是绝对不行的，但是应当去认识"活"的书——社会，参加社会的斗争，这是一本非读不可的大书。不行,这样写不行,只能转弯抹角,而那时的读者脑袋里多一根弦,他们都懂得你说什么。你说"上海"是一本大书,要读懂它;读者懂得"中国"也是一本大书,你非读懂它不可。要读懂它,就要参加它的斗争。

这篇短文只一千字,没有用多少篇幅去作冗长地说教,而是尖锐地提出了很多问题,留给读者去思考,去学习,去做出结论。在一篇文章里硬是把一切问题都按自己的主张解决,这是杂志文章的大忌。《读书与出版》1946年的文章大体都没有犯"忌"。[1]1948年出版的《读书与出版》第1期刊发署名"邹彦"的专论《新形势和新认识》,满纸说的是国际局势,其实处处都写国内形势。文章开头就指出:"形势往往走在思想的前面,到一定阶段时,旧形势所形成的旧思想方法就会逐渐地失去效用,难以适用于新的形势;这就要有勇气来把旧的思想方法提升到新的阶段,才能正确地认识新的形势,从而推动这新形势向进步的方向发展。"同时向读者阐明:"业已过去的是消极的'团结以求和平'的阶段,今后的是积极的'斗争争取胜利'的阶段。面临着这新旧形势转换的我们,是不是思想上已经随着形势的发展而跟着发展了呢? 这是我们每一个人今天应该好好检讨一下的一个问题。"文章提出了新的形势需要新的斗争方式:"而这方式不仅已经从世界人民的经验中创造出来,而且其正确性已经开始为事实所证明,那就是更加依靠群众,放手进行斗争。"意思再明白不过了。文章指出,如果我们的思想跟着提高,那么我们就不会悲观,而且不会被"纸老虎"所吓倒,"对民主人民胜利的前途,就一定有更高的信心"。[2]

---

[1]陈原:《不是杂志的杂志》,《不是回忆录的回忆录》,文汇出版社,1997年,第54页。

[2]陈原:《不是杂志的杂志》,《不是回忆录的回忆录》,文汇出版社,1997年,第55页。

二、增设"问题解答"专栏

为了更加充分地满足广大读者对现实问题的关注,《读书与出版》从1947年出版的第9期起,增设了"问题解答"专栏。专栏的开头语说:"这里所解答的,有时是某些名词、术语的涵义,有时是一件事情当中所含有的道理,有时是对于某种局势的解释和推测,等等,可以说是小辞典各科常识和信箱的综合。"《读书与出版》1948年第2期刊登了一位署名H.K.先生的读者来信——《职业青年的苦闷》,该刊的编者按语说:

> 我们收到许多职业青年的来信,提出好些关于生活与理想,工作与学习的问题来。H·K先生的来信就是典型的例子。他说:……我入社会不过一年多,处处感觉生疏,尤其是一些社会黑暗,认识不清,找不到一位真实的导师指教,对于一些事很难获得正确的判断。因为把握不住一个正确的学习目标,而且学习的环境不好,进取心一天天受到打击,越来越觉得进修是一种奢望,渐渐地流入神经衰弱之途……我很想投入伟大的洪流里去,锻炼成一个坚强的斗士,我不知道这样是否会使我坚强些,可是这在眼前就跡于幻想因而感觉苦闷。

该刊还刊登读者岗岚先生的来信说:"许多友人都患着同一的病:他们为时代的阴暗而苦闷。天天受着良心的谴责,但没有起步走。"编者按语说:"我们相信这是多数职业青年的苦闷。"编辑部邀请傅彬然先生答复说:"我们以为根本上还得从培养正确的人生观讲起。……肯定人生,面对现实,透彻了悟自己是众人当中的一个,努力跟全人民共甘苦,同祸福,去创造合理的新社会,这才是现代的正确的人生观。……我们现在所说的'理想'和'上进'的正确的意义应当如此:'理想'指的该是增进全人民幸福而去创造新社会的理想;'上进',该是不断争取认识上、品格上、知能上的进步,充分发展自身的才能去多多为人民服务。"

这个专栏的撰稿人之一陈原先生回忆:

> 《问题解答》设两类内容,一类讲经济,一类讲国际,分别由杨培新(后来由钦本立和娄立斋)和梅碧华(陈翰伯的笔名)担任,有时也有贝逊(翻译福斯特《新欧洲》一书时所用的笔名)的解答。有的问题是从读者中来的,有些问题则是读者关心而由提出的——第一次刊出的《问题解答》(经济栏),是评论国民党中央银行1947年8月18日调整外汇牌价引起的后果——这涉及通货膨胀、物价高涨、生活水平下降等等,直接关系到广大人民的切身利益。

针对这次外汇牌价调整,解答文章的结尾直接指明:"物价新的涨风动矣,这次涨风,就以外汇市价与官价的倍数,为涨价的目标。外汇调整三倍强,物价必涨上去,因购买力低,涨得慢一点,但物价如弹簧,仍将慢慢撑上去。"陈原先生说,因为这个专栏回应的问题是与广大读者密切相关的,同时又是用最通俗的答问方式表达的。事实证明这种评论(问题解答)是那时读者最欢迎的。[1]

三、语言犀利的"笔谈"专栏

《读书与出版》在1945年4月5日的复刊号刊发了史枚先生署名"子起"撰写的《春天——时局的关键》,里面引用美国特使马歇尔将军的话说:"今后数月内不特对中国人民至关重要,且余信对世界和平亦然。"文章旗帜鲜明地指出:"然坚持内战坚持一党专政的分子尚未退却。要到5月国大开过后,大局才渴望稳定。拥护和平建国的同胞,应把握这紧要关

---

[1]陈原:《不是杂志的杂志》,《不是回忆录的回忆录》,文汇出版社,1997年,第57页。

头,勿使倒行逆施者得逞。"《读书与出版》在1946年第2期"笔谈"专栏刊发署名"凡士"的文章《前途还是艰难》,直截了当地告诉读者:"人民要复员,但偏偏有人还一心一意想动员起来打内战;人民要求和平民主,但偏偏有人还在打着武力统一、专制独裁的算盘。既然还有着这种反动的想法和做法,那么在战后走向和平建设的道路上,自然一定有重重的挫折和磨难了。要取得真正的和平安定的环境,只有靠人民的力量来进行多方面的更长期的艰苦斗争,其中,文化斗争正是最主要的方面之一。"

《读书与出版》1947年第9期"笔谈"刊登胡绳先生的文章《历史的进程》,直接呼吁人们:"我们不要等到以后再来看清现在。我们不要做坐在车厢里打瞌睡、发牢骚的旅客;我们能够感觉到脚底下奔腾向前的车轮,我们要全心全意地奔赴向前,通过莽莽的平原而扑向那终于要到来、一定会到来的目的地。"

同年刊物第10期刊登胡绳先生执笔的"笔谈"文章《坚定的信念》直接坦言:"我们的信念从什么地方来? 从现实发展的基本方向而来。……对于当前时局的'气候'的发展,能否预测呢? 其基本发展方向可说已完全确定了,而且纵然看不见'天文台'上挂出的风球,一个有经验的人已能自行下判定。问题只是:我们在把握到基本方向后,是否能坚定信念。"

周建人先生在1948年《读书与出版》第1期"笔谈"上撰写的《把过去做一个结算》中说:"在这一个社会里,有一些人,只许制造黑暗与施行压迫,却不许别人有一些不平。差不多所见的社会情形一向就是如此,许多人所见是相同的。……现在旧的一年已经完结了,且看新的一年怎么样。"

同年刊物第2期署名"风"的"笔谈"文章《校门之外》更是直截了当:"人生本来是战斗,特别是我们这个半封建半殖民地的知识分子,从很年轻的日子便体味了生活的苦痛。越苦痛,便越要战斗。一个人战斗,几个人战斗,大家一起战斗。战胜企图压服我们的力量。在求知、读书与学习上,不放弃能够掌握到的一点时机,发挥自己自学自助的坚韧精神。既然是在校门之外,那么也好,知识本来不仅是在校门之内的。我们要把校门之外更广大的知识天地开拓出来。"

1948年第8期发表署名"白"的"笔谈"《不要文化》例举了当时令人瞠目结舌的文化现状:

> 现在上海的出版事业面临着很大的危机:纸价天天涨,排印工天天涨,可是购买力却天天跌,能够发行的地区天天狭——有的去不起(航邮费太贵),有的不能去(去了会自行失踪)。7月下旬一本16页的周刊,起码要卖15万元。书价更吓人,动不动就是百万、千万。呆住了还不要紧,听说新书业拟定照基本定价14万倍发售,还没有发表,因为成本跳的太凶,只好临时改成16万倍。16万倍呆不住几天,一跳跳到25万倍。其实出版家也是有苦说不出。……
>
> 这些还只是经济上的因素。至于政治上的迫害,尽人皆知,不必细说。当然这是一时的现象——我们相信黑夜关不住太阳,到了天亮,太阳还是爬起来的。现在这种情形,无宁用英国科学家最近大声疾呼的"资本主义政权不要文化"这句话的意思罢了。

1948年第7期署名"澍"的"笔谈"《痛念四位民主战士》充满了一腔义愤:

> 在近三四年的史页中,七月是一个悲壮的月份;它充满了民主的战斗精神,洒遍了民主英烈的热血。邹韬奋、陶行知、李公朴、闻一多都是在这不同的年份而同一个月份里相继而死的。陶邹二公死于政治迫害与过度辛劳,李闻二公则死于最无人道的政治暗杀。然而他们的献出生命,却有一种共通的因素:即由于他们永远忠诚于人们大众的解放事业,反对压榨人民出卖国家的无耻勾当,因此遭无耻份子

的明害暗算,终至于死。

这四位战士毕生的战斗大抵都在文化岗位上进行的。韬奋先生的笔锋始终无情地对准人民的敌人射击;陶先生是民主教育家,他毕生致力于新启蒙教育运动;李先生一直为民主运动奔走呼号,至死不渝;一多先生从书斋奔向人民,他大呼:"为人民要站在人民之中,而不站在人民之上。"他们四个人的事业与人民的解放事业是真正结合成一片的。他们的一生,从不为自己,可以说:一切为人民。正如沈钧儒先生写韬奋先生所说,他们"只问人民大众的需要和公意,不知自己一身的利害。……就因为这样,决心参加了救国运动,努力于民主运动;就因为这样,卒至不恤奔驰颠沛以迄于死!"

今天,在天亮前的黑夜里,作为知识分子的我们,来追念这四位民主战士,最重要的是要学习他们不屈不挠的战斗精神,是要学习他们为人民服务的"鞠躬尽瘁,死而后已"的精神,来作为改造自己生活与思想的圭臬。

文章的立场是何等地泾渭分明,笔触的情感是何等地义愤填膺,字句饱含的力量是何等地激励人心!

在此处还有一个重要史实需要提及:1946年7月11日,读社创办人之一李公朴在昆明被国民党特务杀害。10月4日,上海各界举行悼念李公朴、闻一多大会,邓颖超代表周恩来宣读亲笔书写的悼词:"今天在此追悼李公朴、闻一多两先生,时局极端险恶,人心异常悲愤。但此时此地,有何话可说?我谨以最虔诚的信念,向殉道者默誓:心不死,志不绝,和平有期,民主有望,杀人者终必覆灭。"①

---

① 范用:《一个战斗在白区的出版社》,《出版史料》第一辑,学林出版社,1982年,第39页。

此外还有《迎接困难》《关于饥饿》等一批针砭时弊、抨击腐败现象的"笔谈"文章,现在读来仍然令人回肠荡气,感慨不已。陈原先生说,《读书与出版》的"'笔谈'基本上是编委写的杂文,如1948年第1期有三篇,分别由杜老(国庠),周老(建人)和陈翰伯执笔——其中一篇《元旦试笔》引导读者要'从反面或者夹缝里去了解'时局的动向;另一篇《把过去作一个结算》,指出'就是仅仅为了生存,也非冲破黑暗,求得光明不可了'。最后一篇《新闻自由一例》用事实驳斥那时宣扬的什么美国式'新闻自由',说那不过是'以制造和散播谣言为最大的快事'。三篇短文都是切中时弊,读来为之一快的"[①]。《读书与出版》"笔谈"专栏的主要撰稿人胡绳先生生前曾经回顾说:"产生这些文章的时期是中国民族在极端苦难中进行复杂的战斗和抱着明天的希望的时期。……这些文章所涉及的是中国历史发展大变化的关键时刻。这些在当时所写的评论也许能使读者得到比事后的历史叙述更亲切的感受。"[②]

四、指向明确的"时事特讲"

《读书与出版》开办的"时事特讲"专栏是分析当时国际问题(有时也涉及国内)或经济问题的,不但提供观点,而且介绍参考材料,有助于时事研讨。

娄立斋先生在《读书与出版》1948年第9期发表的《美援与中国经济》结尾部分对当时美国政府对国民党政府的所谓"美援"本质的揭露非常深刻:

> 美援对于中国的经济危机的挽救是没有多大帮助的,相反地,可

---

①陈原:《不是杂志的杂志》,《不是回忆录的回忆录》,文汇出版社,1997年,第57—58页。
②胡绳:《胡绳文集(1935—1948)》自序,重庆出版社,1990年,第2页。

能使中国的经济更沦于殖民地化。原来政府当局为了争取这批美援，已付出了重大的代价！对美国所需要的物资，不论国有民有，中国政府要无条件地供应。对执行美援而来的大批美人，要予以外交使节的优遇。中国要更改外汇贸易政策，对于美国及其他外商要给予和国人同等的经济权益。……中国政府在这巨细不遗地承认了这许多大大小小的要求之下，美国乃允给予上述的"援助"。由此我们将看到受得"美援""恩泽"的地区，其经济地位将更沦入殖民地化，而成为山姆叔叔的附庸。这使我们不禁长叹：呜呼，如此美援！

戴文葆先生在《读书与出版》1948年第3期的"时事特讲"专栏发表的文章《莫斯科外长会议》中明确指明：

中国的悲剧，是美国从中"调处"的和谈掩没了内战的炮声。现在，接着马歇尔元帅返国之后，撤销军调部，美军小部作象征撤退：都是为了美国在外长会议里有个比较漂亮的发言地位。中国官方一方面布置着"改组政府"，一方面扬言不受莫斯科会议的约束：这紧张而焦急的对内与对外的措置，已不可掩饰地显露了极端分子利用反对所谓"干涉中国内政"而坚持其卖国独裁的嘴脸。

严格地说来，所谓中国问题，应该是结束一党专政实行和平民主的问题。自然，将中国作为问题在外长会议里提出讨论，在中国人民看来，实在是一种奇耻大辱。但中国内战不停，经济紊乱，政治黑暗，人民死不得、活不成，毫无疑义地危害世界和平。

作者的锋芒指向一是严厉批判国民党反动派发动内战不得人心，二是严厉批判美国政府对中国内政的任意干涉。数十年之后，戴文葆先生在《我的业务自传》中还写道："1946年间，先后在生活书店出版的《理论与现实》《读书与出版》杂志发表过论文;当时胡绳同志主持编辑部,有时出题叫我作文。生活书店还出版了《国际形势读本》,我与冯宾符等同志为作者。"樊希安先生在他书中说:"戴公既是编辑家,又是出版家、著作家,编辑、演讲、著述具精,学富五车,见多识广,是我国新闻界出版界的活字典,听他谈话真是一种享受。既听到了经验,又增长了知识,还丰富了情感。一次闲聊到我国著名报人王芸五的奇闻轶事,戴公说,刚解放时,公家给王芸五定的月收入是八石小米,王说什么也不要,问为什么,王就是不吱声,最后逼急了,王才说:给我八石米,我不就成了王八石(蛋)了吗! 这只是一个插曲,戴公知道的确实很多很多。戴公的去世,仅仅从我国新闻出版资料的收集来说,就是一个重大的损失。因此,诚如组织上对其最后的评价所言:'戴文葆同志的逝世,既是其家人和朋友的损失,更是党和国家出版事业的重大损失。'"①

20世纪90年代初期,笔者在南开大学编辑专业讲课时有幸和戴文葆先生当面一叙,谈及当年他给《读书与出版》等进步报刊撰稿的往事,老先生莞尔一笑:"当年我也是一个渴望光明、追求进步的热血青年啊!"

《读书与出版》1947年第4期刊登的《物价还要上涨么?》,文章的标题就很牵动人心。

去年年底上海零售物价指数,约当民国二十六年(1947年)的六千八百倍。今年一月底,上升到七千九百倍,此后逐日高涨,二月中旬的物价指数高达一万两千九百倍。二月下旬至三月初,物价稍回,平均仍在一万一千倍左右。

---

① 樊希安:《理想与情怀——三联书店出版工作行思录》,天津人民出版社,2021年,第341页。

文章接着分析物价飞涨的原因：

经过八年的抗战，元气还未恢复，两年来的内战，又增多了国家的创伤。土地荒芜，交通阻梗，工厂停产，直接遭受内战破坏的经济机构，虽无统计，但由于战火遍及大半个中国，你进我退的惨烈争夺，损害自必可观。又由于通货急速膨胀，将使商品的再生产过程无法持续，从而产量减退，这使得物资愈感缺乏了。……既然如此，我们就有理由推断：内战继续一天，通货膨胀也就不会停止，物资缺乏的状况也不可能好转……为了把内战进行到底，因而只有更加促使物价上涨。

作者在文章结尾大声疾呼：

只有停止内战，建立民主的政府，才可以整理通货，加快发展生产和交通，物价自必真正稳定起来。那时候，物价也有涨落，但不会是人民生活上的一种灾难。

《读书与出版》在刊发这篇文章的同时写了一个编后语："关于我国的物价问题，4月8日文汇报的副刊'新经济'第六期有寿进文的《战后物价的演变过程》一文，可供参考。该文将民国三十四年八月至今年三月我国物价的演变分为五个阶段，其第五节解释紧急措施施行以后物价的回跌，与本期'时事特讲'所论一致。本期刊物与读者见面时，物价恐怕已在重新上涨了。"

陈翰伯先生用笔名"梅碧华"在《读书与出版》1947年第9期"时事特讲"专栏发表《魏德迈访华》，开头就说："魏德迈来了，又走了。从七月二十二日到八月二十四日，足迹北至沈阳南至广州，接见了各种人士，而且'其中坦白批评政府及意见极为"左"倾者，颇不乏人'。他一到南京，就说是要来'寻求事实';临行携走重于五百磅的机密文件三大箱,并且留下一纸声明,让一些垂涎欲滴的人,推测又推测,猜想又猜想!"文章分为"杜鲁门主义的远东试验场""中国人民认识魏德迈"和"改变战略与南北朝"三个部分,剖析了当时美国政府委派魏德迈来中国打着调解国共两党的矛盾,实际帮助国民党反动派打内战的罪恶阴谋,直接指出"魏德迈之来,虽然会拖延中国局势的行进,会在军事,经济,政治上延长战争的苦难,延长中国人民的苦难,但不可扭转中国局势行进的步伐与方向"。文章最后说:"一个自尊的民族自然知道怎样保持自己的独立与自由。镇压太平天国的戈登将军功成而退了,但不受人民欢迎的满清皇朝终于覆灭。鉴往知来,魏德迈将军,知耶? 否耶?"联想到一直持续到今天的中美博弈和较量,笔者由衷敬佩陈翰伯先生高瞻远瞩的政治远见和铿锵有力的回答:"一个自尊的民族自然知道怎样保持自己的独立与自由。"

陈原先生回忆说,当时国统区有的人提出中国应该走所谓的"第三种道路",他说:

《读书与出版》不是政论杂志,它没有发表论文参加论争;但是它有责任把论争的焦点以及我们的主张通报给读者,因此我请当时主持《文汇报》笔政的宦乡来写一篇综合分析文章,给那些不利于解放战争和建立人民共和国的观点来个迎头痛击——宦乡以写国际问题著名,但我知道他深研理论,对时局了如指掌,因此去求他为杂志写篇总结文章。他慨然应允,并且按照指定日期写成了。这篇文章反映很好,读者纷纷来信表示他们欣赏《读书与出版》做出这样的"评论的评论的评论"。[1]

---

①陈原:《不是杂志的杂志》,《不是回忆录的回忆录》,文汇出版社,1997年,第56页。

指点迷津的"研习大纲"。陈原先生回忆,《读书与出版》复刊头几期每期都有一篇就时局中某个重要问题发表的重点文章。当时(1946年)抗战甫告胜利,而民主与独裁的斗争却很激烈,文化界的形势也是很紧张的。"这个杂志不是以政治评论的形式来宣传我们的主张,而是通过例如'研习大纲'或'常谈'等表达了这方面的意向,打的是迂回战。"①例如《读书与出版》1946年第1期的"研习大纲",题目就是《春天——时局的关键》,指出今后两个月将是我国特别危险的关头,指斥"坚持内战坚持一党专政的分子则反对和平建国,继续其武力'统一'中国的罪恶方针"。

1946年第2期的"研习大纲"为《新中国宪法问题》,第3期则为《中国土地问题》,巧妙地公开宣传建立民主联合政府的主张和进行土地改革使农民从封建的土地关系上获得解放的主张。同年刊物第8期和1947年的第2期"研习大纲"专栏推出了署名"周颐"撰写的《辩证唯物论》,分为四个部分60个小问题,系统地向读者讲述了辩证唯物论的基本原理。这篇文章中的第13个小问题直接坦言:"马列主义有三个组成部分:辩证唯物论,剩余价值学说,科学社会主义。其中辩证唯物论是理论的基础,科学社会主义是由它推论出来的。中国革命的理论及新民主主义理论,也是由辩证唯物论推论出来的。不仅在政治实践上用得着辩证唯物论,就是在科学研究,在生活的各方面都用得着它。"作者用这样的词语,这样的"大实话"来阐述辩证唯物论可谓是深入浅出,通俗易懂。

此外,《读书与出版》编辑部还专门开列了马克思的《费尔巴哈论》、恩格斯的《反杜林论》等基本文献和胡绳先生的《思想方法论初步》等初步的阅读材料,以及博古编译的《辩证唯物论与历史唯物论基本问题》等多种马列主义哲学读物。同时明确告诉读者:"'研习大纲'不是教本,用处恐较教本还狭窄,但若把它作为整理笔记和进行小组式学习的工具,会有不

①陈原:《不是杂志的杂志》,《不是回忆录的回忆录》,文汇出版社,1997年,第51页。

少方便的。我们不敢说发表于此的'研习大纲'都能阐明无误，所以极希望朋友们批评。"

五、务求切实的"修养月谈"专栏

这个专栏是《读书与出版》自1947年第1期开始推出的新专栏，明确宣示专门讨论青年修养问题，"务求切实而具体"。

该刊物1948年第4期刊登的林默涵先生撰写的《谈理想》，就是一篇代表性的作品："假如我们不愿意在黑暗的社会势力面前低头，不愿意成了丑恶现实的俘虏，我们就必须建立一种高尚的理想——改造这个不合理的旧社会，使它变成为理想的新社会。"林默涵先生在文章的结语写道：

> 一些反动的统治者，总是仇恨人民的理想的，尤其害怕的是把理想去付诸实行。所以，他们对于革命思想革命理论，总是极尽摧残之能事，而对于实际的革命工作者更加以残酷的屠杀。他们的御用文人自然又会用欺骗的手法，来模糊青年的思想。当人们热心地寻求救中国的方法的时候，他就说"少谈主义吧"；当人们在无数事实的教育下，日益认识了社会的真实和自己的责任的时候，他却说"理未易明，善未易察"；而当人们实际地去为理想的实现而奋斗的时候，他却又来提倡"梦想"了。但这一切，都将是枉费心机，因为前面说过，新的理想，是适应着新的现实而来的，它的必然胜利，正和旧的现实与适应着旧的现实的一切垃圾渣滓之必然消灭同一道理。

六、推荐"敏感的"图书

为了让生活在国民党统治区的读者特别是广大青年读者了解、熟悉中国共产党领导的解放区人民民主、自由的新生活，《读书与出版》编辑部专门在1946年的复刊号向广大读者推荐了李普先生的《光荣归于民主》、黄炎培先生的《延安归来》、福尔曼先生的《中国解放区见闻》和赵超构先生的《延安一月》等四本报告文学集，同时刊发了署名"GM"的《报告中国解放区实况的几本读物》的文章：

> "解放区"是抗战时期建立的抗日民主政权的敌后区域，有时把陕甘宁边区也包括在内。由于种种原因，这些地区被认为是个谜，是神秘的地方。现在出版界有四本书给我们揭晓了这个谜，使我们明了这些神秘的地方不过是人民的生活得好了而已。
>
> 李普先生以优秀的报告文学才能，画出了"解放区"的平等、直接、普遍的选举，人民的政权怎样向人民负责，一百二十万的"子弟兵"是怎样从艰苦的奋斗中创造出来的，以及那边政党活动的民主作风和新的政治人物，等等。他的描写是那么的轻松和流畅，充满着具体的材料，活生生的例子。一直到现在，有许多人怀疑着中国能否实行新式的民主。其所以怀疑，倒不一定想反对民主的潮流。"你看，老百姓这样贫、弱、愚，而地方上的土劣横行无忌，民主不过给他们造机会罢了"——这种论调，看了《光荣与民主》中的《从解决实际问题做起》《选举的时候》等篇就可以抛弃了。

文章介绍《延安归来》说，作者"目击了那里的新气象，参观了学校、农场、合作社等。书中虽只写出了延安全貌的一鳞半爪，但其叙述是客观的，可以相信书的结语所说的：'不要单听人家怎样说，还得看人家怎样做。是已经做到了。'"文章接着说："福尔曼先生的书是写给美国人读的。以一个外国人的眼光看中国的'解放区'，是这本书的特色。……书的作者不止停留在延安，他还跑了华北好些地方，所以他这本书对于吾国人民的友善及被新型民主的力量所感动。"

在介绍第四本书时,文章说:"赵超构先生在延安住了一月以上,见闻自然不少,而尤注意于那边的文化教育状况。这方面的叙述,占全书篇幅的三分之一。在结末的一篇里,他以为边区不妨在中央政府领导下作为一个新社会的实验区。《延安一月》有张恨水先生的序文,他说'这本书不必期望为将来的竹头木屑,但至少不失为现在读报的一点参考材料'。这话,也可以用在其他三本书上。"

应当指出,《读书与出版》敢于置国民党执政当局严酷的政治高压而不顾,公开向读者推荐、介绍中国解放区的新读物、新气象,将国统区人民大众的目光引向了代表着未来新中国的"雏形"——中国共产党领导的、人民真正当家做主的"解放区",让国统区的人民大众欣然看到"解放区的天是明亮的天",无疑这是一种巨大的政治勇气。

七、倡导进行社会调查

倡导广大读者关注农村发展,关注社会变化,也是《读书与出版》的一大特色。其中,该刊发表的著名社会学家费孝通先生的两篇文章很有典型意义。

1946年第4期《读书与出版》刊登了费孝通先生的《〈内地农村〉自序》,文章这样写道:

在发展工业一层上,我是主张就农民的所在地推广现代化的小工业。这一种主张的理由我已在《论乡村工业》一文中说明,后来我又为"时代评论小丛书"写了一本《人性和机器》。这两篇文章又引起很多批评,甚至有人说我是在"开倒车"。其实我并没有反对利用科学所给我们的技术,非但不反对,而且亟力主张要乡村工业变质的。我也不反对有重工业,有大规模的工业在中国发生,但是我同时主张为了中国农村的性质,为了使工业利润分配的更广,农村里必须有很多科学化的副业。我做出主张也并不是毫无事实根据的。这实在是我的姊姊二十几年来在江苏农村里所试验而已有成绩的计划。当然，有很多地方还要我们改善，但是方针上是适合于中国农民的需要的。关于这个试验的分析和批评，见我的《江村经济》（英文本）。我觉得这问题在理论上作争论，不如要农民自己去选择好。中国将来工业化的过程，若是在民主方式中去决定，我相信农村工业的发展可能成为一个主流。

费孝通先生接着写道：

我这篇序言已经写得相当长。我在结束之前，只想附注一个插曲，我那篇反对奖励生育的文章，听说曾引起发表那篇文章的刊物的编者很多的麻烦，甚至有人说，这刊物也就因这篇过于露骨的文章而受到停刊的处分。刊物是的确停了，是不是因为这篇文章的原因，我也不愿去证实。假如是的话，我应当趁这篇文章的再行刊出时，向那位编者表示同情。这一个小小插曲，也可以说明在后方写文章的，在那一个时间，不能不特别含蓄的理由。这里也说明了本书中有些问题不能充分发挥的原因。中国的读者是素来有训练的，这一点我倒很放心。

《读书与出版》对费孝通这篇文章有一个简要的"编者按语"："《内地农村》的作者在学术上的贡献和他对于民主运动的热诚，是无需我们再来介绍的。"客观而论，费孝通先生70多年前关于乡村建设和农民脱贫出路的思考和建议，对于今天实施中国乡村振兴战略仍然具有十分重要的启迪和借鉴意义。

此外，费孝通先生发表在《读书与出版》1947年第10期"学习之话"专栏的文章《亦谈社会调查》开头写道："在《读书与出版》的第二年（1947年）第八期上读到西超先生的《略谈社会调查》，我觉得很有兴趣，所以接着也想来谈谈这问题。"他认为：

> 这种调查就是我所谓根据共同兴趣合作分析个人的经验。用这方法所得到的材料是可靠的，不发生欺骗的问题。一个人不知道的，他会找知道的人来加入讨论。有时，农民会拉着你讨论，问你的意见。于是研究者和研究对象融合了。——这样才能确切明白影响现象的各种因子，加以适当的估计，也做到了控制观察的程度。那是社会科学的实验室。社会科学的实验室是社会本身，当这些人自觉的要明白他们的问题时，他们会供献个人的经验，分析的材料。当他们参加分析时，他们才明白经验的重要，更努力的供献材料。

十分有趣的是，笔者恰巧读到了费孝通先生在2003年第5期的《读书》杂志上刊登的一篇回忆从事社会学研究的文章《回眸七十年》，其中提到：

> 从我进入社会学这一行研究这个"天人之际"，已有七十二年了。我从燕大毕业后，吴文藻老师让我去清华，在史禄国老师指导下学习人类学，了解人是怎样生活的？人的群体生活是怎样发生的？在燕大时，吴文藻老师把人类学方法引进了社会学，从美国芝加哥大学请来了派克教授，从英国伦敦大学请来了布朗教授，从此奠定了吴文藻先生的思想基础，让社会学与人类学打成了一片。那时我只有二十多岁，进入社会学时，学会了实地调查，像人类学者那样去看人的生活，学习人们的生活是具体的社会学的内容。

费孝通先生认为：

社会学发展到现在还存在一个真正的科学方法问题。社会学研究的对象是活生生的人的生活，包括物质用具和人的感情及认识，所以用人文世界里的工具去认识人文世界是不容易的，也就是说人要自己研究这个既有生命又有生活的人的自己，并且要用科学的方法研究自身的所作所为是很不容易的。特别是有着感情和价值观念的东西，研究这些东西还要以"之际"即关系为出发点，首先是人和人的关系。从个人要研究到群体，因为人都在群体中生活，从小群扩大到大群，今天又进入了全球化时代，问题就更多了。所以我说这种研究只能说是刚刚开始。

由中国社会学泰斗式人物讲的这番话，我想到了自己30多年前斗胆地应南开大学记者团的邀请，在该校的阶梯教室为大学生们讲授了一次公开课《人际关系学》，就人们的实际生活来说，认识和处理好人际关系是伴随每一个人一生的课题。由费孝通先生提出的社会学研究"首先是人和人的关系"，我想到了古希腊哲学家苏格拉底的那句千古名言："认识你自己！"同时还想到了伟大导师马克思的精辟论断："人的本质是一切社会关系的总和。"并且想到了基辛格博士说的一句睿智之语："政治是胜利者的艺术，是关系的科学。"还有我国古典文学名著《红楼梦》的诗句："世事洞明皆学问，人情练达即文章。"由此看来，研究好、处理好人与人之间的相互关系，对于人类来说同样是个永恒的课题，对于每个人来说，是个永恒的课题，就像费孝通先生在九十余高龄时所发出的感叹："这种研究只能说是刚刚开始。"

书籍交流台

有性格,有棱角,有风趣。这就是史枚创始的《读书与出版》时刊发的"书评"的"个性",这不是很可取的个性么?

——陈原①

《读书与出版》是"以书籍为中心的思想评论杂志"。纵览《读书与出版》,"以书籍为中心"像一条红线始终贯穿在其中。姜德明先生在《〈读书与出版〉杂记》中写道:

> 战后,(生活)书店原计划创刊《读书月报》,现在明示读者计划有所改变,《读书月报》的任务即由《读书与出版》承担。刊物原有的专栏基本上保留下来,陈原除了写专栏"国际文化风景线"外,又新开设了"书堆里的漫步"。陈翰伯除参加"笔谈"专栏外,还以梅碧华的笔名发表了不少国际时评。周建人除写"笔谈"外,还写了科学小品《早春的野花》,《阿Q时候的风俗人物一斑》更是一篇被人忽略了的有关

---

① 陈原:《不是杂志的杂志》,《不是回忆录的回忆录》,文汇出版社,1997年,第59页。

鲁迅研究的文章。楼适夷则在"杂志回顾"里回忆了左联刊物《文艺新闻》。

诗人陈敬容写的《读书杂记》，分别谈了四本书，三本是译作，即傅雷译的《约翰·克利斯朵夫》，曹靖华译的苏联小说《虹》，盛澄华译纪德的《日尼薇》，一本是介绍师陀、柯灵改编高尔基的话剧《夜店》。每题的篇幅都不长，写法也很随便，最后一题，全文如下："黄昏时读师陀、柯灵改编的《夜店》，一口气读完，不禁拍案叫绝。改编外国剧本而能如此鬼斧神工，真不容易，据说演出也极成功。高尔基的剧作，有些地方和契诃夫很近似，写旧时代人物的悲惨生活刻画入微。想起一个朋友信中所说的：'写来写去还不是那么回事，'颇有同感。真的，读了别人的好作品，才更发现自己的空虚。如果环境许可，倒真想闭门读上几年书，然后跑出去流浪几年，多多地体验生活，再从事写作。"我以为这类篇幅短小的读书杂记，也是书话的一体。借着谈一本书，能够传达出作家的某种内心感情，读者也会接受的。总之，编者通过这些生动有趣的专栏文章，引领读者在自然亲切的阅读中去观察社会现实，接近真理。难得的是不仅没有进行说教，也不摆什么唬人的空架子。[1]

《读书与出版》设立了很多吸引读者的读书专栏，从复刊第1年（1946年）的第6期开始设立"书市散步""书堆里的漫步""猎书偶记""世界文学名著解题""文化街沧桑录"以及"其人及其著作"专栏，紧紧围绕"以书籍为中心"，采取多种生动、活泼的文字向广大读者讲述书籍的故事。这些专栏因为"与生活有密切关系、简洁、亟常知道的物事可以在这里得到答案"而受到人们的欢迎。

---

[1]姜德明：《金台小集》，广西师范大学出版社，2008年，第154页。

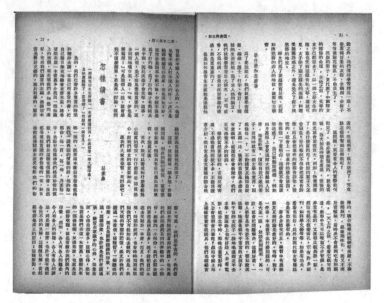

《读书与出版》1948年第8期《怎样读书》

一、"书市散步"

"书市散步"专栏开篇是史枚先生署名"子起"写的文章,在《读书与出版》1946年第6期。文章开头语说:

> 茅盾的一个旧译《文凭》,在永祥重版。作者是丹青科,苏联的名戏剧家。他的以轻松的笔调来叙述其理论见解的回忆录,中文名《文艺·戏剧·生活》的译本,也在文化生活社出版了。如果不大有兴趣于这位作家的理论见解,那末读读《文凭》这本小说是好的,尤其对于女读者。这是写一个出身于贫农家庭的女儿,升而为乡居的贵族地主的不正式的妻,从实生活中得到要做独立的人的志愿,而"自谋生活"起来。这帝俄时代的故事,的确比肤浅的"革命"说教可取多了。

文章接着讲道:

冯友兰的《新原道》，副标题《中国哲学之精神》，是继其《贞元三书》而作的。这是说明他的哲学体系在中国哲学史上的地位的书，自序中说"此书非为惟新理学之羽翼，亦旧作中国哲学史之补编"。第十章新统，就是其"新理学"的概要。他对老庄的批评是"极高明，但尚不合乎极高明而道中庸的标准"；对孔孟的批评是"于高明方面尚未达到最高的标准"。那末，是不是说的他的"新理学"就是二者的混合呢？我们看他对于易庸以至道学的发展的叙述与批评，可知他还是以上承程朱自命的。不过，他是利用西洋的形式逻辑的精致工具来把程朱的学说发展为极精炼的观念论哲学罢了。这就是他所以批评道学还不够玄虚，而把自己的学说叫做"新理学"之故。我们宁可读他的旧作《中国哲学史》，对于这本书是要摇头的。

文章还提到了张难先著的《湖北革命知之录》和冯自由著的《革命逸史》：

二者都是传记体裁，从这里可以看到革命派的活动，决不像我们想象的只是拿起炸弹和满清统治者集团拼命。他们，许多是革命的知识分子，曾经艰苦的工作，打进各种军队，和群众密切联系。要不是这样，辛亥武汉首义，各地响应决没有那样快（当然还有别的原因）。但我们还希望有叙述当时维新分子的活动的史料出现，因为不可否认的，他们在推翻满清的过程中，也有其作用。上述二书所叙及的维新分子，都是已经转向革命的了。

这篇文章在向读者介绍王亚南著的《中国经济原论》时点评该书"不少是精到的见解"；批评吴大业著的《物价继涨的经济学》"这种尝试，也就是我们所说的学术中国化,不过这是资本主义学术的中国化罢了"。

作者谈到了田涛的长篇小说《潮》:"我觉得,《潮》与《春暖花开的时候》属于同一类型。如果对姚雪垠的那个长篇的新红楼梦指摘,不好算苛刻,那末,《潮》也多少有着这个倾向,虽然所写的人物似乎使作者难免不走这条路。"文章结尾介绍了徐炳昶著的《中国古史的传说时代》,指出"此书除叙言及《论信古》一章,事论如何研究传说时代古史者外,'我国古代民族三集团考'最重要。著者所主张的整理古史传说,却应当避免附会之病"。短短的千字文,用精辟独到的语言叙述了八本书的梗概,可谓是言简意赅,引人入胜。

陈原先生认为:"'书市散步'是史枚创立的风格,后人少有能达到那种境界的。例如'书市散步'中有一则消息寥寥数百字,介绍了两本当时极为人所关注的新书。"消息说:

> 新华社的记者从东北回来后,详尽地介绍那沦陷了十四年而终于被人民解放,现在则又面对着新的苦难的肥沃土地的,有连载于《时代》杂志上的周而复的《东北风云》(尚未刊完)和《新华日报》出版的单行本——刘白羽的《环行东北》。两作是各有所长的。以《环行东北》来说,全书十三章,足使我们了解东北人民过去如何受侮辱、受损害以及如何苦斗。关于不久以前的四平街会战,传说中的农民翻身等,也有报道。[①]

《读书与出版》1948年第9期"书市散步"专栏发表署名"季同"的文章,介绍了胡绳的《帝国主义与中国政治》(生活版):

---

①陈原:《不是杂志的杂志》,《不是回忆录的回忆录》,文汇出版社,1997年,第58页。

（它）是从帝国主义列强与中国政治关系这一方面来研究中国近百年史的著作。全书六章，从一八四〇年论到一九二五年。

在帝国主义列强中间有着勾心斗角，在中国的统治集团有着分化（满清宗族、汉族重臣和地主豪绅，其后又有军阀与买办资产阶级中间的各派系），以及在中国的人民中间有着时刻准备妥协的自由资产阶级分子和某些不可靠的小资产阶级同路人。中国人民要获得解放，不能对于这一个帝国主义或那一个帝国主义，对于帝国主义所选出的这一个人物或那一个人物抱着幻想，而必须把统治他们的势力一个个推翻。诚如著者所说，他在本书中所讲的故事，还是一个未完成的故事，但是这个故事离开完成已经不远了。

文章接着说：

了解我国的前途，是青年们最迫切需要的。新知的"新认识丛书"最近出了一本《论哲人政治》（李柏年著），虽然不过薄薄的七十多页，却会给你很大的帮助。这本小册子共分九节。近来一些对我国前途的主张，都有了检讨。著者指出：帝国主义、封建势力和官僚资本主义是中国人民头上套着的枷锁，只有在无产阶级领导下，团结广大的人民，包括自由资产阶级和一部分开明绅士在内，打破这些枷锁，建立一个新型的民主国家。

广大读者从"书市散步"专栏推荐介绍的书籍内容即可了解文章作者旗帜鲜明地拥护中国共产党领导中国人民建立新型民主国家的立场和观点。

二、"猎书偶记"

《读书与出版》1947年第2期刊登的蒋天佐的文章谈到"柏拉图式的恋爱",作者娓娓道来:"爱不是'神',也不是'人',而是神人之间的'精灵',他的作用在乎能够沟通神与人,使人达于神境。"围绕这个题目做了探讨之后,作者直言:"对待这样的爱和被爱,我赞美两千几百年前的柏拉图!"同时说道:"我要发问,为什么我们不能在借喻的意义上接受'爱是沟通神人之间的精灵'的理想? 为什么应该满足于中文所谓'柴米夫妻'的说法?"其实,作者当年提出的诘问,对于现在的人们不也是一份没有完成的人生问卷吗?

蒋天佐先生在这篇"猎书偶记"中接着谈到了他对卓别林写的《一个丑角的所见的世界》的看法:

> 卓别林在那本书里直率表示和爱因斯坦交游和齐名的得意。他记述爱因斯坦的儿子的话说,"爱氏的成功在于不被公众所理解,而卓别林的成功在于被公众所理解"。这不对。我以为卓别林的成功在于他不理解自己。这样的人不止他一个。而成功在不理解自己的状态中却是一件危险的事。一旦理解了自己,他假使不能飞跃,就必然枯萎了。但是不理解自己而成功的时代已逐渐成为过去,包括我们中国在内而言。

作者的这段话颇有人生哲理,非常契合中国的古训:自知者明;自胜者强。现在细细品味,仍有警示意义。蒋天佐先生在这篇《猎书偶记》中以"战士"为题讲述道:

> 丹钦柯在他的回忆录《文艺·戏剧·生活》(这是一本非常有教益

的书)里面提到,契诃夫被一个恭维他的人称为"自由的战士",愤慨非常,不,简直还有点着急——不是我故意挖苦他。……但其实在我们看来契诃夫何尝不可以称为战士? 他固然不是当时的民主革命运动的战士;那时民主思想的权威者米海洛夫斯基斥责他没有思想,也不是没有理由的;但是他被肺结核害死的时候只有四十三岁,而完成了如此多量的光辉作品,它们像显微镜一样精微的透视了商人地主知识分子和新式妇女的心灵的每个角落,而那美丽的朴素中间所饱含的"和泪的笑"和轻松的忧郁,恰恰充分反映了当时中上社会的苦闷的一面。如此巨大的不可磨灭的成就,除非是一位战士,决不能达到的。契诃夫不是靠了聪明和机遇而成功的侥幸者,他是刻苦的艺术创造的劳动者。在艺术创造的斗争上说,他不仅可以而且应该接受战士这个头衔。

附带说,但愿我们这里的契诃夫崇拜者——假使有的话——像丹钦柯一样能肯定他,也能否定他。

三、"书肆偶涉"

这是文化学者对出版界发表议论的一个专栏。在《读书与出版》1947年第12期刊登巴人先生的《书肆偶涉》。文章开头写道:

如果你很少机会到书市去散步,终于有一天你看到了满架琳琳琅琅的新书,你一定会惊奇中国出版界的蓬勃气象。……第一个给我的感想是:人类的生命可以被摧残,只有文化是摧残不了的。中国新文化的命运,一开始便倍受压迫和摧残,始则有古墓阴影的包围,继则有刺刀枪尖的虐杀,终则有战火的烧毁;但据说国宝也有人保存下来,而新文化的果实却依然在壮大。

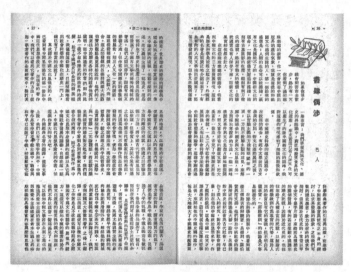

《读书与出版》1947年第12期《书肆偶涉》

在这些琳琳琅琅的书籍中,我看到中国文化的三方面发展情况,这就是历史科学被建立起来了,外国经典的名著是被广泛地介绍过来了,有血有肉的人民文学抽出芽头来了。而这三种发展情况,似乎又在说明这样一桩事实:我们要从民族文化、历史的再认识中,广泛地接受世界的文化遗产,来充实这已有人民文化可以产生了的新中国新文化的园地,我对这样的情况感到了无限的欢悦和钦佩。

作者认为:

在历史科学的发展中,我看到这样三个勤苦的开辟者,吕振羽、翦伯赞与范文澜。他们对于中国社会的发展阶段的认识是大体一致的。吕振羽对中国史前社会与古代社会,早已作了深入的研究,对于中国社会的发展,则在他的中国政治思想史中,作了概括的叙述。这是中国一位天才的历史学者。翦伯赞从他确立历史哲学以后,来开始他的中国史纲的写作,他是大大地扩大了中国历史的横断面的描写,世界历史的变迁的关联与中国各民族之相互斗争贯彻以形成一伟大中华民族的过程,他都有深刻的叙述。范文澜则主编了一部通史。这是一部采取了历史科学业已发见的论断而发展了的中国古文学派优秀的传统的著述。他们之间的劳作,显然有相互影响之处;但作为中国历史科学整个的发展看,则三人又有一贯的脉络:这就从发掘到扩大,又从扩大到综合。这之间发掘的吕振羽与扩大的翦伯赞的观点是更为接近的;他们的工程更注力于历史各时代的社会性质的阐明,而中国通史的作者们则于此以外一样不忽略历史的政治事件的演变,给予中国历史以全面的发展概况。我仅从这些书上,已经明显地看出社会科学的中国化在历史一门上,确已有了相当的成就了。

作者的笔调满怀喜悦之情:

> 偶涉书肆,我已感到中国新文化前途的光明,文化力量的伟大。生命是可以摧毁的,文化人也尽可就义于刑场之上,但文化是种植在人民的灵魂里的东西,它有自己保存的力量,它有不可被阻碍的发展路向。文化虽然也可被历史的反动力量所利用,但长在恶魔的心田里的罂粟花还是要枯萎和被消灭的。……一切摧残文化的人,将被埋葬于文化的消毒力量里! 北望祖国,我向一切为人民战斗的文化战士敬礼!

巴人先生不愧是当年亲炙鲁迅文风熏陶的"浙派"作家中的佼佼者,行文流水的文字之中展现了鲁迅先生的风骨意蕴。

四、"书堆里的漫步"

这是《读书与出版》的一个著名专栏,陈原先生署名"柏园"在该刊

1947年第6期发表的文章《焚书·禁忌及其他》里直截了当地说：

> 其实，在我们这个时代里，作算它是安安静静地躺在书架子上，还不是一样的倒霉么？"在独裁政府的眼光里，"赫胥黎说："自由的智慧和智慧的自由是最大的敌人。"因此，书的爱人到了必要的时候，只有从书架子上抽下他心爱的宝贝，一页一页地撕开，投掷在熊熊的火堆里，让它焦黑、灰化，而让自己的心头结下海一般的深恨；也因此，书的敌人害怕书比害怕炸弹还厉害，只要他一朝当权，或只要他一天感到自己的宝座已经动摇，他就想起了书，要把这些不可测的力量一扫而光。写到这里，我真佩服传说中的一位圣人，一手执剑，一手执他自己的经典，逢书便焚，并且宣讲："凡是主张与我相同的，有我的经典在，就不必让它存在；要是主张与我相反的，我决不让它存在。"这真是一语道破了今古暴君的人的心理，只是今古的暴君没有像他这样彻底而已。

文章接着例举抗日战争时期，国民党政府对书籍出版出台的一些禁令禁条的荒唐可笑：

> 凡是反对派或近乎反对派所说的，一概不许说，否则就是触犯禁条，抗战时期凡有触犯如此禁条的书稿，大者灭迹，小者删削。"少数民族"四字不能用，必须称作"特种民族"，译到第一次世界大战欧洲的少数民族一词时，也非用"特种"民族译之不可，于是乎啼笑皆非。最奇的，如"华北""华中""华南"都触犯禁例，必须改为"中国北部""中国中部""中国南部"，为什么？因为"他们"说过。可惜时迁境变，这些禁条已不复一一记得；否则现在列举出来，倒还可以击节三叹呢。

文章接着谈到禁书：

　　凡是类似禁书的，聪明的人或谨慎的人，总不免"深夜闭门"把它焚去。其实想起来也往往不免失笑，因为所焚去的书，大抵都是并非如何可怕的。书面红色的，怕它引起恐怖的想象；书名、书店、作者略有"犯禁"的都只能眷眷然把它火化。甚至最近某地还有一个笑话，连幽默大师林语堂博士的大作《生活的艺术》也遭禁忌，因为书名有"生活"两字呀。

文章接着谈到了1933年5月10日德国法西斯以清理"废物"为名对人类进步书籍的大焚毁，提到了转年由著名作家罗曼·罗兰、纪德、亨利曼发起在巴黎建立的"焚书图书馆"，"凡纳粹所禁、所焚、所检扣的书，这个图书馆都把它收集起来。那边禁一本，这边加一本。天下间大约没有比这更富于讽刺性的故事了！"

作者在文章最后说到自己上大学时因为躲避日伪军警对进步书籍的查禁而发生的"一件可恨的事"，当时作者有几本外文书籍舍不得烧掉，想请一位做官的作家朋友代为藏一藏：

　　以他当时的地位，收藏几本学术专著（可不是什么煽动性的小册子）当然没有问题。说也奇怪，此公竟然叫我"快去自首吧……"我立即反驳："自首什么？书，你不肯藏，那我就烧去，我什么关系也没有，自首什么？"此公的真面目从此暴露，亏得他平时还大谈什么"普罗文化"呢。抗战后偶然在一个地方杂志的"青年园地"栏看到这一"作家"的投稿，早已了无生气，现在恐怕已无官可做，又躲在家乡里大谈"民主"了吧。

　　因焚书而想起了这样的挂羊头卖狗肉者流，觉得这一批家伙是比公然投掷书本于火堆中的SS或SA还要可恨的。

　　似乎还可以说下去,只是字数已满,正宜"就此拖住",等无须焚书的日子到来的时候,再来回忆这许多心酸的故事吧。

作者如泣如诉地讲述当年黑暗势力焚书、禁书的恶行和个人迫不得已烧书的遭遇,让今天的爱书人也不禁唏嘘不已!

五、"文化街沧桑录"

这是著名学者萧聪先生在《读书与出版》主持的带有怀旧文化色彩的专栏,陆续发表的文章有《衰落》《五四以前的文艺杂志》和《商务与中华的竞争》等系列。在1946年第6期"文化街沧桑录"的开篇文章《衰落》中写道:

　　"文化街"这名词的出现,大约开始于战前两三年,当时似乎专指书店集中的四马路而言,但其实河南路和山东路,交通路都应该包括在内的,因为这两条路上的书店也很多,尤其是山东路上,几乎集中了上海所有的报馆。但三十年来,这三条路上也经过了不少的沧桑,尤其是抗战以来的近十年间,变动得更加多,这全上海——应该说全中国的出版物中心,真可以说是面目全非了。三十年前的四马路,东面从河南路起,直到西面的湖北路止,这一段,差不多有三分之一的店铺都是书店。河南路仅仅从五马路到四马路这短短的一段,书店有十来家。望平街(山东路)向有"报馆街"之称,从三马路到四马路这一段里,望衡对宇,都是报馆,战前三四年,这儿有申报、中华日报、神州日报、时事新报、商报、时报等七家,新闻报虽然在三马路上,但离望平街也不远。当时上海的报纸,除一两家晚报之外,差不多都在这里了。

从四马路直到南端的爱多亚路(中正东路),也有好几家专出黑幕小说的书店和不少在弄堂里专营出版而无门市的书店。交通路虽然那么短(有人说它是上海最短的马路),书店倒也有十余家之多,那家出版在五四以前风靡全国的《玉梨魂》《雪鸿泪史》等"哀情小说"的枕霞书局,也就在这条路上。

但七七抗战开始,出版界首先受到影响。"八一三"以后,上海许多书店纷纷内迁。八九年来,上海的文化虽不能说是一纸空白,但文化街的衰落却是无可讳言的事。

记者于二十六年(1937年)底离开上海,对这方面的消息不无隔膜,九年后"胜利"归来,跑到四马路一看,许多战前几乎每天看见的书店,都变成"桐油苧麻号"了,这情形就可想而知。"抚今追昔",自然不能没有感慨。闲居多暇,掇拾一些文化街的旧闻轶事,也许读者诸君所以乐意知道的吧。

萧聪先生用轻松的文笔把当年上海四马路一带以旧书店为主的文化街的兴衰作了回顾性的描述,文章的字里行间充满了作者怀念惋惜之情,让读者从这短短的文字中看到了战争对我国书刊出版事业的无情摧残。

我国当年享有盛名的文化街是"南有上海四马路",北有"北京琉璃厂",绍荃先生发表在《读书与出版》1947年第2期的《琉璃厂》开头写道:

这里长长的一条街,都是书店、笔墨店、古玩店、书画店和南纸店。门头上是一例挂着那样风雅而又风雅的招牌,什么"清秘阁""荣宝斋""墨绿山房""汲古精舍",绝不是"笔庄""XX墨庄"的粗俗可比。就是这点排场,已经够使一般士大夫们流连了。

街上太冷,你不妨任意推开那一家的门,悄步走入。里面有四壁的图书文玩,供你欣赏,更有熊熊的炉火可以消除寒气。你不妨从秦汉扯到三代,从兰亭八种扯到龙门二十品,店主差不多都可以奉陪。他不会不欢迎你,也许他高兴起来,可能把他珍藏着的东西都搬出来请你欣赏。记得《儒林外史》上杜慎卿说"金陵六市,仆佣酒保皆有六朝水烟气",很多人都怪杜十七先生冤了我们。但我若说"琉璃厂的书贾都有满清的遗老气,则你们大可相信,不必怕冤"。

作者沿街逛了一些颇有年头的书肆后,引用了一位店老板说的话:

咱们中国就是文化好,咱们中国的文化随便那一国也赶不上。英国、法国、美国的人都来咱们这儿买东西,不怕他们会造枪炮,还是赶不上咱们这旧文化。咱们不讲打,将来一定还是咱们文化得胜的。

作者接着写道:

他这样说,我竭力忍住将要迸出的笑,问他战前与战后生意的比较。他说:"战前很好,比方说这一只商爵在战前标四百块大洋,现在说要四百万,谁买?战时日本人来买的很多,一样的给钱,一样的客气,并不是抢了就走。现在却不行了,战争一打,别人吃饭都还艰难,谁还有钱买这些奢侈品。"我又顺便问他对于内战的意见,他说:"这年头儿,在乡下,富的人变穷,穷的人更穷,大家都活不下去。这样冷的天气,"他拉拉大褂,"我连皮袍也换不起。人心太坏了,只有人人改心换肠,世界才有希望。"

作者议论说:"在这小有产者的生活都成了问题的时候,无怪琉璃厂的书贾们要叹营业一天不如一天了。"最后作者又说到琉璃厂的中段有个地方叫厂甸,"什么样的玩意儿都有,真是热闹,自然,也有不少家藏的书画古董沦落到这里的摊子上来,问起价钱,和摆在风雅的店里的东西差多了,偶然也还能发现好书呢"。

六、"学习之话"

关于这个专栏的开设,史枚先生回忆说,由于时局愈来愈紧张,斗争将会是长期的,故增加了"学习之话"的专栏。大都能在不大的篇幅里抓住要点而避免刻板烦冗的介绍,或者说明书的意义或背景而更显其价值,或者提出不同的意见,指出不足之处,而不是为贤者讳。①《读书与出版》的"学习之话"专栏先后刊登了署名"马特"的《哲学有什么用途》、署名"温斯东"的《怎样学习马克思学说》和署名"徐弦"的《怎样研习中国劳动问题》等一批文章。

1948年第3期中马特先生的《哲学有什么用处》在文章开头便说:"哲学——从它发生的第一天起,便是作为精神斗争武器而出现的东西。一方面,它是作为人类跟自然斗争的武器;他方面,它是作为一阶层跟另一阶层斗争的武器。"首先肯定了哲学的实质作用后,作者又从哲学历史发展的角度分别扼要地阐述了德谟克里特系统与柏拉图系统的斗争、唯实论和唯名论的斗争、培根系统和笛卡尔系统的斗争。在这篇文章的最后一章"在抗战的实践中,哲学思想曾经起过怎样的作用"中,作者理论联系实际,对哲学这个精神武器指导抗日战争实践的作用叙述得非常生动精彩:

> 在抗战中,有两条路线在斗争:一条是坚持抗战、坚持团结的路线;一条是中途妥协、中途分裂的路线。前一条路线为绝大多数中国人民所支持;后一条路线为少数汉奸如汪精卫之流所支持。事实证

---

①史枚:《记〈读书与出版〉和〈读书月报〉》,《读书》2003年第5期。

　　明：前一条路线是正确的；后一条路线是错误的。

　　文章指出，日寇是资本主义的强国，而我们是半封建半殖民地的弱国。这种国情决定了全国各阶层、各党派非长期团结长期抗战不可。文章最后得出结论说：

　　这些，就是我们必须坚持团结、长期抗战的根据；这些，就是能够转弱为强的根据；这些，就是我们所以能够赢得战争的根据。而所有这些根据，却是我们凭借一定的哲学观点——辩证唯物论的观点所引申出来的结论。

　　这篇文章以中国人民抗日战争的伟大实践来讲述辩证唯物论哲学"有什么用处"，有理有据有事实，深入浅出地向广大读者普及宣传辩证唯物论哲学，做到了理论与实践相结合。这种哲学观点，对于我们今天分析和处理更为复杂激烈的国际问题依然具有十分宝贵的启迪意义。

七、"其人及其著作"

　　这个专栏的副标题是"读其书而不知其人可乎？"《读书与出版》1946年第6期的"其人及其著作"专栏推出的开栏语说："读了一个作家的作品后，我们总很想知道作家本人。报刊上的文坛消息之类的文字，往往只告诉某个作家结婚生儿子之类的琐碎小事，这也许能使一部分读者感到兴趣，但一定并不能使大家满足。因为这些报道无助于我们认识一个作家，知道他如何能写出我们所爱读的作品来。本刊特设此栏，虽仍只是片段的记载，但希望能帮助我们认识我们所敬重的作家们。"

　　署名"集纳人"的开篇文章讲述了翦伯赞、宦乡和夏衍三位学者作家的近况，其一是《翦伯赞搜集史料的方法》，文章写道：

有一天,遇见历史学家翦伯赞先生,谈起他的《中国史纲》。"我的《中国史纲》除了第一卷和第二卷已经出版外,第三卷三国晋南北朝还只写了一半。再下面第四卷是隋唐五代,第五卷是宋辽金元,第六卷是明清,第七卷是鸦片战争后的近百年史。但将来我还要回过头来重写第一卷,把它扩充分为二卷。这样一共是八卷。"

八卷的篇幅一共将有三百余万字。这是一个浩大的计划。伯赞先生很有信心地说:"我的志愿就是今后专心一志来完成我的工作。工作太重了,时间太少了。但现在我还不可能续写第三卷,从重庆运来的资料还没有运到。"

由这里,我问起他如何搜集材料的方法。伯赞先生说:"我的方法是很笨拙的。我先从文献资料读起。譬如二十四史,我就通篇读过,任何一篇都不遗漏掉。在读时,用各种颜色笔做下记号。经济史料用红色,政治史料用蓝色,文化史料用黑色……然后再根据这些记号把史料分类抄录下来。读别的文献也是一样。"他笑了一笑:"你看我这方法是不是很笨?但我想,既要做学问就非笨拙地从头做起不可。二十四史中假如有一篇没有读过,我心里总不安,总害怕恰恰就在那里有一点重要的史料。等我全部读过,有了一本本抄好的史料后,写作时却就十分方便了。在学术研究上是没有平坦简易的道路的,我心里想。"

《宦乡的立场》写道:

政论家宦乡先生以其朴实、缜密而锋利的文字赢得了广大读者。不知道他的人总以为宦乡是个笔名。但其实他坐不改姓,行不改名,姓宦名乡。他是湖北人,高大结实的身材。

宦乡先生曾在一个官办的报馆任职。今年三月间他受命写一篇反苏的论文。他拒绝这个要求，说："我写国际问题文章的立场很清楚，联合国宪章与波茨坦宣言就是我的立场。在这些文献中都以诸强国合作共同根绝法西斯势力建立和平为宗旨。我不能违背我所信守的立场而写文章。"于是他毅然地离开了那个报馆。后来他就参加了纯粹民间的报纸——《文汇报》。《文汇报》上的有些社论是由他动笔的。《新中华》上，每期刊有他所撰写的时事述评。从《世界知识》等刊物上，也可以读到他的文章。

《夏衍的勤快》写道：

多数人只知道夏衍先生是个剧作家。然而他实在不只是一个剧作家。他曾经做过许多翻译工作，贝贝尔的《妇人与社会》巨著是他所译的，用沈端先的名字。他又翻了高尔基的《母亲》《奸细》，《母亲》出版后，有个时候不能用他自己的署名，夏丏尊先生起了个"孙光瑞"的署名。他又办过报，而且热衷于办报。抗战初期的《救亡日报》及胜利后在沪出版、短命而亡的《建国日报》就是由他主持的。

他写报告文学，写杂文，写通讯，写小说，还写政论，写国际问题的分析，几乎什么都写。就是一样，似乎他从未写过诗。假如说，夏衍先生是文坛中最勤快的人，恐怕是无可反驳的。他的确是十分勤快的。当他办报时，他自己写社论，写消息，跑采访，写各种补白文字。当他不办报时，他也几乎无时无刻不在写。他的文章有一个特色，就是不长。除了剧本、小说外，他几乎没有写过长过万字的论文。他喜欢抓到什么要写的问题和事件马上就写，马上就让它刊登出来。他不喜欢写长篇大论的讲义。他说，他是深受近代集纳主义洗礼的人，近代集纳主义的最优点是对现实的感应敏捷，反映得快。夏衍先生就是这样一个能够最强烈地反映现实的人,所以他特别勤快。

可以说,用这种轻松、流畅的文字讲述作家、学者的"其人其事",今天的读者读来也是赞叹不已。

(一)"两位演说家"

《读书与出版》1946年第7期"其人其事"专栏推出的署名"文卒"的《两位演说家的故事》是向读者推荐两位演说家,第一部分是"郭沫若的演说":

> 郭沫若先生不但能文,而且能演说。大革命时代在武汉,抗战其中在武汉和重庆,在群众大会上,沫若先生的演说对于千万群众的影响是不能言喻的。胜利以后,他初来上海时,还有机会在几个大学演说过,后来这种机会越来越少了。最近上海两次群众性大会上,我们才可从演说坛上听到了沫若先生的声音——一次是在李公朴、闻一多二先生的追悼会,又一次是鲁迅先生的十周年祭。
>
> 有人说,沫若先生本质上是个诗人。虽然近二十年来,不大看得到他的诗作,但是他写剧本,他的剧本是诗的;他写了不少散文,他的散文也是诗的;甚至他写的历史考据文字,我们也可以从那里面读出丰沛的诗的感情。读过沫若先生二十年前的《中国古代社会研究》和抗战期间的近作《青铜时代》与《十批判书》的人都会承认这点。他的历史考据文字也能使人读得津津有味,其原因怕就在于此罢?而沫若先生的演说,更使人感到是诗篇的朗诵。最近在上海的这两次演说尤其令人有这样的印象。
>
> 在李闻二先生的追悼会后,沫若先生接到一个听讲者给他的信,信上说"今后若干年,也许会是沉默的黑暗时期,您也许会不可能再

在广大群众集会上说话。但是我相信您今天的演说已经在千万人心上生了根了。在今后无论怎样黑暗沉寂的环境中,在我们心上一定会涌现出您今天的演说,而使我们得到勇气和力量"。

作者热情地写道:"你看,在热烈的鼓掌声中,沫若先生离开了座位,站在我们的面前了。他慢慢地取出预先写好的演说稿,开始读起来了。但立刻我们就不觉得他是在念他的稿子,只觉得他是把全部的心力,全部的人格,倾注了出来,构成他的声音和言语。渐渐地我们甚至不觉得有一个人在演说,只觉得在我们上下周围充塞一个声音,这个声音宣说着我们人人心头的爱,我们人人心头的憎。于是我们不由自主地发疯一样地鼓起掌来了……"

第二个是"邓初民在重庆"。文章说:

在重庆的演说坛上,和沫若先生同为广大群众所欢迎的另一演说者是邓初民先生。有着肥硕身躯的邓初民先生,一站到台上,人们立刻就发现这个学者是充满着最热烈的感情的。他有好几次在重庆演说时,眼泪和词句一起倾洒出来。

邓初民先生对青年的热诚和对自己的谦虚是任何接触过他的人所忘记不了的。他自己的生活常陷于极度的贫困中,但他稍有可能时,总要对他所遇到的清寒的青年朋友给以物质上的援助。他当了多年的大学教授,写了很不少的著作,但他是如此虚心地倾听别人对他提出的意见,好像他是一个小学生似的。对于别人的写作,只要他以为是正确的,他就加以接受,并不想到要摆出老前辈的架子。有一次我听见他向一个年轻的作家说:"昨天我读了你那篇文章,好极了,好极了。我正想写一篇东西,我就根据你那个意思写。"

抗战胜利以后,初民先生一直留在重庆,主持着两种刊物。十月一日,重庆市当局查禁二十种刊物,其中就有初民先生所主持的《民主星期刊》和《唯民周刊》。在作家星散、经济困难的情形下,初民先生一年来,一手主持这两个刊物,其辛苦是可想而见的。重庆市当局查禁这两个刊物莫非是为了要让他休息一下么?但初民先生是从来不知道疲劳的文化工作者和民主斗士。在无论怎样的情形下,他是会支出他的全副精力为文化工作和民主事业而努力的。

　　熟人都称初民先生为初老,如同称沫若先生为郭老一样。但初民先生和沫若先生一样不喜欢这样的称呼。有人向初民先生解释说:"我们只是说你'初老'而已,而且你将永远只是初老。于是初民先生也就不再抗议了。"

　　文章结尾令人心酸:"最近初民先生写信给上海的朋友,说他甚感穷困,一家大小的寒衣都还没有把握。"请细心的读者记住,在1946年冬季来临的时刻,一个著名的学者和大学教授竟然一家老小过冬的衣服都成了难题,由此可见当时民生之凋敝,之艰难!

(二)金仲华和吴祖光

　　1946年第8期"其人及其著作"专栏署名"文卒"的访谈介绍了金仲华、吴祖光两位作家,《专精于勤的金仲华》的开头写道:

　　看了金仲华先生所设计的国际政治地图,特别能使人感到他搜集材料之勤和对于工作的认真。二十年前,仲华先生在商务印书馆任助理编辑,后又主编《妇女杂志》,写过不少妇女问题的文章。继之又注意到一般的青年问题,参加开明书店任中学生杂志的编辑的时候,他曾写过一本青年问题的书。一九三三、三四年时,仲华先生的研究方向转移到了国际问题上。

仲华先生实在是个勤于学习，勤于工作的人。他曾在一篇文章中自述道，当他在开明书店时，因为工作场所接近印刷所，便乘这机会把印刷的技术过程学习了一番。以后他到香港主持《星岛日报》时，得到很大帮助。因为主持报纸，若自己不懂得印刷过程是非常吃亏的。

仲华先生主持《星岛日报》是在抗战期间。曾看过那张报的读者，一定还记得它是十分精美和丰富的。这样的一张报不但在香港前所未有，当时在全国范围内也要算是数一数二。在他主持这张报时，真是辛勤到极点，因为抗战初期，文化人都在国内，香港特别感到人手少。仲华先生不仅担任主笔，实际上对于整个报纸的编辑工作以至业务工作，全得照顾到。至今当朋友说他现在忙得很时，他常常说："现在还好，那时在香港才真正忙呢。"

到一九四一年，恶势力逼得他脱离了《星岛日报》。但他对于办报的兴趣恐怕是至今不衰的。

从《世界知识》上，也可看出他的辛勤。假如说，这杂志上每一篇文字，每一幅图，甚至每一个补白都灌注着他的心血，那并不夸张。近年来，由于他在美国新闻处从事于国际宣传工作，占去了他的大部分时间。因此他写的论文专著比较地少了。但是无论怎样忙，他还抽空在每期《世界知识》上写几个小补白，每期也总有一张地图是他自己设计的。补白好像是不重要的，但能使人读了既感兴趣又有所启发，那并不是可以草草写成的。地图的设计更非有充分材料做根据不可，并不比写篇文章较省力。

《神童吴祖光》写得更有风趣：

剧作家吴祖光在亲近的朋友中被称为"神童"。但我们可不要真的以为祖光先生还是儿童的年龄,不过在他写第一个成名的剧本——《凤凰城》的时候,他确只有二十岁左右。现在他也还是剧作家中最年轻的一个。祖光先生写过一个剧本,叫做《风雪夜归人》。剧中人物有一个整天溜在剧场里,和"戏子"做朋友的学生。据他自己说,这就是他少年时在北平的生活。根据这一点,可以知道他的出身,一个纨绔子弟的生活的发展,在我们心目中,几乎有一个定型。但祖光先生并不属于这个定型。他突破了他的生活,寄他的同情于在他所接触到的社会圈子内的被压迫与被蹂躏的小人物。正因此,他成了这样一个剧作家。他拿他少年时所熟悉的生活为背景写了《风雪夜归人》。在这剧本中,他把最深处的同情寄托在被上流社会所不齿的姨太太和"戏子"的身上。这个戏在重庆上演时轰动一时,但也有人给以苛评。其实认真地给以评价,这是应该承认它有较高的地位,因为在这剧本中所流露着的人道主义的良心的闪烁,那不是不值得尊重的。

读祖光先生的剧本和散文,都使人感到这是个天真的作家。"天真"固然并不一定是可赞美的,因为天真有时可以受欺骗愚弄。但这个年轻的剧作家用他的天真的良心看世间的美和丑,善和恶,并以此为出发,逐渐地更深入地在这周围的世界求理解。认识祖光先生的朋友,都感到这个"神童"在渐渐深沉起来了。

(三)闻一多与吴晗

《读书与出版》1947年第7期发表的《闻一多与吴晗》文章是"其人及其著作"专栏中文字最长也是最为激荡人心的访谈文章,约有两万多字,分为十二个章节,限于篇幅,我们仅仅摘选这篇访谈的开头语和最后三个章节的部分文字。开头语直言快语:

两个书生,两个战士。一个是鼓手,一个是炮手。一头愤怒的狮子和一只凶猛的老虎。闻一多和吴晗的名字已刻遍了中国知识青年的脑子。三年间,他们是昆明青年的号角和灵魂。时代召唤着这两个有无比强烈正义感的热情天才的知识分子。当他们痛苦地而又痛快地走上历史新道路——中国新知识分子的道路时,两个人越走,手拉的越紧。中途,一个中了暗箭倒在血泊里了;另一个大声痛哭了一阵,更坚决地往前走着……

文章的第九章写道:

三月十八日,昆明三万大中学生送他们死去的伙伴入土,送殡的行列绕过全城一周,回到了联大新校舍的墓地,夕阳下山时,棺木放进墓穴,吴晗在墓前讲话:"两千年来,山东曲阜有个地方叫做孔林圣地,如今,四烈士埋在此地,此地成了最光荣的地方——成了民主圣地。"闻一多接着说:"凶手还没捉到。我们一定要捉到,我们要追到海角天涯,今生追不到,下一辈子追!"

墓碑上,"于再、潘琰、张华昌、李鲁莲四烈士之墓"是闻一多的字迹,碑后有闻一多写的"一·二一始末记",最后一段写着"四烈士的血是给新中国历史写下了最新的一页,愿它已经给民主的中国奠定了永久的基石!如果愿望不能实现的话,那么,就让未死的战士们踏着四烈士的血迹,再继续前进,并且不惜汇成更巨大的血流,直至在它面前,每一个糊涂的人都清醒起来,每一个怯懦的人都勇敢起来,每一个疲乏的人都振作起来,而每一个反动者战栗地倒下去!四烈士的血是不会白流的"。

文章的第十一章写道：

闻一多预备七月十三日从昆明飞重庆，但七月一日，李公朴被暗杀了，闻一多跑去抱住他。"公朴没有死，公朴没有死。"他留下来料理丧事。十五日中午，学生报出版，刊出了闻一多的题字："斗士的血是不会白流的。反动派！你看见一个倒了，可也看得见千百个继起的！"

下午，昆明大学至公礼堂里挤满了一千多人，李太太讲完话，闻一多走上讲台，他开始说得很平静："这几天，大家晓得，在昆明出现了历史上最卑劣、最无耻的事情！李先生究竟犯了什么罪？竟遭此毒手！他只不过用笔，用嘴，写出了说出了千万人民心中压着的话，大家有笔有嘴，有理由讲啊？为什么要打，要杀，而且偷偷摸摸地杀！（鼓掌）"他突然大叫起来，"今天这里还有没有特务？你站出来，你出来讲，凭什么要杀死李先生？（厉声，热烈的鼓掌）暗杀人，还要污蔑人，说什么'桃色案件'，说什么共产党杀共产党，无耻啊，无耻啊！（热烈的鼓掌）""我们要准备像李先生一样，前足跨出大门，后脚就不准备再跨进大门。"

散会后，在云大门口，十几个特务向着闻一多怒目而视。他问同走的朋友："怕么？"仰起头，哈哈大笑起来。

在府甬道民主周刊社，他主持记者招待会，五时四十分，儿子闻立鹤接他一起回家，走到离宿舍十步地方，前后跑出几个人，向他放枪。闻夫人听枪声跑出时，闻一多头部中三枪，左腕断了，胸部及别处中弹更多，已经气绝。地上流着一滩血，五寸多高，在跳动起伏。

消息传到上海后，吴晗目瞪口呆，昏沉了大半天，才哭出声来。……他几天没出去。在那热得像蒸笼一样的日子里，他浑身只穿一条短裤，左手摇着扇，右手写字，一边写，一边哭，墨水、汗珠、眼泪,湿成了一片,他写出了《哭一多》《哭亡友闻一多》《哭一多父子》《闻一多之死》《闻一多先生传》。

这篇访谈的最后一章的结语写道:

闻太太和她的孩子从昆明去北平,路过上海,学生去访问她,她躺在床上,脸色苍白:"闻先生的骨灰吗? 一半已经洒在滇池里了,一半要带到北平去。四烈士墓前的衣冠冢,是我一定要立,学校才答应的。闻先生的遗著,清华答应整理,将来想交文协出版,有吴先生在,整理工作一定会成功的。"

冬天,一个燕京大学学生写篇通讯说:"寒假的燕园静极了,大家耐不惯寂寞就跑到清华听课——特别是听吴晗先生的课去。真的,他讲得太好了。"

三月底,他为《闻一多的道路》作序,里面说:"一多先生最后所走上的道路,就是中国人民应该走的唯一的道路。""他走上了青年们支持他走的路,也替青年们开辟了奠定了这条路!"

(四)朱光潜先生轶事

《我看朱光潜先生》的访谈刊登在1947年第2期"其人及其著作"专栏,作者署名是"隆",估计是个化名,叙述了作者见到主人公时的情景。文章写道:

看见一位个子不大,衣着很朴素的先生,坐在大堆书本纸页前面。他侧着灰白的头,用略略陷进的两眼,盯着我这闯进来的不速之客。我简单地说明来意后,把成绩单递上。他戴上眼镜,仔细检阅一遍,然后抬起头来,望着我,轻轻地说:"你喜欢这个行道吗?"我点点头。他给我签上了字,我便默默地退出。

的确,像他自己的名字一样,他始终似乎有些什么"潜"在于心里。他很难得同别人聊天。他的学生们找他,都给他直截了当的,几句话把这拜访结束了。在讲堂里,他不像有些教授一样喜欢大吹大擂。他总是老老实实地讲他的正课,很少扯到离题很远的地方去。

他现在在北大开两门课:翻译与英诗选读。上翻译课,他总先指定材料,叫同学在课下译好;到教室里,他把他自己译的也带来,逐字逐句的研讨,丝毫不马虎。这对于同学的益处很大,一面可以细心地读书,一面也训练中文的写作能力。他以为一个翻译者该多负点责任,自己不懂的当然不能随便译,自己虽懂而不能使别人看了也懂,也不行;这是翻译最低的条件。听说他在武汉大学翻译康德哲学,除了自己用英文本、法文本仔细地校对外,还请一位懂德文的先生用德文再校一遍。可见他对翻译之忠实。

上英诗,也要先准备,在讲堂上要抽问。上次讲的,下次得背;而且他抽背抽问,总是问到底,往往弄得同学面红耳赤。他的安徽官话实在不大高明,而且又没有胡适先生那副嗓子,说话总有点含含糊糊,听不清楚。他的英国话比中国话来得漂亮,英国重音,英国腔调,声音虽小一点,却还相当清楚。

在肯定朱光潜先生"教书的认真,许多教授都赶不上他"后,文章接着写道:

他曾经对美学下过一番功夫,这方面的著作有《谈美》及《文艺心理学》。前者是给青年的半通俗读物。后者将以往诸美学家的学说,都扼要地介绍给读者,而且还给了评价。不过,他还没有自己建立一个体系,阐明他对于"美"的认识。

文章谈到了朱光潜先生对于艺术的看法:仍然是士大夫式的悠闲的欣赏,要凭"直观"欣赏,不能加入"实用"的意义,这会损伤艺术的"优美"。文章最后说:

> 他对于青年的关切,可取《谈修养》《给青年的十二封信》等书为证。这些书,曾得一部分中学生或大学生的欢迎。然而,正因为他对现实的了解并不深刻,有一颗温良的心,而抓不住现实问题核(也许他不得不避开这核),自然而然的,他所谈的问题,总是给云雾隔了一层似的,他所给出的解答,不够彻底;他给青年指示的途径,无论如何是走不通的。
>
> 他这种情形,实在代表着学术界的一大批人。他们学的体会是这一套,现在就算发现了这一套行不通,但不能再丢开它。对于五十岁的老人,这需要多大的勇气!冲不破这一关,退下来,躲在残破的壁垒里,度过几年教授生涯,终究还不失为一位学者。

(五)作家李平心

《读书与出版》1947年第1期"其人及其著作"专栏刊登的署名"文卒"的《恢复了健康的平心先生》,是一篇读来令人动容的文章:

> 半年前,平心先生的朋友看到他的满头白发和憔悴的面容,都非常难过,因为大家知道由于多年的辛勤的文字工作,他在抗战前就已有了神经衰弱症,抗战期间在上海他又遭敌人拘捕,受酷刑,然后是多年的困顿独居,使他的身体更加不行了。

幸亏有他的能干的夫人的照料,在万分困难中争取得了一段时期的修养,病离开了平心先生。现在平心先生的朋友不能不感到惊讶,当他们看到他的黑发和焕发的容光。"摊贩事件"时,人们从报端看到他的有情有理,有含泪的呼号,并有正义的激奋的文字;最近学生爱国运动中,人们又从报端看到他的长篇的论文;他的健旺的战斗力恢复了。

平心先生在抗战前主编过《自修大学》,这个半月刊的内容非常充实,编辑体例可说独出心裁。读过那个刊物的可以从每一期每一页看出主编者的确在他的刊物上灌注了全部的精力。平心先生还做过一件在中国出版史上不应被忘记的大事,那就是他编辑了一本《全国总书目》(生活书店印行)。他在这本书目中创制了新的书目分类法,消除了传统的分类法中的许多非科学之处。这本书目还是在十多年前编成,到现在虽然新出版的书又有很不少,但没有人有勇气来续做这工作。看一看平心先生的书目的规模,就知道没有很大的识力和魄力是不足以为此的。

平心先生在抗战前的著作很多。抗战期中出版的似乎只有一本关于鲁迅先生的思想的书和一本《中国民主宪政运动史》。抗战期中他曾着手写《社会革命思想史》,已写成二三十万字,现在他准备加以整理,续写完成后,恐怕是七八十万的大著。

谁要是到过平心先生寓处的,他一定惊讶地发现,这个作家所住的屋子是何等的小啊。我们不必用多少形容词来形容这间屋子的小,堆满四壁的书复压床铺上,床铺又紧紧挤着桌子,而我们的作家就在桌子与床铺之间恰恰取得了立锥之地,只一伸手就可以取得四壁的任何一本图书。——我们的只能供给稿子而并无条子的作家,有什么办法能得到比这较好的屋子呢?

恢复了健康的平心先生稳坐在他的小屋子里,将继续提供无数的纸弹到民主斗争的前线上去，这是我们完全可以相信的。

这里需要向读者说明的是，《读书与出版》"其人及其著作"专栏报道的平心先生，原名李平心，早在1927年1月，李平心先生就接受中共党组织的委派编辑出版过《世界月刊》，宣传马克思主义，讨论中国政治、经济和社会等问题，并且是中共中央早期机关刊物《布尔塞维克》的撰稿人。曾经和中共早期领导人瞿秋白一起主编过《布尔塞维克》的郑超麟先生在《怀旧集》一书中提到该刊物时说："稿件除各编委所写，还有同志投稿，有中央秘书处转来的，也有直接投到编委会来的。后者例如李圣悦，他是黄文容（该杂志编委会秘书）的同学、朋友，以'星月'为名投了一次或二次稿。李圣悦以后改名李平心，又名李鼎新，成为有名的学者。"1935年5月，李平心先生又参与创办和主编过《读书与出版》杂志，由此足见李平心先生和中国共产党创办的早期"红色刊物"渊源之深。

（六）马凡陀的故事

《读书与出版》1947年第6期"其人及其著作"专栏刊登的《听马凡陀》，应该是这个专栏诸多精彩文章中最有社会影响力的一篇重头之作。作者吕剑先生在文章开篇说：

> 一个人有一个人的生命，一个人有一个人的风格，而从这生命和这风格，也就可以看到这个人。那么，马凡陀是怎样得到了他的生命和风格的呢？我常常这么想着。
> 我曾经写了一首诗赠给马凡陀，其中有几句话说："嘿，山歌一唱响全国，我们出了一个马凡陀。有人要问这匹马儿是谁么？原来他跑遍老远一段路，这人本是抒情诗人袁水拍。"

随后文章用很多的文字讲述了诗人马凡陀在艰难跋涉的漫长、痛苦的诗歌创作道路的探索,从写西洋风的诗,写文人学士知识分子气的诗,写人民大众不能懂不喜欢的诗,到写民谣诗、通俗诗、方言诗、社会诗、讽刺诗、政治诗、大众诗、民主诗的根本性转变历程,接着谈到了诗人马凡陀在艺术创作思想的巨大转变:

> 生长在艺术上的艺术比不上那生长在生活中的艺术。……强调生活是指对生活的忠诚,深入,多多感觉,和人民的喜怒哀愁凝结在一起。如果你做的正是大家所做的事,那么你唱的也必然是大家所唱的歌,而且你所唱的歌,每一行是你所生活过来的,不单是头脑所了解,而且整个肉体所感觉过来的。作者和人民既有这样密切的来往,他所写的也无可避免地是明白易懂,为了他们而写,并为他们所疼爱的了。

文章说:

> 这一段谈话写在1945年当时,是很值得重视的,因为那时已经出现了马凡陀式的诗,然而却还没有普遍地引起注视。而马本人,已经要求自己唱"大家所要唱的歌"了。……1947年,我们就有了这样的好诗:"大雪落纷纷,河里结了冰,打完国仗又打自己人。抽丁抽不到有钱人,抽到我儿二十零啊! 叫天不应,叫地不灵,求人人无情,眼泪哭干怕天明,天明我孩儿要起程啊! 趁我孩儿睡,四邻没人声,我的孩儿啊,莫怪你娘心太狠,莫怪你娘心太狠啊! 拿起了钢针,钢针儿两根,刺进我孩儿的眼睛! 一声惨叫鲜血喷! 孩儿啊,他们不要瞎子去当兵!"——《老母刺瞎亲子目》,从袁水拍到马凡陀,是一段"老远的路",不是那么容易走来的和偶然的。这里面是充满了"默想",充满

了"行动"的,而从这里他找到自己的方向,得到了他生命的风格。

作者在文章结束时还谈到了马凡陀诗歌的社会影响力:

> 去年年底,在一次"总结一年"的文艺座谈会上,C先生曾说:"马凡陀的诗对上海的民主运动起了很大的作用,他今天作一首诗发表,明天游行时就唱出来了,不估量到这种作用是不可以的"。前天一位朋友从上海来,也说:"上海反饥饿反内战游行,写在旗子上的是马凡陀体的诗。"这可见,马凡陀的诗真正成了一股老百姓的东西,引起了普遍的爱好。

作者最后发出感慨:

> 因此我就想,马凡陀不是还可以更加发展吗? 不是应该更加普遍吗? 不是还可以"再创造"吗? ……自古山歌好唱口难开,我可劝你山歌多多采;——马为人民拉犁耙,汗水落地谷花开。——赠马凡陀。

"文卒"先生在1947年第1期"其人及其著作"专栏发表的《诗人袁水拍》中说:

> 抗战期中在香港文坛上出现了诗人袁水拍的名字,他写的诗并不多,但由于他的清新的风格,使得他的诗和名字很快就被人注意了起来。抗战胜利后,由于他走了一条新的路子,即所谓"马凡陀的道路",这个过去的抒情诗人成了大家所熟悉的唱山歌的人了……自从复员来到上海后,便以"马凡陀"的名字写了许多山歌,这些山歌里有呼喊,有愤怒,有血,有泪。

著名诗人臧克家在1955年出版的《读书月报》第四期发表的《马凡陀的山歌》一文中说：

> "马凡陀的山歌"在1944年到1948年这个历史时期里,得到广大读者的热爱,起了很大的影响。在争取民主的运动中,在反饥饿、反压迫、反"扶日"的青年学生的轰轰烈烈的斗争中,其中的许多诗篇,被采作朗诵的材料,普遍地流传在大家的口头上,在人民群众里,起了很大的鼓舞战斗的政治作用。

此外,"其人及其著作"专栏还刊发了《诗人李广田》《钱亦石先生在工作队中》等多篇脍炙人口的作家访谈。提及"其人及其著作"专栏,陈原先生说:"据我记忆所及,这一栏曾介绍过翦伯赞搜集史料的方法,吴晗写朱元璋的经历,还介绍过'业精于勤'的金仲华,以及郭沫若的演讲,夏衍的勤快,邓初民在重庆,宦乡的立场,'神童'吴祖光,等等,看题目就想见其人,见不到其人即翻读文章,真可谓'绝'了。"[①]

八、"书批评与介绍"

"书批评与介绍"专栏是《读书与出版》读者关注率比较高的书评栏目,这个栏目发表的书评文章可谓是有棱有角,有独特观点。1947年第7期"书批评与介绍"专栏刊发的署名"周哲"的书评《王贵与李香香》说:

> 最近,在杂芜的诗坛内出现了两朵瑰丽的花球,其一是马凡陀的山歌,另一便是李季的《王贵与李香香》。马凡陀的山歌诚然是一个方向,然而这只是一个过程,一个转变,一条桥的起点;我们有理由可

---

①陈原:《不是杂志的杂志》,《不是回忆录的回忆录》,文汇出版社,1997年,第52页。

以说,这些山歌,虽然摆脱了袁水拍,但并不就此无疑的成为以大众、为大众、属于大众的东西。……李季的《王贵与李香香》,便是跨过了,并到达了彼岸的一个示范。

这一本薄薄的集子,叙述了一个农民翻身的全般过程;其所以不论在艺术上或内容上能够制作得那么完整,不是别的,只因为作者生活在他的写作对象中间,不是以一个旁观者,一个作家,而是,用一句流行的话说,拥抱他们,和他们融合在一起,作为他们当中的一分子来生活。他分担他们的悲愁愤乐,用他们并且具体结合了和提高了他们的思想来写作的缘故。我们看:"还不起租子,我还有一条命,这辈子还不起,来世给你当性灵。"

这朴朴实实两句话,表现旧时代农民宿命的保守的典型性格有多么深刻,多么真实! 他不否认农民性格上落后的部分,但也不把他们写成糊糊涂涂的丑角,他忠实于真实:在生活的鞭策下,农民也会做革命的同盟,也会觉醒,翻身。"

文章批评人们一想到大革命就是"残酷无情的大厮杀",一提到革命者就是"铁青脸,呲咧着牙,一无感情的人物",随后接着说:

《王贵与李香香》的作者是用怎样的形象来驳复这些人的:"沙窝窝梁高,沙窝窝低,照不见亲人在哪里? 手扒着榆树摇几摇,你给我搭个顺心桥! 隔窗子瞭见雁飞南,香香的苦处数不完。"这种真挚深沉的感情,作者描写得何等贴切和优异啊! 然而这并无损他全篇朴实的风格,正像朴实无损于他的明星一般的光华一样。

为贴近农民生活的文学作品鼓与呼,是"书批评与介绍"专栏的鲜明特色。《读书与出版》1947年第11期该专栏发表署名"治俊"的文章《通俗

读物的光辉》,是评价反映农民生活文学作品《刘巧团圆》和《张玉兰参加选举会》的文字:

　　编者韩起祥虽然三岁便盲目,十三岁拜旧说书者学艺,他能弹唱五十多种小调民歌,能说七十多本书,虽然有的内容充满了迷信封建,但他到底是从民间生长出来,又肯接受新文艺工作者的批评。因此过去积下满肚子的民歌、民谣、故事,都得到新的血液的灌输而甦生,成为他新创作时宝贵的滋养。在为人民服务,忠于承担大众文化娱乐的志向上,他终于把以前那些迷信、封建的毒素都滤掉了,《刘巧团圆》与《张玉兰参加选举会》就是描写人民真实生活的新的说书,通过了运用纯熟的口语和人民的深切的感情,这本书变成有生命而且新鲜的通俗文学。

文章在分析了《刘巧团圆》在说书艺术上的特色后认为:

　　《刘巧团圆》确是和《李友才板话》《吕梁英雄传》《白毛女》一样,不但能设色在广大人民正在切身经历的事实上,而且把人民的胜利、人民的信心、人民的力量,都细细地刻画出来。这是韩起祥的创作应该被称誉为新文艺的新道路的第一理由,我们试看这个光辉的通俗读物,如何透骨地把未曾清除的官僚作风,剥的一丝不剩:"这个判决不公平,好夫妻不相逢。裁判员长得死脑筋,口口声声讲法令,不会调查不研究。不会审来不会问。咱们朋友联络起,专员公署走上禀。"这样又简洁、又中肯、易上口、易记忆的文章确实比剑锋来得犀利。

如果说,向广大读者积极推荐贴近人民大众实际生活的文学作品是"书批评与介绍"专栏的鲜明特色,那么,给当时正在徘徊、彷徨中的知识分子介绍指明政治方向的书籍也是这个书评栏目的着力点。《读书与出版》1948年第9期发表的署名"许小花"的文章《知识分子的道路》，内容是推荐田家稣先生的新书《论知识分子》，文章说：

> 知识分子正处在历史上大变革的时代，这是一次更深更广的转化，到底是投奔光明，还是屈膝黑暗？这是抉择的时候。这个划时代的"蜕变"当然使知识分子感到苦痛；但是很多人熬住了苦痛，否定了个人的及阶级的利益，趋奔于广大人民求生存求解放的斗争的洪流，他们是新生了；有的经不起风浪的考验，沉沦下去，甚至做了帮凶。这是一条自趋灭亡的路，对于这些丧心病狂的知识分子是无可救药的。

文章指出：

> 现在形势已经极明显了，把握住中国社会发展的规律，努力奋斗，这已不是空洞的理论了，"浩瀚的血河终于辨认出与把握到这新的发展方向"，也正有无数的知识分子，克服了自身许多弱点，参加到革命的行列中，发挥了庞大的力量，虽然现今革命的主力不是知识分子，而是更广大的大众，可是知识分子在革命中所起的作用，也自有其辉煌的效果。"理解到整个人类历史发展的指趋，依附着创造社会真价的劳动人民，为中国社会开辟了一条光明广阔的大路，这是发展的革命的路，是科学的、人民的、革命的路，是今后一切知识分子必须遵循的路"，既然认清了一条宽阔的大路，那末就赶快开步走罢。

深刻剖析当时中国和国际资本复杂关系的重点述评文章《抢做中国的债主》（《读书与出版》1947年第5期），揭示的关于国际资本觊觎染指并企图长期控制中国经济命脉的邪恶用心，今天读来依然使人感到惕心激励，警钟长鸣。史枚先生在《记〈读书与出版〉和〈读书月报〉》一文中回忆说：

> "书评"原是个主要栏目，较前有了一些改进。其一是大都能在不大的篇幅里抓住要点而避免刻板烦冗的介绍，或者说明书的意义或背景而更显其价值，或者提出不同的意见，指出不足之处，而不是为贤者讳。其二是采取了较多的样式，即除单评、合评之外，又有"名著解题"（戈宝权写的《罗曼·罗兰的〈约翰·克利斯朵夫〉》等）和"书市散步"（用几句话评介一本或几本书），又有转录将要出版的某书的序言（如费孝通的《〈内地农村〉自序》）而附编者按语做介绍的，以及选刊将要出版的某书中的一个章节的（如杜守素的《墨子思想》，即选自他的《先秦诸子思想》一书。这一方面能使读者先睹为快，一方面也展示了内容特色，有助于读者选择）。其三是评介的面比较广，不仅有经典著作、社会科学、文艺作品等，也有自然科学、少年儿童读物、地图等，不仅有生活本版书、兄弟单位的出版物，而且有其他出版家的，包括商务印书馆等在内。

陈原先生称赞："有性格，有棱角，有风趣。这就是史枚创始的《读书与出版》时刊发的'书评'的'个性'，这不是很可取的个性么？"他回忆说：

> 第一年的书评和关于新书的消息，创立了一种独特风格，每篇书评仅约千字，一文只评一书，或合评同类的几种书，很少书评"八股"，大都抓住书中创见发挥一番，有时也抓住书中某些错误论点加以善意的批评。介绍好书绝不吹捧，平淡无奇，读完却使人要找原书去亲自品尝一番。批评错误时也不漫骂，不打棍子，以理服人，有时还讲究策略。……
> 有一次发表一短文评论储玉坤的《第二次世界大战史》，就其中

对苏联与英美合作来反对纳粹德国表露出不满和怀疑,这是囿于那时对苏联抱有的成见而发的不正确论点。短评只说此书材料不少,但指出这个论点站不住脚。作者储玉坤曾在日寇占领区("沦陷区")坚持过反抗侵略的文字斗争,甚至被日本特务捉去施以毒刑,抗战胜利后又是文化战线上一位辛勤的工作者。作者是我们的朋友,但写的书有缺点,我们也不隐瞒,可是我们绝不"伤人",或者说,主观上决不发"伤人"的评论,同那种"语不惊人誓不休"的洋场恶习完全相反。①

当年,在《读书与出版》杂志上活跃着一批书评家、作家、学者、杂志社编辑,他们为杂志提供了一篇篇文笔流畅、见解独到的书评,这些洋溢着生活气息、反映出时代精神的特点和面貌,注意从人性方面揭示人物性格的书评,引导读者掌握一般好书的精神实质,不仅大大提高了读者的阅读兴趣和鉴赏力,而且积极推动了广大青年读书活动的发展,涌现出了许多令人感动的读书故事。

---

①陈原:《不是杂志的杂志》,《不是回忆录的回忆录》,文汇出版社,1997年,第53页。

阅读推广者

　　我们是为生活而读书，为生活而学习，是为了使人民大众都能够生活得好，同时也包括了自己的生活，而不是单为自己的衣食谋。所以在这个意义上，学习的本质就是战斗，就是要把握着客观社会的发展法则，循着这法则所指示的路，排除一切困难，向前挺进。读书就是先要把思想武装起来，坚决地站在人民的立场，为人民而奋斗！

——《读书与学习——记一个座谈会》①

　　《读书与出版》编辑部在写给读者的《一九四八年的革新》特别"插页"中再次阐明：《读书与出版》是"帮助学习的综合性月刊"，办刊宗旨是"指导学习方法，提供各种知识，介绍优良读物，报道文化动向"。"除原有各栏外，新设的有'中国土地问题''从人物看近代中国''修养月谈''读书一助'等四项，此外并将定期举行征文。"同时指出，"中国土地问题"专栏由子起（史枚）先生主持，论述中国土地问题的性质、内容，及土地改革的道路。"从人物看近代中国"专栏由胡绳先生执笔，分开看，是影响中国近代

---

　　①《读书与学习——记一个座谈会》，《读书与出版》1948年第2期。

历史的重要人物的介绍,合起看,是一部人物为线索的近代中国简史。"读书一助"专栏,选择若干入门书,提示其中的要点,帮助初学者找出思考的线索。"读书记"专栏,或者摘录文句,或者抒写感想,或者考索事实,或者发挥议论,总之是读书所得到的一种愉快。林林总总,总共26个专栏,全和读书学习有关。1946年底,《读书与出版》面向全国读者赠阅半年6期的刊物,同时刊布了一份《征求基本读者书》说:"本刊自第二年(1947年)第一期起,扩大篇幅,充实内容,希望真能做到推动浓厚的读书空气,帮助青年学生努力学习。"《征求基本读者书》告诉人们"《读书与出版》是指示学习方法,提供各科知识,介绍优良读物,报导文化动向的综合性月刊。它更有一个特色,即与读者通讯讨论,解答一切读书上的疑难问题,是帮助我们丰富学问,增进读者兴趣的一位好朋友"。

一、组织读书会

《怎样组织读书会》这篇文章刊发在《读书与出版》1946年第2期的"信箱专栏",这是该刊编辑部针对广大读者提出的"读书难"问题的答复:"组织读书会,不必拘泥于形式,会名没有,章程没有,都不要紧。要紧的是确确实实有这么几个人(同学、同事等)都想读书而无力买很多书。"以及大家集资买了书怎么轮流阅读和怎么保管。接着提出,重要的是每个人自定读书计划,读完一本书,把要点和疑问提出来,请大家讨论。个人的研读(做笔记或摘录)应当看重。最后指出,"组织起一个读书会,或者不太难,要长久维持一个读书会,就必须使每个参加者的确得到共同买书读书的利益。互相督促,互相讨论(不一定要全体集合在一起开会),都是有效的方法"。

南宁的一位读者"黎君"来信提出:"当我自己读书或杂志的时候,有一些文章内容,自己感到非常熟悉,但要闭书重想起来,便又困难而模糊了。这是什么缘故?"针对读者的疑问,《读书与出版》编辑部1948年第8

期刊登了一篇《读书要用脑子想》的短文说：

> 提出这个问题来的，不止'黎君'一个。我们以为，读书顶要紧的要用脑子想通问题，这句话虽然已是一句老话，但是许多人还不能做到。原因是贪快，贪多。当然，在读杂志的时候，读者的心是很急的——急于知道某问题的来龙去脉，不过与其急着囫囵读了，闭卷不知所云，不如一步一步的慢慢来。看之前，用脑想一想，我自己对这一问题是怎样看法的？看的时候，处处拿自己的想法（那怕是很幼稚的）和文中所说的意见比较，随时修正自己的错误或不足不充分的地方（假定文章的意见是正确的话）；读完之后，要把问题从头到尾想一遍，看已否得到主要的（而不是枝节的）理解；如果还没有，应该再读原文或有关的书，再想。养成这样的读书习惯，即是训练自己的思想，这样读书对于实际作为（实践）才有用处，才不致闭卷模糊。

还有许多读者询问"怎样读中国史书？"《读书与出版》编辑部在1946年第5期答复说："研究历史，本不限于读书，也不应限于读书。因为，研究历史而没有掌握到丰富的史料，那种'研究'就一定是空疏的，不会有多大成绩的，而史料的来源，则不单是书本，书本里的史料，又不一定有多大的价值。"接着又例举梁启超先生史料研究文献学、考古学的两种分类法，同时强调了还要注意研究文化人类学的史料。结语引用翦伯赞先生的话："不钻进史料中去，不能研究历史；从史料中跑不出来也不算懂得历史。这确是至理名言。所谓掌握史料，所谓从史料中跑得出来，就是说要有正确的研究历史的方法。这个方法，初学者可以从书本中去找到它的要领，不必再暗中摸索，因为前人已给我们留下了。不过，要体会这个方法，牢牢把握住而且善于运用它，却不是书本可以帮忙的。至于读史书的重要，只就书本中史料的大量存在，已可知道。尤其一个初学者，从书本下手,研究是比较方便的。"随后又为读者推荐介绍了一批适合他们阅读的中国史书。

二、怎样读好书

《读书与出版》还注意刊登指导读者读书的文章,1947年第8期发表的署名"骆秉彝"的文章《怎样读书》是这样写的:

> 只要这本书自有着他值得我们一读再读的价值的话,他的每一部分,每一页,每一句,乃至每一字,也都有它值得我们极其珍惜的价值,我们对于这种有价值的书,自然都希望能贯彻的会悟他的一切,和日后能直接间接去接受他给我们的影响。……然而,各人有各人的观念,各人有各人的兴趣,各人有各人的读法,同是读一部书,也许可能有几个各自不同的见解;这种见解,当然都有着他成立的原因;这种原因,也许我还不曾注意到过,也许被我认为不重要而忽略了的;假使我们能把这种种不相同的观点搜集起来,再作一个精密的整理和分析,那末,这样得来的具体的见解,较之我们个人的见解,自然完备得多,而且有意义得多;所以这种见解便就是我们在这本书中找出来的更丰富的心得,和更深刻更精凿的印象;我们能在这本书中获取得这般的一种心得和印象,便距离我们读书的志愿相差也无几了。

为此,作者提出了如下三种读书的方法:一是参加读书会,把大家读一本书的感想和心得集中整理起来,再给每个人参考一下,这样读书的效果就会更大。二是采取精读和泛读两种方式。对具有精读价值的书,拿出时间去读熟它,就像苏轼一样"熟读深思子自知"。一般的书籍随便浏览即可。三是向梁启超先生学习,"在读书的时候,尽量利用做笔记来帮助我们记忆,帮助我们读书,这样的读书,自然比起不注意的滑眼看过而只留下一个淡泊的印象要进步和实用得多了"。

在这里需要提及的是,在1939年2月1日的《读书月报》创刊号上同时刊发了署名"楠"撰写的同样题目的文章《怎样组织读书会》,还有邹韬奋先生的文章《略谈读书的方法》和艾寒松先生的文章《关于读书经验》。

三、提升读书效率

提供了读书的方法,还要提升读书的效率。《读书与出版》1947年第10期又推出了署名"成湘"的文章《读书的效率》:

现在我提出六项小小的办法,或许对于青年朋友们在阅读书籍的"效率"上有所裨益的。

一是读书前准备好一支红蓝两色铅笔,双线划在书籍的重要文句上,单线划在书籍的主要立论处,箭头表示书籍有意义的地方,疑问号表示有疑义的地方,留待查询其他书籍。此外,读者还可以用外文、数字等用来做读书的记号。

二是读书前准备好字典、词典等工具书,以便查阅生僻的字句、成语典故等等。

三是在阅读一段或一个章节后,应当停留片刻,掩卷沉思一会,以便思考书中的意义。

四是读一本书时,在读这本书的结论之前,先按作者的思路对这本书做一个自己的结论,尔后和作者的结论对照,孰是孰非,眼界高低,一目了然,收获自见。

五是读书时要注意两个章节之间的联络,在下一章节中,作者加入了什么意见,所引申的意义又是什么。

六是阅读重要的书籍,应该做出一个读书摘要大纲。先列总纲,然后每读一章,即加补充修正,以期完备。这时,前面第一项所说的种种记号和按语,都显出功效来了。

读完一本书之后,再做一个有系统的札记,以备日后的参考。

应当说,《读书与出版》当年为读者提供的读书方法对我们今天热爱读书的人仍然具有实用意义。

四、买书藏书与失书

《读书与出版》中发表的关于买书、藏书、失书等系列故事,同样充满趣味,令人感叹不已。

(一)买书的尴尬

1947年第7期发表的署名"杨大渭"的《买书》开头是这样的:

"买了我罢!带我去罢!""买了我罢!带我去罢!"当书呆子先生才踏进了XX书店的门内时,排成队伍的群书不约而同的用它们憔悴的面容向这来人发出了听不见的苦叫。呆子先生用目光周围一扫,见四围排列的,当中躺着的,有托尔斯泰的《安娜·卡列尼娜》、哈代的《黛丝姑娘》,还有丹钦科的《文艺·戏剧·生活》以及《死魂灵》《对马》《简·爱》《飘》等等,真是琳琅满目,美不胜收。

这些苦命的书们,都因滞留于书店久长的岁月而枯瘦了。遍体是摩擦的创伤,无人过问。其实每天进来的人也有,可是都带着希望进来,而留下了失望回去。书呆子先生将各书的背面一翻,六千元、八千元、一万元、一万五千元……的价目立刻变成枪弹般,使他近视的眼睛感到痛苦。可怜啊!整口袋也不过五千元,还要买……不幸的书们叹了一口气:"这回又完了。"

书呆子先生悲哀地将书放了下来,走出店门,临别时投下一瞥留恋的目光,无可奈何地……回家后老是睡不着觉。许许多多好书变成美丽的蝴蝶在眼前飞舞,接着又被蝴蝶撕成粉碎……好容易才合上眼,便做了一梦,他梦见"文化"被放在用钞票叠成的大而高的柱子上,柱子不断地增高,"文化"也离地愈远,最后,它竟如太阳月光般可见而不可即了。

这篇小品文生动形象地反映了当时的国民党统治区内书价随着物价飞涨,爱书的人们只能"望书兴叹"的失望心态。

(二)藏书的甘苦

尽管买书是如此艰难,但是爱书的人们还是千方百计地买书、藏书,同期刊物发表的署名"辛园"的文章《藏书小记》就是一例。开头写道:"几年来,聚书,藏书,虽不可谓多,而能有三四千部书玩弄,倒也自有其乐趣。"作者讲述自己的第一批藏书来自他的堂兄子诚在上海"八一三抗战"前二三年回老家暂住几日:

> 在一肩行李中,别无所有,却有两满箱书籍。那时,我还在小学里读书。他常拿浅近的书,讲解给我听。临行时,拣出十几本几乎全是新文艺送我。里面有好几本是鲁迅的集子,还有朱自清的《旅欧杂记》同冰心的《寄小读者》,他到南京后,又托朋友在上海替我定了几种期刊。

> "八一三"烽火一起,他不幸于战乱中牺牲了生命,至今尸骨仍在异乡。……自他死后,我犹如航海者失了指舵,漫无目的。虽然稍懂得购书经验,书的好坏凭什么智力去判断。几年来,无非在暗中摸索而已。

> 到现在为止,藏书中稍有价值的,虽寥寥无几;可是像《鲁迅三十

年集》，光明版肖洛霍夫的《静静的顿河》，果戈里的《死魂灵》，郑振铎主编的"世界文库"等，在现在币值下，我再有什么能力去购买。

在许多书籍中，最欢喜的要算是梅益译的《钢铁是怎样炼成的》。译笔的通畅，可以拿它当国文教科书来读，这点还在其次。好在故事的结构，美妙到极点，主角保尔·柯察金的环境并不是美满的。可是他凭着青年人的热力，反抗，奋斗，甚至于身体都给弄坏，还不愿休息，始终战斗下去。这种书，对于青年人多少有点好处，至少，它能够有一点激发的力量。

其次，就是那部《红楼梦》，当我读到女主角临死的当儿，李宫裁同探春一段对白，感动的使我滴下二行眼泪，"死"是每人无法避免的，惨在"怨""恨"两字，至死未能发泄。端木蕻良在《文艺春秋》二月号上"安娜·卡列尼娜"一题下，对于这部书，亦有着如此的批评："安娜是托尔斯泰伟大的言语之一，这是不能匹敌的。使人类的文学，完成最美丽的部分，除了像《红楼梦》那样的作品之外，现在世界上还没有和它比拟的作品。"其他像《铁流》《死敌》《我是劳动人民的儿子》《士敏土》《冰岛渔夫》《罗亭》《父与子》，同着茅盾的《子夜》，我都热爱着它们，翻来翻去，总要看上好几回。

读着这样动情的文字，一个藏书人的故事跃然纸上，使人的心情久久难以平抚。

（三）失书的烦恼

1947年第9期刊登的署名"铁"的《悼失书》，读来更是令人唏嘘不已："时刻萦回在我脑际的，是一部分心爱的书的失去，每次想起，心中一直是酸溜溜，要难过半天。"作者讲到，抗日战争期间他在外地读书，留在家中的一箱子书籍，因为父亲害怕给人发现，就偷偷地打成捆扔到了河里。

待我隔了一个时候,回到家中,还未坐热板凳,便去访候久违的老友,是否依然无恙。等到打开箱子一看,映进眼帘的是这样的杂乱,满满的一箱,仅剩下不满三分之一,薄薄地堆在箱底,都争先恐后地好像哭诉着他们所遇到的不幸。这时我心中充满了愤怒,气得说不出话来,心中一阵酸楚,不由地眼泪也涌上来了。连忙返身再开橱一看,又是一样。

忍住了心头的创伤,急忙把这些残余的书整理一下,要知道被父亲抛去的是些什么书。整理的结果,不少费了苦心购来的宝贵书籍,都已抛却了。

这些书是作者用交学费的钱购买的,有的书,"如《对马》,经了不知多少次的留神,才把上下册拼凑齐。如《左倾幼稚病》《论持久战》等,这许多书,是冒着极大的险,偷偷地藏在箱子底,从上海带回来的。那时敌人站在码头上,两只狰狞的眼,盯住着每个来往的客人,身上、衣包、箱子,都得经他细细地检查,谁也无法逃过,然而爱着这些书甚于自己的命,不顾一切,绞尽了脑汁,想尽了方法,终于带了回来。那时万一查出了,白晃晃的刺刀刺进胸口,向白浪滔天的大海里一推,那不是玩的事,然而当时竟没有顾虑到"。

作者把父亲扔剩下的《长征记》《抗日救国政策》《马列主义的真谛》等五六十本书籍又委托给一个有"保护色"的朋友保管,谁知半年后,这些书籍又让别人借走了。"'将来设法买些书送给你',朋友看见我气的半晌没有话说,大约也知道我在悲痛着这些书籍的抛失,所以这样地安慰着,我明知安慰仅是安慰而已,这些失去的书终究不能复得的了。"经过两次惨痛的失书经历,作者发出感叹说:

失去了这许多书后，心中感到一种难言的空虚。因为这些书才是我唯一的伴侣，忠诚的老友，时刻在陪伴着我，告诉了我什么是真理，解决了我的问题，使我忘了寂寞，忘了痛苦。即使是爱人，有时也会来一下斗嘴，然而他从不改变他的面孔，永远是和蔼可亲，使得我更加迫切地向他请教。四五年来，消除了我不少寂寞，安慰了我不少从人中得来的苦痛、失望。然而现在再从哪里找回这些多年的老朋友呢？如"永生""作家""光明"等，即使有更多的钱，也无从购到。而如《现代语词典》《猎人日记》《苏联作家七人集》，在我此刻，生活尚发生问题，哪里有钱来购置呢？现在每次看到新书广告或目录时，要想购买而没有钱，不由地追悼起二次书的失去而悲哀。

读着作者这种如泣如诉对"失书"的深情悼念，恐怕今天的每一位爱书人都会感动地留下一行悲情的泪水。

五、读书的智慧

为什么要读书？读书有什么用？怎样读书和学习？《读书与出版》1948年第2期刊登的《读书与学习——记一个座谈会》长篇文章用来自读者达成的共识做了一个比较圆满的解答。这篇文章说：

我们是为生活而读书，为生活而学习，是为了使人民大众都能够生活得好，同时也包括了自己的生活，而不是单为自己的衣食谋。所以在这个意义上，学习的本质就是战斗，就是要把握着客观社会的发展法则，循着这法则所指示的路，排除一切困难，向前挺进。读书就是先要把思想武装起来，坚决地站在人民的立场，为人民而奋斗！

关于什么叫读书，什么叫学习，文章认为：

单靠读书是不够的,最重要的还是实地学习,在工作中学习,在行动中学习。总之,读书是求知,学习则在求知之外还包括实践,而且实践是很重要的一部分。……社会是最完备的学校,人生就是活书本,所以我们要具体地扩展生活的广度、深度和密度,把生活和学习结成血肉的联系,"活到老学到老"就是这个意思。……必须特别指出的是,集体学习、实地应用和理论与实践的一致即生活与学习的联系,三者是学习的最有效方法。

讲到读者当前应该阅读学习的书籍,文章提出:

在这善和恶、进步和反动、人民和法西斯、和平繁荣和战争毁灭斗争最激烈的时候,在这生和死的关键,我们首先应该认清这个时代,把握住我们的路线,人民的生死是我们最切身的问题,也是最急于要学习和解决的,所以每一个人民斗士必需先得把握斗争的武器,而新哲学、发展的历史观、经济学和大众文学又是最重要的思想武器。

六、作家读书录

陈敬容先生在《读书与出版》1947年第1期发表的《读书杂记》,读来令人很受感动:

晚上九点钟,看完了《约翰·克里斯朵夫》。多轻快又多沉重!我用力叹了一口气。这些日子,我背负着书中人物的思想和命运,分享着他们底苦乐。生命——博大,狂热而深沉的生命,他流过时激起怎样的声响!这些雪白的澎湃的浪涛,带同着泥沙,经过多少奔驰而到达一个阳光明媚的海岸;在这儿,死亡微笑着伸出胳膊。人生是一场无终无尽的搏斗,和社会,和人群,和可见与不可见的敌人,和爱与恨,而尤其是和自己。

作者谈到阅读波兰瓦西列夫斯卡雅的小说《虹》的感受时说道:

这是本写妇女艰苦卓绝的性情很成功的书。谁说妇女没有战斗性?谁说妇女只重情感而没有理知?说她们重情感是不错的,说她们没有理知可不对;她们有的是深厚的情感,成熟的理知,尖锐的战斗性。说她们没有这种种美德,不过因为没有好好地去发现。但话又得说回来,我说的是新女性,比如苏联妇女(当然其他国家也有)。自然在我们的国家里新女性也渐渐多了,旧时代渐渐在没落了,但是真正坚强的也还并不能算多,即使在最前进的里面。这全得由生活去改造她们,由好的、有意义的生活。

谈到纪德作品《日尼薇》,作者说:

灯下读完纪德的《日尼薇》。这是作者另一中篇《女学》底姊妹篇。这小说我曾在《时与潮文艺》中见过一部分,今得读全书,非常高兴。这书应当还有续篇,因为无论从情节或结构上看来,它都像是还没有结束。但不知续篇写了没有,已有人在从事翻译没有。中国译纪德的,首推卞之琳,其次就是盛澄华了。纪德小说中的女主角多多少少总有着我们这时代许多姊妹们的影子,够的上说热情,大胆,而又头脑清新,具备着独立不羁的人格的。应该使其充分发展而为理想的新女性的典型。

七、带书旅行记

陈原先生用"柏园"的笔名发表在1947年第2期《读书与出版》"书堆里的漫步"专栏文章《书在旅行中的厄运》,今天读来仍然让人心生感慨,唏嘘不已:

> 在中国,带着书籍旅行,是一件并不怎样愉快的事:有时还等于带着炸弹,常常会惹起杀身之祸。大革命后,有人带一套《红楼梦》会被当做"赤匪"捕去,现在想起来,一定不只是笑话。尤其是在抗战中,走路而带书,此人在检察官眼中,先就有了三分不正。海关(在抗战中海关应当改称陆了,进入重庆的一品场关,是在山地上。离海不知多远)的外勤作算是毫无政治目的的吧,可是你带了两箱书,他总怀疑你是在做生意——书是免税的,这里就引起了他的憎恨和狐疑:所谓恨就是恨你为什么不带别的货物,好让他来打主意;所谓疑则是你既然做书生意了,也许兼做其他生意。说不定书里面夹了美钞或违禁品。在这两重动机下,连海关的外勤先生也检查得特别认真;假如碰到你的运气不好,他甚至一页一页的查看呢。

所以陈原先生形象地形容带书的人经过海关(检查站)就是在闯"鬼门关"。他继续讲述说:"第一次经过一品场这鬼门关时,我已经极力的不敢带书,但即使是一本牛津版英文辞典,也花了检察官半个钟头:因为他会一页一页的揭着看,在那密排着的十四磅铅字的行间,企图发现你是奸党的秘密。"

其实,在当时的政治环境下不仅个人携带书要经过多种检查站的"鬼门关",就是通过托运也是难关重重,随后书籍和主人往往也是离多聚少,甚至全部丢失。陈原先生的文章说：

> 一九三八年秋天,广州撤退之后,我自己是沦陷前一天的深夜带着两本外国杂志随军走的,普通的书刊让它丢了,事先却把最心爱的西书和工具书,装成一皮箱,托一家很熟的书店运往桂林。书店是连桌子也安然运到了的,只是当我一九三九年春天到了桂林,还没有找旅馆就跑到书店去问我的书箱的下落时,回答是:不知去向了。这里面有我一九三八年以前搜集的重要语文的辞典和在焦风兄鼓励下译成的语学书的二十万字原稿(经原作者亲自增补的原书自然在内)。
>
> 后两年,我在粤北。有朋自柳州来,告诉我说花了两角钱(现在恍如隔世了)买到一本世界语版的巨型《捷克诗文集》,得意洋洋,还说上面签了个鬼名字,认不出来。于是拿给我看。不看犹可,一看就拍案叫绝:原来这部书就是在我所损失的那只箱子里面的,所谓鬼名字,是我的一个外国朋友签的名,这本书原是别人送我的纪念物呢。我灵机一动,立刻写信给柳州的一个学科学的朋友,替我到所有的旧书店去找我所心爱而又没有看完的两本新出的《建筑音乐学》(Architectural Aeoustics)——这两本书是父亲特地从美国给我定来,刚刚寄到的;而这一门学问,我曾经花了两年功夫去做种种的研究。可是结果找不着了。并且连我签过名的书(即那只箱子里的书)一本也没有。
>
> 这次的经验告诉我:托别人运珍贵的书是一件冒险。……湘桂撤退时我又把一箱西书交给一个最好的朋友预先带走。走的时候,我对他说:假如将来情形不妙或者无可为力时,可以丢掉或卖掉它。但是他们只听了下半截:"可以卖掉它。"当我赶到贵阳,那位朋友笑嘻嘻的交还三本卖剩的书和六千块钱——而且是刚刚在贵阳卖去

的。这真叫我有点啼笑皆非:自然我至今还得感谢他的好意,这六千块钱在当时曾给了我很大的好处。托运而等于白丢的,好像还不止我自己。最近听做音乐运动的联抗兄谈起,他的所有的资料都交给一个军事机关运到无影无踪,自己身边带着一箱破书倒还一本没有失。

文章在结尾部分说:

> 书的厄运,在此时此地,大抵是免不了的。因为它不可充饥,也不能御寒,换钱也颇有限。而更可怕的是:我们的在位诸公大抵认为书是一切毒素的媒介。这结果使读书的人时常遭逢不必要的困难。当旅行带书而不至于有危险,常托人带书而不至于被遗失的时候,我们就将过着一种与现在完全不同的新生活了。

陈原先生说些话的时间是1947年2月左右,到了两年半后的1949年10月1日,伟大的中华人民共和国成立了,他和所有读书人殷切期盼的"一种与现在完全不同的新生活"——人们可以自由自在地读书就真的实现了。

八、一本书的诞生

著名出版家张静庐先生发表在《读书与出版》1947年第9期的文章《一本书的诞生》也是妙趣横生,他写道:"一本书的生产过程,大概可分成四个阶段:一、交稿,二、付排,三、校样,四、装订。"但是在叙述这四个阶段时穿插进去许多和鲁迅、茅盾等名流参与书籍出版流程的小故事,吸引读者一直看下去。比如,在讲述交书稿时提到:"翻译有直译和重译二种,直译是依据原文翻译的。重译即间接译,是将另一国的译本拿来再译,例如鲁迅先生译《死灵魂》是依据日文、德文版,丽尼先生译屠格涅夫选集中之

《贵族之家》《前夜》等是依据英文版。"

　　说到书籍的开型时:"最小的书型,有大东版的《中国名妓抒情诗》为一百二十八开本。这种小型书,在科举时代是常见的,那是准备给应考相公夹带偷进试场用的。现在除《寸半英汉字典》之类外已不采用,至于诗歌画册,其版式大多不一律,如《马凡陀山歌》为三十六开本,《三毛从军记》为方二十开本。"提及书籍排版用的字号,也有一段"典故":

　　抗战期间因纸张来源缺乏,版口都特别放大,有老五号字排十七行四十字,新五号字排十九行四十字者,名为"战时版"。其实用新五号字,印在土报纸上面,模糊不清,就菜油灯下阅读,确乎有损目力,对中年人尤不相宜。据说茅盾先生在重庆,经常须借助于放大镜。鲁迅先生生前自己设计排印的书版,不仅多留天地,且须加排"四配四",战前的北新版各书可以参看。可惜现在的《鲁迅全集》已非当年旧观了。

　　关于书籍排字,张静庐先生接着说:

　　民国三十三年,王云五先生在重庆发表《中文排字改革的报道》一文,他将部首检字法改用四角号码检字法,在商务渝厂实验,据其报道,以二十名小学程度的艺徒,四天的四角号码训练后,十六天的实习,每天工作八小时,每人最多能检四千三百四十四字,最少亦能检三千二百字,比较旧时的工作效率约可以提高一倍。

　　最后说到书籍的装帧设计,张静庐先生认为:

　　书的装帧犹如一个人的服饰,朴质或华丽,固须各如其分。但亦须经过一番设计,最低限度也要使读者看了不感觉恶俗。

鲁迅先生的书,有由陶元庆先生作画,如《朝花夕拾》《坟》;也有仅仅由他自己署签的。最使我们缅怀不置的,有鲁迅先生曾经辑集其亡友瞿秋白遗著印成一部《海上述林》,其装帧的华丽精美,到如今还为出版界所称道,而无出其右者。……上面所讲的,都是粗枝大叶,但我们已经应感觉到一本书的诞生,实在也是"来处不易"!何况更处在今天内战扩大,工料高涨,交通阻塞,销路滞呆,而出版又不自由的时候。

从张静庐先生《一本书的诞生》这篇文章,笔者想到当年曾在天津的旧书市场发现一套中国青年出版社在20世纪50年代左右出版的图文并茂的文化小丛书《一本书的诞生》,后悔没当时有买下来,成为个人藏书的一件憾事。

九、名人与读书

提到读书的话题,《读书与出版》向读者介绍贝多芬、巴尔扎克和杰克·伦敦的三篇人物传记文章至今读来依然令人心潮澎湃,热血沸腾。

(一)《贝多芬:人和创造》

戈宝权先生发表在《读书与出版》1946年第6期的《贝多芬:人和创造》这篇文章,题头引用了罗曼·罗兰的一段话:"一个不幸的人,贫穷,残废,孤独,由痛苦造成的人;世界不给他欢乐,他却创造了欢乐给予世界!他用他的苦难来铸成欢乐,好似他用那句豪语来说明的——那是可以总结他一生,可以成为一切英勇心灵的箴言的'用痛苦换来的欢乐'。"文章开始就讲到了《约翰·克利斯朵夫》末卷关于音乐的三段文字:"……不朽的音乐,唯有你常在。你是内在的海洋。你是深邃的灵魂……""音乐,清明宁谧的朋友,你的月白色的光,对被此世强烈的太阳光照的晕眩的眼是多么柔和……""音乐,你曾抚慰我痛苦的灵魂;音乐,你曾使我恢复宁静,坚定,与欢乐……"

文章说:

这三段文字可以说是罗曼·罗兰对于音乐的颂歌,对于音乐之深邃的理解的体现。我们大家都知道,罗曼·罗兰从小就是在音乐的氛围中成长的,他对于音乐有着很深的修养。他把音乐视为是生命的乳汁,是"恢复永恒的生命的火花",而贝多芬从很早的一个时候起,就成了他生活的导师;在苦难的日子里,则是他最强有力的一个守护神。他曾经把贝多芬所说的"用痛苦换来的欢乐"作为他的座右铭,他说过:"我挑选贝多芬的这句话做我的座右铭,然而我用的并不是'受苦中的快乐'或是'受苦的升华'这一类歪曲的意义,这是痛苦而有害的;我用的却是这句话的真意:'经过苦痛,而且不顾苦痛——然后快乐。'或者甚至说得更有力些:'朋友们,受苦的你们,抱起快乐来吧,让我们来征服它。'"罗曼·罗兰深刻地理解作为人和创造者的贝多芬,他为他写过传记和研究的著作。他在他所写的几本英雄传记中,"把首席给予坚强与纯洁的贝多芬",这并不是偶然的,这正因为他在贝多芬的身上,看出了一个充满生命力与创造力的不朽灵魂。

文章接着说到罗曼·罗兰在《贝多芬传》中的一段序言:

"我们周围的空气多沉重。老大的欧罗巴在重浊与腐败的气氛中昏迷不醒。鄙俗的物质主义镇压着思想,阻挠着政府与个人的行动,社会在乖巧卑下的自私自利中窒息以死,人类喘不过气来。——打开窗子吧!让自由的空气重新进来!呼吸一下英雄们的气息。"这时候,"法国几百万的生灵,被压迫的理想主义的一代,焦灼地等待着一声解放的信号",而罗曼·罗兰也正是其中的一个。

罗曼·罗兰深知,人生是艰苦的,"人生是一场没有休息没有侥幸的战斗",凡是要成为无愧于"人"这个名称的人,就得同一切的敌人斗争。但在这场战斗中,有时连最强的人都不免会在苦难中蹉跌,当然更不必说那些受难的人们了。罗曼·罗兰为了援助他们,就聚集了一些英雄在他们的周围!这些人并不以强力称雄,而是些心灵伟大的人,而他为这些人写的传记,就成了受难者的"神圣的苦痛的福音",同时也像黑暗中的神灯似地烛照着他们。在这个英雄的行列中,罗曼·罗兰就先提出了贝多芬。

罗曼·罗兰的这本《贝多芬传》,最初动笔于一九〇二年,全书虽然不过几十面,但他写作时的那种精心,却可以拿弥盖朗琪罗(米开朗琪罗)绘制西斯廷神庙壁画的那种魄力相比,因为罗曼·罗兰在这本小书中,用前所未有的力量刻划出一个受苦受难的创造者的雄伟的面影。

文章接着讲述了贝多芬用惊人的毅力承受耳聋和爱情这两个生理和心理上的双重压力,先后创作出了《英雄交响曲》《命运交响曲》《田园交响曲》和《第九交响曲》等人类音乐史上最悲壮、最辉煌的不朽乐章。

他还是怀着对于生之信心,讴歌创造和欢乐,而他的歌颂欢乐的《第九交响曲》(合唱交响曲),就是他一生精神的最高和最后的表现,他已经抓住欢乐,并且和欢乐紧紧搂抱了。……贝多芬一生是雄伟的,用罗曼·罗兰的话说,"他的一生宛如一天雷雨的日子:多少日子是风暴!多少日子是阴沉!多少日子是欢乐!""他还不只是音乐家中的第一人,而是近代艺术的最英勇的力。"

他的性格是不羁的,他从不肯向庸俗和苦难投降。为了拿破仑称帝,他撕了《第三交响曲》的题词,更名为《英雄交响曲》;当他和歌德散步时,为了自己的尊严,他不肯向奥国的皇族敬礼,还鄙弃歌德的无耻。他非常重视自己的创造,他认为"自由与进步是艺术的目标","艺术,这是高于一切的上帝!"因此他说:"我的艺术应当使可怜的人得益","我是替人类酿制醇醪的酒神。是我给人以精神上至高的热狂"。

现在贝多芬这位英雄,通过了罗曼·罗兰的笔呈现在我们眼前了。让我们把这本传记当做我们生命的食粮,也让我们记着罗曼·罗兰这样的话吧:"对于一般受苦在奋斗的人,他是最大而最好的朋友。当我们对着世界的劫难感到忧伤时,他会到我们身边来,好似坐在一个穿着丧服的母亲身边,一言不发,在琴上唱着他隐痛的悲歌,安慰那哭泣的人。当我对德与恶的庸俗,斗争到疲惫的辰光,到此意志与信仰的海洋中浸润一下,将获得无可言喻的裨益。他分赠我们的是一股勇气,一种奋斗的歌乐,一种感到与神同在的醉意。"

(二)《论巴尔扎克》

《读者与出版》1946年第8期刊登的戈宝权先生根据高尔基《文学批评论文集续编》翻译的《论巴尔扎克》,文章开始的语气就很亲切:"回想起巴尔扎克的创作……我就感觉得很愉快,好像一个在寂寞而又荒凉的山谷里走着路的旅人,回想起了他曾经走过的某处富庶和充满了美与力的地方。"高尔基接着回顾了他阅读龚古尔、大仲马等十几位法国著名作家作品的感受:

　　而最先落到我手中的一小卷巴尔扎克的作品——这就是《野驴

之皮》。我还清楚的记得当我读到描写古董店那几页时心中所填着的非笔墨所能形容的愉快——这段描写,在我看起来,是语言造形艺术的一个最好的模范。这本书中其他以描写技巧惊骇我的地方——就是宴会的对话,在这里,巴尔扎克只利用了席边谈话中的许多毫无联系的语句,而以惊人的明确性描绘出了各种不同的人物和性格。

在阅读了巴尔扎克更多的作品后,高尔基不禁惊叹说:"他的计划的广泛,他的思想的勇敢大胆,他的语言的真实,还有他对于未来的天才的预见,其中有许多预见已为现在的情形所证实——在在都使得他成为世界上一位最伟大的导师。"高尔基认为,莎士比亚、巴尔扎克和托尔斯泰这是人类为自己建立的"三座纪念碑"。同时称赞雨果、巴尔扎克、福楼拜这些人是"法兰西的真正之子"。关于巴尔扎克对俄罗斯文学产生的巨大影响,他谈到了托尔斯泰的一段精彩的议论。托尔斯泰对他说:

> 多读法国作家的作品吧。有一个时候,大家都跟巴尔扎克学习写作。也多读斯丹达尔(司汤达)、佛罗拜尔(福楼拜)、莫泊桑等人的作品吧。他们都善于写作,他们都有着一种特别发达的形式的感觉,并且还有一种集中压缩内容的本领。能和这些人并列的,只有迭根斯(狄更斯),至多再加上撒克莱。假如我没有读司汤达的《巴马修道院》,那么我大概是写不出《战争与和平》当中那些战争场面的。

高尔基在文章的结语说:

> 我还想再讲一点,就是书籍在我的生活中,起了像母亲一样的作用,而巴尔扎克的著作,因为其中那种对于人类的爱和惊人的生活的

知识,在我是觉得更为珍贵,它们所包含的那种伟大的力量和喜悦,也是我在他的创作中时常感觉到的。

(三)《介绍〈杰克·伦敦传〉》

《介绍〈杰克·伦敦传〉》是董秋斯先生发表在《读书与出版》1948年第3期的一篇耐人阅读的文章,他指出,十九世纪后半期的美国文学界由于维多利亚风尚的僵化和中西部道德的约束,文学作品描写的对象:

> 限于可敬的中等阶级或富人,善行永远受赏,恶行永远受罚。他们主张看人生的愉快面,避免一切粗暴的、严厉的、卑污的、真实的东西。如杰克·伦敦所说,他们这些人是无味的,孱弱的,肚子里没有脏腑,两腿间没有生殖器。他们没有创造力,没有工作哲学,没有真知灼见;他们所有的只是一种用在甜甜蜜蜜的传奇故事上的公式。他们是使文学贫乏的贫乏了的头脑。而当时美国最走红运的作家便是这些人。……
>
> 就在那样的时代,那样的地方,居然有一个人,不顾统治阶级的势迫利诱,敢于冒犯他们的威权,强迫他们接受他们所禁忌的社会主义、写实主义、进化论,同时用了易于了解的形式,把这三种东西交到劳动大众的手上,为他们指出一条解放自身的明路。这个人的名字便是杰克·伦敦。
>
> 杰克·伦敦用来表达思想的主要形式是小说。他在小说中写社会主义,写进化论,写实实在在的人生,写贫血的、纤巧的、怯避的、伪善的十九世纪文学所不敢正视的一切东西。
>
> 由于他那长于说故事的天才,也由于他学习前辈大家的努力,他锻炼成一种文学技巧,足以攻下顽固分子的森严壁垒,也侵入了暖室

一般的太太小姐的深闺。这在美国,确乎是一种前所未有的成就!

杰克·伦敦是第一个美国社会主义小说家,被人称作"美国无产阶级文学之父"。关于这一点,一九二九年的《新群众》(美国著名杂志)做过很确切的说明:"一个真正的无产阶级作家,不应当止于写无产阶级,也应当为劳工阶级所诵读。一个真正的无产阶级作家,不应当止于用无产阶级生活作材料,他的作品应当燃起反抗的精神。杰克·伦敦是一个真正的无产阶级作家——美国第一个也是到此为止唯一有天才的无产阶级作家。能读的工人们,读杰克·伦敦。他是他们都读过的一个作家,他是他们大家同具的一个文学经验。工厂工人们,农场工人们,海员们,矿工们,报童们,一再读他的著作。他是美国劳工阶级最有声望的作家。"

法国的法朗士称杰克·伦敦为美国的马克斯(马克思),并在为《铁脚跟》做的叙中说道:"杰克·伦敦具有看出普通人看不见的东西的特殊天才,也具有使他预言将来的特殊知识。"这评语对任何时代的文学家都要算作最高的称誉了。不过,把杰克·伦敦与马克斯(马克思)相提并论,乍一听起来,不免觉得颂扬过当。但若把这一句话中美国两个字加重来读,杰克·伦敦便可以当之而无愧了。二十年来,法西斯恶魔用了空前卑劣空前残暴的方法,谋杀觉悟了的人民大众,扫荡现有的文化成果,看了《铁脚跟》,我们几乎疑心是今天写的。杰克·伦敦预言将来的能力,可以从这上头看出来。

文章接着讲到杰克·伦敦:

他的作品的畅销,并不以英语民族为限,在他生时,已经译成十余种不同的文学,目前似乎没有一个有文学的民族不曾与杰克·伦敦结缘了。……

　　杰克·伦敦生身在劳动者的家庭,既没有家学,也没有外援,更没有资产,连中等教育都不曾受完,举凡世人凭藉了来致身通显的东西,可以说一概没有。他只有一种普通人所没有的东西,那便是到处受人贱视的私生子身份! 一个普通人处在他这样的境遇,能够做到仰事俯蓄,免于冻馁,也就很不容易了。但是杰克·伦敦在短短的四十年间,不论在著作方面,在事业方面,在财富方面都有了震古烁今的成就。他究竟凭藉了什么呢?

　　我以为杰克·伦敦最特出的地方,便是他那不屈不挠的青年气概。杰克·伦敦是青春的化身,连他的错误,连那使他一再受挫折的弱点,也是属于青春的。他的朋友说他是一个长得太大的孩子,乃是一句无法变更的评语。因为他永远是一个青年,所以他能不计利害,不畏险阻,敢于冒犯社会上的旧势力,敢于推翻思想界的偶像。至于他学习的努力,工作的认真,更是充满了朝气。他说,人生是斗争。不错,杰克·伦敦不是生成的,是在斗争中锻炼出来的。

　　杰克·伦敦的著作,受各国青年人普遍的爱好,因为其中提供了面向人生与之交锋的勇气。但是他的最好著作,应当是他的生活,用他的生命写成的书。

　　文章接着谈到了爱尔文·斯通撰写的《杰克·伦敦传》,认为传记作者"他的学力及不上他所写的脚色,因而不能把杰克·伦敦思想上的造诣画一个清晰的轮廓,更不必说从更高的境界加以批判了"。文章认为,伐永·库徒叶为一九三三年苏联出版的《铁脚跟》撰写的序言对杰克·伦敦的评价颇为中肯到位,其中有杰克·伦敦阐明自己政治立场的一段话:

　　我是一个社会主义者,第一,因为我是生就的普罗利塔力亚,也久已发见,社会主义是普罗利塔力亚唯一的出路;第二,当我不再作普罗利塔力亚而成为一个寄生虫(假如你喜欢,可以唤作一个艺术家的寄生虫)时,我发见,社会主义乃是艺术和艺术家的唯一出路。

但是文章也指出了杰克·伦敦影响他一生的悲观主义情绪,"他个人时时感到死的诱惑,终于用自己的手结束了他那方当盛年的生命。这在一个社会主义者,可以说是一种罪过。斯通一味用生理的心理的原因来做解释,断乎是不够的"。文章认为,杰克·伦敦"毕竟是不凡的":

(他)终生以生于劳工阶级、属于劳工阶级为业。资产阶级给过他广泛的名望,大量的金钱,极尽诱致的能事。诚然,他有时气短,有时悲观,有时满腹牢骚,有时似乎要对统治阶级屈服了。但在最紧要的关头,他作了词严义正的表示,使一切存心罗致他、诬蔑他的人们,不能不望而却步:"我不在存向上爬的心。我对我头上这堂皇的大厦不感任何兴趣。我所萦心的乃是这大厦的基础。我甘心在那里手执铁挺、与知识分子、理想主义者、有阶级意识的工人们并肩劳作,时时得到一条有力的杠杆,使那全部大厦动摇起来。有一天,当我们得到更多的几只手、更多的几条杠杆来从事工作时,我们就要把它连同它所有的腐烂生活、未埋掉的死人、可憎的自私心、浸水的实利主义完全推翻。那时我们就要把地下室扫除干净,然后建造一所人类的新居,其中再也没有特等房间,所有的房间都是光明的、畅爽的,在那里所呼吸的空气是清洁的、高尚的、活泼的。"

这一番话是杰克·伦敦的"息壤誓言",也应当是一切革命知识分子的"息壤誓言"。虽然这几句话未经斯通采入他所写的传记中,我现在翻译这部书,把杰克·伦敦这个人介绍给我国的青年,主要的是因为杰克·伦敦说过这样的话,而且也实践了他的话。

　　认真品读董秋斯先生的这篇文章使我想起了当年给我的第一部文学传记《魔术大师曾国珍》(文化艺术出版社出版)做文稿校对的天津老人戴弃疾先生(因为小儿麻痹症导致高位截瘫),这位自强不息的老人生前曾经告诉我,杰克·伦敦说过,记者是"一个金喇叭",是社会航船桅杆上的瞭望者。同时我还想起了伟大革命导师列宁当年遇刺后在病榻上还让人为他朗读杰克·伦敦的作品——《热爱生命》。

自学大课堂

　　如果说，一本杂志，可以影响了一个人的一生。那么《读书与出版》、"学习合作"和"持恒函授学校"是当之无愧的。在艰难险恶的条件下，编者们千方百计传播进步的科学的思想，坚持到最后一岗。

　　　　　　　　　　　　　　　　　　——傅丰村、朱子泉[1]

　　1946年底，《读书与出版》面向全国读者赠阅半年6期的刊物，在同时刊布的《征求基本读者书》中说："本刊自第二年（1947年）第一期起，扩大篇幅，充实内容，希望真能做到推动浓厚的读书空气，帮助青年学生努力学习。"明确告诉人们，《读书与出版》是指示学习方法，"与读者通讯讨论，解答一切读书上的疑难问题，是帮助我们丰富学问，增进读者兴趣的一位好朋友"。

---

　　[1]傅丰村、朱子泉：《关于〈读书与出版〉和"学习合作"的回忆》，《读书》2004年第5期。

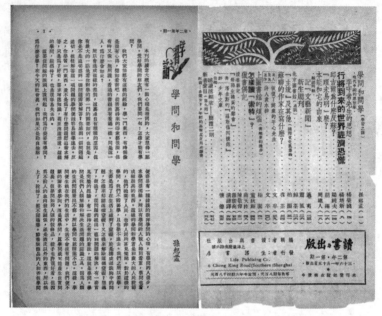

1947年第1期《学问和问学》

一、"学习合作"专栏

为了"帮助青年学生努力学习",特别是帮助社会众多失学青年进行自学,《读书与出版》从1947年第4期开始推出了"学习合作"专栏。为了使这个专栏引起广大青年读者的关注,这期刊物在头条位置发表了著名教育家孙起孟先生撰写的文章《献议一个学习合作的计划》。文章说:

> 有鉴于学校这条路的越来越窄,教育界一部分朋友喊出了"学习合作"的口号。笔者也是参与主张的一人。我们应该认清:这决不是谁想出来的新鲜玩意,只是根据了人本来自己会学,本来有自学的办法的事实,设法使之更有计划,更有系统,效果更好而已。

文章接着提出了"学习合作"的四点建议和五步实施步骤,由《读书与出版》"来做个媒介,把这些本来不相识的读者拉拢,介绍他们先通起讯来,交换彼此的意见,增进彼此的情谊,本刊可以酌开若干地位发表他们通讯的内容,借此宣传鼓励"。孙起孟先生认为,利用《读书与出版》开展"学习合作"活动,

> 最大意义是在鼓奋无法接受传统教育的人不光是烦闷呐喊,而是积极的乐观的找出一条学习的路子。……只要大家努力,本刊这样一份小刊物就可以抵得几十百所的学校,再从所得的经验中检取教训,推广我们的学习合作运动,方式不拘,即知即传。我敬以虔诚的心愿,祈请本刊的编者和读者来尝试一下,使本刊《读书与出版》这五个字名实相符,用出版物来帮助人合作学习,再用学习合作的材料充实这一份刊物。这样,本刊不仅宣达一些有关读书与出版的材料与意见,而且成为推进学习合作的利器。

(一)孙起孟先生主持

为了积极配合孙起孟先生的建议,《读书与出版》编辑部在同期刊物宣布了《本刊关于帮助学习合作的办法》,明确指出:

> 用出版物来帮助学习,再用学习的材料充实这一份刊物,原是本刊的宗旨,但我们自己也知道,做得还很不够。现在有起孟先生的指教,我们很高兴,想来读者朋友也一定很高兴的。我们估计了自己的条件,决定从下期(即第五期),用不少于二面的篇幅,发表读者诸友的自我介绍,其中说明喜欢学习什么,对于所喜欢的曾经学过没有,学到什么程度了,希望得到怎的帮助,此外,如关于家庭学校或职业的环境,自己的志愿和性情等,也都写点。

在孙起孟先生的直接主持下,《读书与出版》的"学习合作"专栏从1947年第5期开始就以"自我介绍""大家来讨论""建议批评"和"编者附白"的丰富内容和广大读者见面了。每期的内容都注意尽量满足广大青年自学的多方面需求。刊物从这年的第9期"学习合作"专栏开始设立"国文班"小栏目,刊登学员的作文,并请孙起孟等学者进行点评。同时发表了《持恒函授学校缘起及简章》,开头的"创办缘起"写道:

> 我们面对了两件事实:其一是失学青年一天一天加多;其二是有志进修的青年也在一天一天加多。今天一般的学校不能适应他们的需要,于是不知有多少青年为学习问题而感到苦闷,或者根本摸不到学习的门径,或者摸到了一点门径而学习的效果异常的低微。针对了这样青年朋友的需要,我们集合了教育界文化界人士的力量创办这个学校。

于是,《读书与出版》从这年的第11期开始,"学习合作"专栏变成仍由孙起孟先生主持的"持恒学讯"专栏,同时刊登了《持恒函授学校课程设计》。到了1948年5月,《读书与出版》又在刊物封面后加印长达6页的"插页",向读者介绍持恒函授学校是"中国第一所规模宏大的函授社会大学",指出这所社会大学的"目的是使想修习中学的国文给自己在国文读写两方面打下基础的以及选学某一种专门学科的青年,各得所宜"。在回答"谁来教"的问题时,《读书与出版》一一列出了指导教师的大名:孙起孟、邵荃麟、吴全衡、戴依南、胡绳、葛琴、沈志远、曹伯韩、鲍克超、马特、徐坚……这些人都是当时中国教育界文化界大名鼎鼎的人物,也是中华职业教育社的参与者。

中华职业教育社是由中国著名教育家、爱国民主人士黄炎培先生联合蔡元培、梁启超、张謇、宋汉章等48位教育界、实业界知名人士于1917

年5月6日在上海发起创立的。创立之初,以倡导、研究和推行职业教育,改革脱离生产劳动和社会生活的传统教育为职志,提出职业教育的目的是"谋个性之发展,为个人谋生之准备,为个人服务社会之准备,为国家及世界增进生产力之准备","使无业者有业,使有业者乐业",提出的服务信条是"靠我的本领,养我的命。尽我的心力,做我的事。分我的功夫,帮大众的忙"。并为此进行了不懈的努力,成为中国近代教育史上改革的先行者。孙起孟先生当年作为中华职业教育社的主要参与者和《读书与出版》联合创办了"学习合作"和"持恒学讯"专栏,成立了"中国第一所规模宏大的函授社会大学",就是为广大社会青年提供自学教育的创新之举。"持恒学讯"专栏一直坚持到1948年9月《读书与出版》被迫停刊为止。

史枚先生回忆说,第二年《读书与出版》上的"学习合作"专栏是因孙起孟的提议而搞起来的,目的在于以"合作的方式"推动自学,鼓励"无法接受传统教育的人"找出一条学习的路子。"学习合作"专栏和"持恒函授学校学习合作"实际上就是帮助青年自学,推动青年就业的一个社会大学校。陈原先生回忆说,《读书与出版》"后期的杂志篇幅上,约有三分之一到四分之一刊载了有关孙起孟主持的香港持恒函授学校的信息和某种形式的讲义——持恒函授学校吸收了大量国内外失学失业青年以及在业的进步青年参加,为我们的壮丽事业培养了大批后备军"[1]。

(二)"学习合作"结硕果

当年曾经参加过"学习合作"活动的傅丰村、朱子泉先生在《关于〈读书与出版〉和"学习合作"回忆》一文中说,《读书与出版》从1947年4月号到10月号先后登载了孙起孟先生《献议一个学习合作的计划》《下一步如何?》《有效的学习之路在哪里》三文,标志着《读书与出版》举办"学习合

---

[1]陈原:《不是杂志的杂志》,《不是回忆录的回忆录》,文汇出版社,1997年,第48页。

作"开始、发展、结束的缘故和全过程。"学习合作"始于1947年的4月号，这期杂志在登载孙起孟先生文章的同时还发表了《本刊关于帮助学习合作的办法》：

> 以本刊为媒介，使本不相识的读者互相知道、通讯，帮助他们进行有计划的自学和解决某些困难；如有可能，分别成立共同学习的组织。愿意参加的读者，写一篇自我介绍，在刊物上登载，读者间可以相互通讯，也可以通过刊物联系，等等。

那时刊物读者主要是进步青年，大约三分之二是职业青年，其余是大中学生等，在当时沉闷的环境下都希望找到志同道合的朋友，共同探讨个人和国家的前途。此举得到读者热烈的响应，因此纷纷报名参加。仅从第5期到第10期就刊登了301份自我介绍。

《读书与出版》杂志社为了针对读者的情况帮助学习，还发了学员调查表。根据1947年第7期公布的已收到107份表格的统计，学员所在的地区以上海、江苏、浙江为主，远至西北和南方，如北平、沈阳、香港、西安、成都、太原、开封、广州、桂林、琼崖等地都有。学习的兴趣集中在社会科学方面，年龄以二十至三十岁为主。学员们还提出各种建议，如增加篇幅，出版专门刊物，建立通讯图书馆，举行座谈会，聘请名家指导或演讲，组织读书会等，乃至提出组织通讯学社、联谊会和总机构等似乎有点越出学习合作的范围。可是杂志社好像一度也有此意，在第6期刊载了学员建议后说："我们的意思，并不否定总机构的必要，希望先建立各地学合小组，多多通讯，互相了解。"因此，短短半年中搞得热火朝天。江苏、浙江等地学员通过邮件联系后就地建立学习组织。上海学员较多，联络了本地和外埠的学友几十人，编为哲学、文学、新闻等各个学习小组，出版油印的小刊物，交流学习体会；还举行时事座谈会，并把讨论的情况和记录告知编辑部,邀请派人参加指导。

《读书与出版》杂志从1947年第9期起,刊登了《持恒函授学校缘起及简章》。"学习合作"自学活动停止后,一部分学员就转到"持恒"。由于"持恒"是收费的,有些学员因经济拮据而未能参加。此后,杂志社通过"持恒学讯"和"问题解答、信箱、习作、讨论、征文"等版面继续帮助读者学习和互相交流。此后,上海学合组织的大部分成员,除了学习上的交往外,确实都到自己的单位或进步的社团去经风雨、见世面,好多人先后参加中国共产党或各种协会,积极投入到迎接解放上海的战斗,新中国成立后也辛勤工作在各个岗位。

向华树先生在《真正的良师益友》①一文中回忆:

> 孙起孟先生对我们学习的帮助实在大。不仅他所倡议的"学习合作"活动,他写的《学与用》《学习不等于作知识分子》等文章,以及收集在《学习·工作·修养》一书中的其他文章,给我们这些深中传统教育毒害的青年,指出了一条新的学习路子;他在每期刊物"国文班"栏的讲解文章,更是使我受益匪浅,至今不忘。就拿"国文班"第一回《先谈一篇习作》来说吧。这是孙先生对登在《读书与出版》"习作"栏的何金铭一篇习作《我需要一位忠实的导师》所谈的意见。孙先生把这篇习作,从题目到每一段文字,都作了精心修改,并一一讲明这样修改的"理由",指出原来字句存在的"毛病"。何金铭告诉我,那篇东西本来是他写给"学习合作"的自我介绍,却不料被当作习作发表,特别是被孙先生用来作为"国文班"第一回讲课的分析材料。的确,对一篇习作,进行这样具体的推敲、修改、讲解,在当时,除了叶圣陶先生等编的《中学生》杂志以外,是难得见到的。"听"孙先生在"国文班"

---

①向华树:《真正的良师益友》,《读书》1981年第3期。

的讲课,不仅提高了阅读和写作水平,也使我学到了一些教学生国语课的办法。

我和"学合"朋友通信,和书店、编辑部有联系,引起一些人的怀疑,他们检查、扣压我的邮件,事务主任当面说我有"异党分子嫌疑"。生活书店、《读书与出版》编辑部等,知道我和学生们的处境、情况以后,给了我们以极大的关怀。生活书店的徐伯昕先生亲自写信,勉励我克服困难,当个循循善诱的好老师;勉励学生珍视学习的机会,努力学习,准备将来为社会服务;还给学生们寄赠了《少年文库》。

孙起孟先生特地介绍生活书店的蓝真先生跟我通信,帮助我解决自学和教学中所碰到的问题。《读书与出版》的编辑先生,更是多次辅导我自学,教给我分析时事的方法。加因、华嘉、胡明树、周而复等先生给我们写来了热情洋溢的信,寄来了我们从来没有见过的新鲜书籍、杂志。加因先生在信中告诉我们:"大半个中国已经翻身了,苦日子不会很久了","不久的将来,一切的幸福之门是为孩子们开的"。周而复先生说:"这样黑暗的日子不会太长了,新的中国诞生,将次第满足你们的要求和求知的欲望。"

我在这里,是想说明在那黑暗的年代里,生活书店等所出的进步书刊对我的帮助。但我更加难以忘怀的是当时的革命编辑工作者对读者的指导和教育。老一辈编辑的这种优良传统,值得好好继承、发扬。

何金铭先生曾经在1947年第7期《读书与出版》"习作"专栏发表了一篇文章《我需要一位忠实的导师》:

我,今年十七岁,在初级中学修业,年龄也许不算大,然而对于文艺的爱好却未必在一般老头子之下。正因为如此,我迫切地需要一位忠实的导师。但,我得承认:一位忠实的导师,的确是太难找了。

我也曾把我的一些稿子寄给一些作家请求删改,不幸的是却一一被璧回了。自然,作家们不容讳言都太忙了,谁肯抽出一点闲工夫来替不相识的小伙子改文呢?我并不埋怨他们,还希望着,等待着——正如屈原所说:天涯何处无芳草?后来在《读书与出版》里,我看到了孙起孟先生的一篇合作学习的文章,跟着,就引起了我写这篇文章的动机。……我常这样说:"我需要一位忠实的导师,一面洁白无瑕能够照出我全部缺点的镜子。"

孙起孟先生在何金铭先生这篇习作上批了这样一段话:

你需要一面镜子照出你的缺点,这是对的。但这个镜子别人可以给你,你自己也可以找到。成功作家的作品,和你的写作对照起来,不是很好的镜子吗?在目前还没有找到忠实导师的时候,我是这样照办着的。

七十多年后,何金铭先生还愉快地回忆这篇习作的发表和孙起孟先生的亲切勉励。

那是个伟大的历史转折时期,中国人民的解放事业正迅速走向胜利,中国共产党和毛泽东同志的巨大影响,深入到从大中城市到穷乡僻壤的祖国大地。生活在尚未解放地区的知识青年,通过多种渠道,感受到大时代的脉搏,接受了革命理论和进步思想的熏陶,一个个先先后后地摆脱了家庭的束缚,学校的禁锢,投身到迎接新中国的战斗中来。我是那时这样的千百万知识青年中的一员。

何金铭先生在《美好的回忆和良好的祝愿》一文中回忆:

一九四五年抗战胜利时,我刚满十四岁,才进入初中,政治上还十足是个糊涂虫。引我从愚昧达到启蒙,从荒谬接近真理的,首先是党领导的解放大军的正义反击和胜利进军,是党的地下工作者的卓越努力,而进步书刊,特别是《读书与出版》《中学生》和《开明少年》三个杂志,也是我忘不了的良师益友。

二、"持恒"学校续新篇

(一)关于"持恒"函授学校

徐书白先生回忆说,创办"持恒"是"为了纪念韬奋先生,继承他为自学青年服务的遗志","开头想取名韬奋函授学校,因为考虑到要吸收国民党统治区的学员,才定名为持恒函授学校"。这与蓝公所说"为自学青年服务是韬奋先生的遗愿,原拟定名为韬奋函授学校,因考虑这名字太响,为便利国民党统治区的青年参加学习,故命名'持恒'"是吻合的。创办这所学校也是一项培训出版后备力量的工作。

在1939年生活书店的全盛时期,有400多工作人员。经过几次"反共"高潮的摧残,到1948年,除了派往解放区的一部分干部之外,在香港、上海、重庆的干部不足百人。徐伯昕同志面对全面胜利的新局面而干部不足的境况,深感忧虑。他为香港复刊的《店务通讯》写的《认清目标、努力准备》的文章中说:"人民胜利后的新中国需要我们进步文化事业普遍到全中国,为人民大众忠心服务。而我们的干部呢? 我们每一个工作同人,是否已有了思想上的准备?"又说:"要有计划的吸收新干部,加紧教育训练,并且团结旧干部,把分散在各处的优秀老干部有计划的组织起来。"持恒就是一个"教育训练"新干部的场所。徐伯昕同志是持恒的奠基人,任校务委员会主席,孙起孟任校长,总务主任程浩飞,教务主任胡耐秋。孙起孟在《怀念徐伯昕同志一件往事》中说道:"持恒函授学校在极端困难的条件下,能够办起来,为广大青年(不少是当时国民党统治下的有志青年)服务,取得积极效果,这和伯昕同志的极大努力分不开。"①

蓝真先生在《走上"为读者服务"的道路》一文中说:

> 三联书店主要奠基人邹韬奋先生是位真诚爱国者,坚贞民主斗士,杰出出版家和新闻记者,我敬佩他铮铮的风骨,他编译的《革命文豪高尔基》是我启蒙读物,他主编的《大众生活》周刊,提高我的思想觉悟和爱国热情。为了追求知识,我经常向"生活"邮购书刊,成为它亲密的读者。后期它的《读书与出版》月刊,是我必读刊物,1947年秋我得知"持恒"开办的讯息,而参加"持恒"。最后成为"持恒""生活""三联"的工作人员直至现在,这是我人生道路的最好选择。或许,这是整整那一代曾在持恒学习的青年的心声。②

"如果说,一本杂志,可以影响了一个人的一生。那么《读书与出版》、'学习合作'和'持恒函授学校'是当之无愧的。"这是当年曾经参加《读书与出版》组织的"学习合作"专栏和持恒函授学校学习,后来走上革命道路的众多读者的心声。③陈原先生生前回忆说:"我多少次遇见在持恒就读过和工作过的同志,他们由衷地怀念在校的日子,他们毕生不会忘记这个函授学校曾给他们指引一条健康的人生通途!而《读书与出版》却用相当

---

① 徐书白:《关于持恒函授学校》,《东方早报》2016年4月3日。
② 蓝真:《走上"为读者服务"的道路》,《我与三联》,生活·读书·新知三联书店,2008年,第267页。
③ 徐书白:《关于持恒函授学校》,《东方早报》2016年4月3日。

多篇幅献给这个学校。"①

(二)学员习作水平高

应当说,在《读书与出版》编辑的精心编辑和孙起孟等著名学者、作家的精心指点下,当年参加"学习合作"和持恒函授学校的学员在"习作"专栏发表的作品不仅洋溢着"新鲜的气息",而且现在读来仍然具有深刻的启迪意义。譬如,《读书与出版》1947年第11期"习作"专栏刊登一位署名"陈砥平"学员的文章《怎样做记者》就值得一读:

> 新闻事业是一种战斗的事业,它始终在时代的最前线,向一切倒退、黑暗、阻碍人民进步的恶势力,作不屈的战斗。翻查新闻的历史,它正式开始被人们注意一直到现在,还不到一百年的时间,而新闻事业已经在不断的战斗过程中发芽、滋长、健全起来,正因为如此,在这主题下面的一切新闻从业员,尤其被大家所熟悉的新闻记者,他应该配合这传统的战斗精神而奋斗;但是环顾这繁乱的世界,到处弥漫着浓重的火药气息……要做一刚正坚强的新闻记者,有什么法子会不倒下去,就是侥幸而不倒下去,他就会脱离了原有的战斗岗位,变得麻木不仁,然而我们不能凭此就悲观起来,新闻事业始终有它远大的前途的,要做一个健全的新闻记者,他应该随时注意下列各项事情,亦是最基本的条件……

作者接着叙述了做记者最基本的五个条件,第一是要有一个健康的身体,指出"新闻记者最大的弱点就是不爱惜自己的身体,同时思想与生活都搅得很混乱,精神无法集中"。第二是新闻记者"要保持一身清白"的

---

① 陈原:《不是杂志的杂志》,《不是回忆录的回忆录》,文汇出版社,1997年,第48页。

操守，"尤其是在金钱万能的世界里，记者要把金钱的领域看得越小越好"。

第三要抱不断学习的精神与永远研究的态度来进行工作，一个新闻记者的常识越丰富越好，脑中贮藏了丰富的常识，到处都感到有新闻的材料，而整个世界在一息不止的变化之中，记者的头脑中亦应永不静止地去学习，去研究万物，这样才能永远跟从时代，不会落伍。

第四要有是非观，正义感，而且要站在人民的立场上，假使世界上有一种人没有任何观点，则一切知识与学问到了他的脑袋里，好像进了坟墓一样变成死的东西，不能活用，而且观点要分是非，要有正义感，要谋人民大众的幸福，站在为大众人民服务的岗位上来报道新闻，这样才有价值，否则变得神经麻木，变了别人的应声虫。

第五要有韧性，现在大家都对世界憎恨，对现实感到苦闷，但是做一个新闻记者的，他既然投入到了这新闻事业旗帜之下，要战斗到底，不管以后的生活如何甜酸苦辣，总得要干下去，活下去。

文章最后说："怎样做记者的条件当然不仅如此，还有许多技术上的问题，但以上述几点做基础，那末新闻记者的任务永远不会变成反真理反进步的工具，中国新闻事业永远站在战斗的岗位上表现得虎虎有生气了。"这篇文章虽然写在70多年前，但是文章提到"怎样做记者"的五个基本条件对我们今天的媒体人仍然具有十分有益的警示意义。

竭诚为读者

信箱的设置，是为帮助读者解决读书、学习生活上的疑难。自然，我们并非全知全能，不会什么都答复的丝毫无误，但我们极愿和读者讨论，望读者不断指教。我们的复函，无论是否在本刊发表，都直接寄给垂询的读者，望来信写明通讯地址，但不必附复函邮票。

——《本刊信箱启示》①

上述这段话出自 1945 年 4 月 5 日《读书与出版》复刊号的"本刊信箱启事"。这期刊物的"广播"专栏还提到："韬奋生前在《生活》周刊'信箱'给读者答复的文章，讨论到人生各种问题，其价值未被时间改变。"史枚先生回忆说："'读者信箱'原来是《生活》周刊的传统，《读书与出版》自然也有这一专栏。可是不容易搞好。第一是开书目的问题。我们开列的书目，恐怕往往并不得当，而且按当时的出版情况，不少书买不到。第二是有些信答复得并不中肯；有些信只要把答复直接寄给来信者就可以了，不一定要刊载出来。总之，距离读者的期望是相当

---

① 《本刊信箱启事》，《读书与出版》复刊号，1945 年 4 月 5 日。

远的。"①

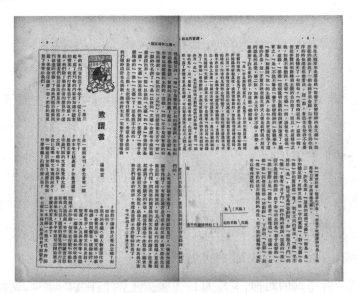

《读书与出版》1948年第5期《致读者》

实际上,设立读者信箱,竭诚为读者服务,是《读书与出版》从1946年春天复刊到1948年秋天停刊一直在始终如一的坚持。1948年第7期该刊编辑部发布的《致读者——我们的兴奋》文章说:"我们在五月号里征求读者对于本刊改进的意见,到现在(六月底)已收到来信百多封,而且多半不只代表一个人,而是一群人的意见,投信的地区有远至甘肃的,我们感到很大的兴奋。我们已经把来信所提意见,整理出一个详细的结果,多数读者希望我们做到的,一部分由本期起陆续实现,一部分则因为种种关系,暂时还不能实行。这里我们想把这些意见归纳一下,告诉全体读者。"在详述读者对刊物提的意见和建议后,《读书与出版》编辑部还专门写了《向读者报告几件事》:编辑部准备将"'问题解答''信箱''简复'应多数读者要求并而为一,并扩大范围,不过本期还做得

①史枚:《记〈读书与出版〉和〈读书月报〉》,《读书》2003年05期。

不好,以后一定更使它充实"。

帮助青年释疑解难。《读书与出版》1948年第8期"问题解答信箱"专栏发表了一位读者的提问:"最近物价涨得很凶,情形如何?原因是什么?以后还会像这样子的猛涨吗?"同时发表了署名"行素"的文章《最近物价暴涨的原因和趋势》,关于涨价的情形,文章写道:"最近(六月份)的物价,其上涨的速率和幅度都是空前的,以上海为例……即一个月中涨起了一倍半。涨风展开这样的速度的确是空前的。这是上海的情形。但这次涨风不仅限于上海一隅,全国各地均普遍上涨。"提到涨价的原因,文章回答说:"造成这种局势的原因,除跟着'戡乱'军事的推进,使法币和东北流券流通范围日益缩小,物资的供应日益缺乏外,特别要指出的是通货膨胀的更加恶性化。"

谈到今后物价的走向,文章直接指明:"今年下半年的预算,据传支出是九百万亿(是上半年度的十倍),收入是五百四十万亿,赤字三百六十万亿。如以往例推算,实际支出为预算的二倍半到三倍,则实际上的赤字当在一千八百万亿左右,如果要靠发行(钞票)来弥补的话,则在今年下半年,像上月份那样的涨风,会后浪推前浪似地不断到来的。"

傅丰村、朱子泉先生回忆说:

特别要强调的是《读书与出版》与读者的亲密联系和热忱地答复读者提出的各种问题。编辑与读者交流的内容非常广泛,大到国家、民族生死存亡大事,小到个人的职业、学习、生活、恋爱、兴趣……现在看来有点幼稚,确实是当年的真相,如1947年第4期有学员提出"没有钱买书,怎么办?"这是经济困难的读者求助,杂志社也愿意想法帮助。1948年第3期有学员提出"患肺结核者能否恋爱",还有"我是一个病者,因为身体弱,不能去实践,满腹理论有何用处?抱病的身体怎能深入社会去生活?"还有"在社会主义国家,家庭是否还存在? 一夫一妻制是否存在?"都得到亲切、务实的回答。

同年第8期有学员询问"不吃是否可以生存?"关于此事,稍微说几句。那时,国统区物价日夜暴涨,米比珍珠还贵。反动派居然唆使某些媒体,鼓噪什么"人不吃饭也能活下去"。四川杨妹九年不吃,上海张某也是九年不吃。一时闹得沸沸扬扬、乌烟瘴气。这个问题是建人回答,从科学角度做了严正的驳斥。还有好多问题是直接回答提问者,可能更为有趣和广泛。杂志还邀请著名学者回答读者的提问。如有学员提出关于中国文字研究的三个讯问,马叙伦老先生做了详细的回答。还有"关于绘画基础理论的学习"则是丁聪回答的。读者能把各种问题向杂志倾诉、询问,寄托着对编者的信任。[①]

陈原先生回忆说:

作为执行编辑的我,以及作为助手的艾明之(后来成为剧作家)和许觉民(后来成为出版家和文艺评论家),很多精力都花在答复读者来信上。凡是读者来信,都竭力按照读者的要求去办——或复信,或代买书籍等等。读者提出的问题,无论是关于时局的,还是有关学术的,以至关于私人生活的,我们都分别情况,或者直接作复,或者在刊物上的专栏中刊出原信摘要和复信——这个专栏最初取名"信箱",后来想容纳更多的内容,改为"简复"。

他们四人都曾分别答过读者来信,至于柏元,则每天都同读者

---

① 傅丰村、朱子泉:《关于〈读书与出版〉和"学习合作"的回忆》,《读书》2004年第5期。

打交道,多半是直接复的,有重要学术内容的信留下复写底稿,复信一般不署个人名字,盖一个编辑部图章就寄走了。只有在刊物上公开发表的复信,有时则署名表示负责。例如1948年第2期"简复"中有两条是杜老执笔的。有人问宋儒"作文害道"何解。杜老答曰:"按程伊川谓工文则害道,程明道则谓记诵为玩物丧志。明道的话,可以作为工文则害道的说明。因为他们的所谓道学,显然受了释老的影响,为道是向内的工夫,但要'工文',便少不了从事'记诵',那是向外的工夫,所以在他们看来,是免不了'害道'的。"杜老治中国哲学史,思想史,所以拈来全不费功夫。

也有不少来信是关于个人生活的问题,大抵是对职业、前途、婚姻、恋爱等等发生困扰时,就来信找我们,问我们意见,有时一件事往复多次。这一类信件写得很真切,其实在那时的环境下,我们也无力去替读者解决他的难题,但由此可以窥见读者对我们的信赖。我们去信也只能是讲道理,讲未来,属于"安慰赛"的居多,可是读者也常常因为得到别人的同情和关注而振作起来,正视现实,或同残酷的现实作斗争。比如有一期登载一个女子的来信,署名"云南·一个女孩子",这自然是编者隐去她的真姓名;她的长信向我们述说她被人骗婚,婚后又爱上另一男性,却又说不明白为什么与这个男性相好的道理,只是终日惶惶无主,打算结束生命,要我们加以"指导"——我记得此信写得很动人,文字也很通顺,读来好像一篇小说。①

陈原先生提到的"云南·一个女孩子"这封来信刊登在1948年第1期的"简复"专栏,信中说:

---

① 陈原:《不是杂志的杂志》,《不是回忆录的回忆录》,文汇出版社,1997年,第48页。

我是一个弱女子,两年前十五岁的那年,还在家乡某校,读初中二年级时。我那时候不知道宇宙间的醇美,更不知道什么叫恋爱,只顾天真地快乐地过自己的读书生活,谁知快乐不曾永恒,那时学校里有一位教员B君,存心陷害,时向我引诱。先生,像我这样一个幼稚的少女,不曾见过和男人交际的场面,满以为师生,你问我答,不大相干,那知道同学们便当它新闻,风声鹤唳。这么一来,B君趁这机会,越发向我追得紧,至此,我的心简直盲了,自己好好的一个人被人说不是,想着好生难过,一会儿又想,自己没有什么,真金不怕火,忧愁了一下,天真的我,又觉没一回事,哪里会考虑到,迫切的不幸会到来。

B君便得寸进尺,直到有一天,他约我去吃饭,我总是决不定:新时代的女子,难道被人讲讲闲话就要怕吗?那肯给你们看轻,抱定念头,便一口答应下来,这样一次再次,等下又说约我去游山呀!散步呀!同学们的闲话因此更多,终于我坠入情网,人非石木,长此下去当然会上当的,我虽然还没尝到真正恋爱的意味。(坦白说我对B君确是没有多大爱情)不过也真的被他迷住了,也确有一度是完全说爱他的,为了这事情扰乱的人很多,B君也没教完那学期便走了。

这之后,B君的来信很多,起先我仍不敢给他复信,看情形很不对,说闲话的人太多,与名誉有关,也就将错就错的,和他通起信来,明显的,大家也认定我们是一对恋人。

抗战胜利,B君又重回学校,去修他的未完的大学课程,我们的距离,也益形见远!

我家里知道我和B君的关系,便不给我读书,初中毕业后,我走到别一个县城里去工作,内心的辛酸也是说不出。由于家庭的不谅解,和自己的意志不坚定,我在工作地认识了一位Q君,我们一见倾心,Q君既是温柔,又和我意味相投,大家相处得很好。

可是家父知道我和Q君的恋爱后,便放弃以往对B君的固执,而不赞成Q君,并说什么名誉面子的大道理给我听,在名誉面子礼教夹攻中,我低头屈服在父亲和B君的条件下,和B君订婚。可是,我和Q君藕断丝连,还不是一样亲密吗!因为失望大家更了解。因此时常受到家庭的责备和漫骂,处在这种地位的我,先生,我真是痛苦极了!已不被人同情,又犯道德的罪过。昔日的天真活泼已失净尽,曾几度我试过自杀。

如果和B君解除婚约不知会有什么意外不,反转来,我和Q君的关系又怎么办呢?除了投告先生外,我想没有其他可解我痛苦的人,万望先生早日给我鲜明的指示!——云南·一个女孩子。

《读书与出版》编辑部在1948年第1期中给这位女孩子的回信有1000多字,信的开头写道:

你的信使我们很感动。我们一方面同情你,另一方面却感到很惋惜。我们同情你的不幸的遭遇,和无援的状态;我们惋惜的是在这样的伟大时代中,广大的人民在为生死而奋斗,而你却还把充沛的生命力,浪费在儿女私情的纠缠上。要解决你的问题,这是一个很重要的前提认识。从你历次的来信看,你在主观上是要向上的,不过因为意志力还不坚定,所以为这些事情所扰乱。为了这,我们请求你正视一下过去(对于这过去,我们是同情你的,不过同情是一回事,正视和自我批判又是一回事)。

复信接着从情感方面帮助这位女孩子对她的两个恋人情况作了分

析,并且对如何处理提出了切实可行的建议,复信的结尾说:

> 一句话,用理智把感情压下来,然后,在这期间内,你应鼓起勇气来生活,多读点书,多用用脑,把视野扩大,把眼睛从狭小的个人圈子移向广大的饥寒交迫的人群,如果有可能,稍微做一点有益于人群的事;充实自己,从而影响别人。把生活圈子扩大了,你就决不会苦闷,你就决不致于把整个人生的战斗看成只是恋爱或两性的关系了。眼光放远些,脚步踏稳些,勇敢,坚定,这是你的座右铭。匈牙利有名的诗人裴多菲有一首诗,说:生命诚宝贵,爱情价更高。若为自由故,二者皆可抛。可以值得你深思。外边的世界不正在展开为自由的斗争么?假如你竟为这些身边小事苦恼到自杀,那就辜负了你十八岁的存在了。希望你不断来信,让我们知道你是在如何进步之中。

关于这位女孩子的来信和编辑部的复信,多年之后,陈原先生还记忆犹新,他说:

> 我们去了复信,又摘要登在"简复"上。……接着我们具体分析了她的情况,指出她可能作出的选择,警告她人的生命只有一次,不值得为此轻生。记得后来这位读者通过几次信后,打消了轻生的念头,来信告诉我们要有意义地活下去。信件摘要发表后,来了不少信,都诉说自己种种不幸的遭遇,也表示受到公开发表信件的鼓舞,冷静地摈弃了自杀的念头。这反映出在那些年代国统区里民不聊生,青年人走投无路的状况。
> 读者来信中有单纯是委托买书等事的,这好办;除此之外,都

要个别作复,这要花费很多功夫。信多的时候,常常作复到深夜。①

追忆当年在《读书与出版》编辑部回复读者来信,竭诚为读者服务的一幕幕动人情景,陈原先生说:"我回想起来,每天晚上一摊开读者的信,就如同打开了窗户,同社会上各个角落的群众谈天。眼前展现出一个错综复杂的世界——我顿时觉得我好像有很多朋友,他们的受难使我痛苦,他们的欢乐使我愉快,他们求知的迫切使我感动。这时,我感到我不是一个人在编杂志,也不是五个人在编杂志,而是成百成千的群众,聚集在我们身边,跟我们一起编杂志。这真是一个编辑所能得到的最大幸福。"②

---

①陈原:《不是杂志的杂志》,《不是回忆录的回忆录》,文汇出版社,1997年,第50页。
②陈原:《不是杂志的杂志》,《不是回忆录的回忆录》,文汇出版社,1997年,第51页。

封面和补白

　　《读书与出版》的封面图片，今天看起来，仍很值得欣赏，一些图片还做了说明、讲了故事。今天我们看到的杂志封面故事，在这里是否也能找到一些影子呢？

——《1947年〈读书与出版〉封面说明及故事》①

《读书与出版》1947年第12期封面

---

　　①《1947年〈读书与出版〉封面说明及故事》，署名"小松鼠"的新浪博客文章，2011年8月24日。

《读书与出版》1947年第3期封面

《读书与出版》1947年第6期封面

一、封面吸引人

一份70多年前老杂志的封面图片仍然使今天的读者感到"仍很值得欣赏",充分说明了《读书与出版》的封面图片充满了永恒的艺术魅力。从

1947年1月第1期开始,直到1948年9月第9期被迫停刊,《读书与出版》每期都刊登精心设计的封面和精炼的文字说明,每个封面和说明都是一个吸引人的小故事。

1947年第2期的封面是"鲍尔金诺之秋","封面话说明"写道:

> 1830年5月间,普希金和拉泰丽亚·龚佳罗娃在莫斯科举行了订婚典礼,当年秋初就到伏尔加河区的鲍尔金诺村去,处理他父亲为了他的婚礼而划分给他的一块领地。适巧这时沿伏尔加河上游的地方正流行瘟疫,交通阻隔,他只有留在当地,住了两个月之久,到年底才回返莫斯科。
>
> 多雨的秋天,是普希金最喜欢的一个季节,他这样写给他的朋友普莱特辽夫道:"秋天来了。这是我最喜欢的时候,——我的身体照常康健起来——我的文学劳作的季节也开始了。"尤其是这个鲍尔金诺之秋,可说是他生平创作最丰富的一个时期,是"多产的秋季"。在这两个月之间,他写出了《棺材商人》《驿站长》《农村姑娘》《射击》《风雪》等小说(后来辑为《拜尔金小说集》);《吝啬的武士》《石客人》《莫扎尔特与沙列里》《疫瘟流行时的宴会》等小悲剧;此外还写了长诗《叶甫格尼·奥尼金》的最后两章和三十首左右的抒情诗。在莫斯科的博物馆中,现在还陈列着他当时用的鹅毛笔、印章及在鲍尔金诺村所用的写字台。本期封面上的黑影画,是1936年I.F.勒拜尔格所作,就是描绘普希金在鲍尔金诺村的秋夜中写作的情形。

1947年第5期封面人物是著名的和平人士华莱士,文内同时配发的《华莱士一门三杰》文章说:

> 纽约出版了一本值得介绍的好书,它告诉我们这位大无畏的美

国民主领袖,罗斯福理想的继承者,"平民世纪"的创世人,是怎样从一个中西部农业家庭长大起来,孕育了他那种刚直公正和无所畏惧的性格,又一步地前进,直到今天成为暴风雨中美国民主运动的中流砥柱。……全书六百页,以轻松而大众化的笔法,从华莱士的农业专家的祖父讲起,讲到他那做过农业部长的父亲,然后以差不多全书一半的篇幅叙述今天正在做狮子吼的亨利·A·华莱士。他们一家三代在美国近代史上都是杰出的人物。所以,如果把这本书的名字译为《华莱士一门三杰》倒是颇为真实的。

1947年第8期的封面是米勒的画作《农民休息之所》。米勒(1816—1875),生长于法国北部诺尔曼第的一户农家,是位描绘农民生活和自然景色美丽的大画家。他最著名的作品是《晚钟》和《拾穗》。

1947年第9期刊登凡·高的油画《刈割者》。文字介绍写道:

在中国,介绍凡·高的作品也不少。我们常可以看到的,是他的一幅《播种者》,画一个农夫在烈日下撒播种子。梵高(凡·高)是19世纪画坛的怪杰。生于荷兰,他的父亲是个牧师。他少年时,在一家美术商店里做店员,因此引发了对美术的兴趣。后来曾在英国做教师,又在比国矿山区做过传道师。直到将近三十岁,才发愤作画。

最初他受米勒的影响,画了些很素朴的作品。1886年到巴黎后,得与印象派大师高更等人交游,对他们的色彩和技巧很感动,于是他改变了作风。

他厌恶巴黎的生活,移居到法国南部。他爱在火一般的太阳下面作画。在热情洋溢时,竟连提笔都来不及,直接拿起颜色瓶向画布上挤。1890年7月末,他发狂自杀,从事绘画生涯只不过十年。

1947年第10期刊物封面是米盖朗哲罗（米开朗琪罗）的雕塑《奴隶》的一部分，原品是石像。文字说明写道：

> 在文艺复兴时代的意大利，有一位伟大的画家、雕塑家、建筑家和诗人。他就是稍稍和美术接触过都能知道的米盖朗哲罗（米开朗琪罗）。
>
> 米盖朗哲罗出身于一个有声望的人家，十三岁就学习美术。他在西斯丁寺的壁上和天花板上描绘几百个裸体人物，把头部不息地向着上面，以致颈项变成向上弯曲了。
>
> 这幅巨大的壁画惹起了卫道者们的攻击。神殿里怎么可以画那些裸体人像！他们命令这位巨匠的弟子委尔底拉在那些裸体人物上加绘一条裤子，这委尔底拉因此被称为"裤子画家"。
>
> 还有一个叫皮乔的修身先生，在法王面前屡次说这位巨匠的坏话，劝法王把这壁画毁掉。消息被这位巨匠知道了，他把皮乔画在这壁画的下角，有一条大蛇纠缠着，如在地狱里一般。皮乔向法王诉求，但法王答得很妙："如果你掉进了炼狱，还有法子好想；地狱那就难了……"
>
> 看他的画能感到人类的庄严，他的雕塑宏巍壮丽。

1947年第11期刊物封面的雕塑，叫《拉弓的黑拉克列斯》，它的作者是法国雕刻家布尔台尔，是罗丹之后一个卓越的雕刻家，曾经做过罗丹的助手，受过他不少的感化，但在他的作品中，依然发挥了他自己的特质：除了罗丹的那种激烈的热情外，他还有着立体的庄重的构成，其表现质实刚健，有雄大之感。这《拉弓的黑拉克列斯》完成于1909年，是艺术界最初认识布尔台尔的特点的一个杰作。

1947年第12期的封面是雕塑《投掷圆盘的青年》。文字说明：

纪元前五世纪时,伟大的雕塑家迈伦给我们留下了几个不朽的雕塑,其中最有名的一个,就是这个称做迪斯柯波罗的《投掷圆盘的青年》,原作系青铜立像,想来是某一竞技优胜者的纪念碑。立像所表现的是这个青年投掷圆盘时的一刹那姿态——他用右脚支持着全身的重量,你看:连脚趾也极度紧张,用力地缩起。胸部稍向前倾,来平衡他右手所拿的圆盘的重量,头刚刚向下垂,正准备往上一扬,趁着一扬的力量,右手就可以把圆盘投掷出去,其时他的左脚屈起,左手向前垂着,来准备这一扬一掷以后身体可以保持均衡。这一刹那的动作,毫无夸张,而又毫无忽略地都给表现出来。许多人认为这个立像没有一个部分不与运动有关联,有的美术史家甚至说,迈伦是第一个在现实主义中到达一种多样的统一的雕塑家。从社会学的见地去看,则迈伦的作品,非常真实而且形象地表现了当时的生活形态。

1948年第1期的封面是《陀莱和他的指画》,文字说明写道:

本期的封面画,是采自陀莱给法国古典作家拉布雷的《巨人世家》所作的无数版画插图之一。

关于陀莱,鲁迅先生在《〈连环图画〉辩护》里曾有这样的一段:"书籍的插画,原意是在装饰书籍,增加读者的兴趣的,但那力量,能补助文字之所不及,所以也是一种宣传画。这种画的幅数极多的时候,即能只靠图像悟到文字的内容,和文字一分开,也就成了独立的连环图画。最显著的例子是法国的陀莱,他是插图版画的名家,最有名的是《神曲》《失乐园》《吉诃德先生》,还有《十字军记》的插画,德国都有单印本,只靠略解,即可知道本书的梗概,然而有谁说陀莱不是艺术家呢?"

除了鲁迅先生所举的几本外,陀莱,插图过巴尔扎克的《Con-tesDroligues》,拉马登的《寓言》,丁尼生和阿伦坡的诗,拉布雷的《巨人世家》。据西欧的批评家说,陀莱本质上是一个讽刺画家,他最善于表现悲惨和凄凉的被压迫者。因此,他给讽刺的小说的鼻祖拉布雷插绘,一般认为是两绝。例如这里的一幅,是巨人对围剿他的俗人们的挞伐,你看巨人把围剿的一员,一手扯将弊来,围剿者仓皇应战乃至四散奔逃的画面,是多么有力呢;这幅画面的构图也达到了变化的统一,均衡而不散漫。

同年第2期的封面是油画《拉船的人》,封面说明写得非常精彩:

雷平是俄国最有名的现实主义画家,评坛称之为七十年代和八十年代反动时期里面发展的写实主义国民画派最优秀的代表。一八六四年被选入艺术学院为院员,他在那里作了有名的《拉船的人》(作于一八七○至一八七三),即我们现在印在封面的那一幅。不过原作是油画,复制不易清晰,这里是根据苏联一九四六年出版的一部教材的摹制品印的,画的色调已不可见,但原画的构图和所绘的拉船夫底姿态与表情,以及作者对他们无限的同情,都还可以看得出来。你看第一个船夫的悲郁和第二个船夫的愤激,不是活跃纸上么?诗人 N.A.尼克拉索夫也写了一首《拉船的人》,它的大意是:头几乎弯到脚下,身子捆着船缆,穿上雪鞋,沿着河岸,成群拉船的人在爬呢。他们那有节奏的叫声,在寂静中响得那样可怖,而同时又是那么清晰——我的心也听的战栗了。恰好是写这画面的情景。

雷平还爱描写民间故事的题材,有代表作《写信给苏丹的哥洛克人》。他的画大都藏在莫斯科的特里蒂亚戈夫画廊和列宁格勒的画廊。

同年第3期的封面是高尔基《我的童年》插图,文字说明是:

> 鲍里斯·戴赫基列夫是苏联一位著名的工笔木刻画家,曾经得过功勋艺术家的称号,去年又以高尔基这本自传小说的插图,荣获1946年度斯大林文艺奖金的二等奖。除掉这本书之外戴氏还为高尔基的许多短篇小说和剧本做过插图。

> 梅泰尔尼科夫在《斯大林艺术奖金的获得者》一文中这样讲起他:"在手法上看来,戴赫基列夫可以说是一个工笔画家,画工明晰和精确几乎到了极点。同时他却又是一个洗练的风格画家。最使人为之惊叹的,是他所作的图画的细小尺寸,丝毫并不影响他以全力表现出高尔基的有力的形象的广阔和自由的风格。""邻居奥甫相尼柯夫家的那所幽静的房子,早已就吸引住我,我觉得,在这所灰色的房子里,过着一种神话故事中的特别而神秘的生活。""差不多每天从中午到晚上,都有三个小孩子在那院里玩;全穿着灰色的短上衣和裤子,戴着同样的帽子,全都是圆脸,灰眼睛,他们相像到只有从他们的高矮上才能分出他们来。""有一天我爬到树上,向他们吹着口哨;——他们听到哨声时怔住了一会儿,接着又若无其事地合拢来,抬头望着我,悄悄地在讲着什么。""我常常坐在高过围墙的树上,盼望他们会邀我去和他们一道玩——可是他们不。但在精神上,我已是经常同他们一道玩了。"

同年第7期的封面是速写《射击》,文字说明写道:

> 俄国诗人有不少是善画的。莱蒙托夫也是其中一个。他这手稿很容易教人想起普希金的死,在决斗中伟大的诗人被沙皇的雇佣兵打死了。为了这,莱蒙托夫写过一首诗,他宣称:"你们,站在宝座周

围的这贪婪的一群,全是自由、天才的与光荣的刽子手!"

这首诗的手抄本流传得很广。沙皇看见了,就认为这是《革命的宣言》,立即把莱蒙托夫逮捕流放。《射击》所写是否与此事有关,我们不知道。不过这简单的速写,却非常传神地表现出一种情绪,使人立即联想到上记的事。因此我们把它刊出来,藉以纪念中外被谋害的文化战士们。

同年第8期的封面是《格罗柏的漫画》,文字说明是:

国际著名的漫画家格罗柏去年刚度过他的五十岁寿辰。他是美国当代最伟大的左翼漫画家,二十多年来不断用他那独特的风格(简单、朴素、雄浑而有力的线条),表现了一个时代的民主斗争。

在《新群众》周刊上,读者差不多每期都可以看到他的整页的大漫画;这一幅是采自今年六月号的《主流与群众》杂志。作者是配合了反蒙特法案的斗争而作的。蒙特法案是五月间提出美国国会的反动建议,这一建议将剥夺了全美人民的思想自由。

你瞧那个画家、音乐家、作家所碰到的是什么待遇;你瞧那个黑底白线条的怪物,是多么狰狞。你我心中多少要说的话,全在这朴素的画面上给说出来了。

去年格罗柏印行了一本漫画集,那可以说真是时代的记录。他在一九三三年所写的希特勒登台时的情景,现在又发生于美国了。

以上就是《读书与出版》的编者当年呈现给读者的封面图片和动人的封面图片故事。当我们今天再次看到《读书与出版》的封面和图片,了解了《读书与出版》的封面图片故事,可以从今天的诸多刊物中找到《读书与出版》的影子。学者朱晓荣在《开放与变革:当前我国期刊封面设计理念略谈》中提到,封面是期刊的"门面",是期刊质量和形象的重要构成要素之一,也是期刊核心内容和理念的外在表现,常常成为读者感知期刊内容的重要参照物,也成为阅读选择的重要决定性因素之一。《读书与出版》的封面特色正是赢得当年广大读者特别是广大青年读者拥趸的重要因素之一。同时也从另一个侧面体现出当年《读书与出版》办刊人的超人睿智和刊物的艺术魅力。于淑敏先生认为,陈原先生当年为《读书与出版》挑选封面图片,并撰写封面说明文字,既介绍其人其画,还说明相关背景材料,传播美术知识,这大概是20世纪80年代报刊界流行的封面故事的源头。

二、补白有特色

著名学者金仲华当年在接受《读书与出版》编辑部访谈时说,杂志的"补白好像是不重要的,但能使人读了既感兴趣又有所启发,那并不是可以草草写成的"。笔者发现,《读书与出版》的精短补白就做到了"能使人读了既感兴趣又有启发",这份刊物开型虽小,页数虽少,但是编辑对版面的"利用"可谓是"精心设计",对每一页的空间利用上都是"寸土寸金",让刊物的"天头地脚"都得到了充分的利用,一点都没有浪费。下面数则就是这份刊物的精短补白,现在读来依然是含义隽永,意味深长。

约翰·克里斯朵夫向中国的弟兄们宣言

我不认识欧洲和亚洲,我只知道世界上有两个民族——一个上升,一个下降。一方面是忍耐、热烈、恒久、勇敢地趋向光明的人们——一切光明:学问、美、人类的爱、公共的进化。另一方面是压迫的势力:黑暗、愚蒙、懒惰、迷信和野蛮。我是附顺前者的。无论他们是生长在什么地方,都是我的朋友、同盟、弟兄。我的祖国是自由的

人类。伟大的民族是他的部属,众人的宝库乃是"太阳之神"。罗曼·罗兰——一九二五年一月①

——《读书与出版》1946年复刊号第8页

要把权力放在法律之下

最重要的是统治者和被统治者之间,政府和人民之间,必须有一个契约,说定了统治者在什么情形之下可以使用权力。这个契约就是宪法。宪法的目的就在限制执有权力的政府,使他不致超越人民允许给它的职权。政府在一定的职权内可以颁布命令和创立法律,但是他们绝对不能自己扩大职权,这个契约是不准违反的。

五五宪草根本没有把权力加以限制。……这宪法并不是人民和政府订立的契约,而是政府自己颁布的组织法,名为宪法,但并没有现代的宪法精神。现代宪法精神就是要使政府向人民负责,人民指定有限的权力给政府去行使,要把权力放在法律之下。

——录自《波茨坦·磨坊·宪法》,《读书与出版》1946年第2期第2页

广州兄弟图书公司被暴徒袭击

广州兄弟图书公司于五四上午被暴徒袭击半小时,无一军警到场阻止,事后某通讯社复作歪曲的报道。

《人民报》三日刊第十一期(广州发行),记载此事颇详,并有兄弟图书公司的严正声明三点:1、该公司营书贩卖已多年,从未出版书籍;2、此次被毁值三千多万元,被抢现钞三百廿多万元;3、除呈请缉

---

①该刊编者注:"罗曼·罗兰的巨著《约翰·克里斯朵夫》,我们现已有傅雷先生的全译本。"这部书最初曾由敬隐渔先生译过开头的一部分,发表在《小说月报》的"法国文学专号"中,我们此地摘引的这篇《宣言》,也就是罗曼·罗兰当时为中国读者们所写的。

凶及保障营业安全外,于五日起不屈不挠继续营业。

——《遭难·奋斗》,《读书与出版》1946年第2期第5页

罗家伦:《思想自由史》译言

中国人对于自由,尤其是思想言论自由的态度,是消极的,放任的。……二十五年前严又陵先生译弥儿的《自由论》,译稿失而复得,严先生以为或者是天相中国,将留此书以大有造。不意二十五年后中国的言论自由、思想自由在内部虽然发酵,而在外面所受的摧残,恐怕还远过当日。更不意现在争废止出版法和治安警察法的人,虽然他们的举动我根本佩服,并不曾用力发挥思想言论自由的原则之精义以折服国人,只是以刻板文章说是西洋各国如此则我们应当如此。……译者私自的意见,以为中国民族如果要为学术和他种主张挣扎出一种独立不挠的精神,纵不能产生几个为纯粹知识的意见而烧死的Bruno,也当产生几个不怕终年向法庭和监狱讨生活,置自己的地位和身家于不顾,而专以唤醒国人对于思想言论自由的觉醒的Brad—laugh。凡是外面压力的侵入,都是乘着内部的弱点。设如不把这种自由的原则,深深地贯入一般人脑中,凝成钻石似的晶体,以对抗外面的锤凿,则几种纸上条文的兴废,与自由本身的保障毫不相关。

——《读书与出版》1946年第5期第2页

柏雷:《思想自由史》摘录

若是文明史对于我们有任何教训,这个教训便是:对于知识和道德的进步,有一个无上的条件,是人类自己可以完全保持着的,这就是思想和讨论的完全自由。建设住这种自由,可以说是近代文明最可宝贵的成绩;为社会进步的条件,这种自由是大本水源。

——《读书与出版》1946年第5期第15页

柏雷:《思想自由史》摘录

就自来两方(按指权威与理性)冲突的经过而言,权威常占优势。无论在什么时候,总只有少数人真正注意到理性身上,而且还要等许久的时候,才有这少数人的出现。理性的武器,只是辩论。而权威则能用尽一切物质的和道德的暴行,法律的摧残和社会的压迫。有时候他还用武力以诛锄异己,结果至于自己受伤。在权威的阵线中,最弱的一点,就是为他作战的武士,也是人类,常不能不用着理性;用着理性的结果就是使他们内部分裂,给理性以绝好的机会。理性在敌军中托为敌人主张作战而预备下自己的胜利。

——《读书与出版》1946年第6期第4页

《〈雷雨〉中的周朴园七月间在哈尔滨枪决》

东北来人谈:民主联军进入哈尔滨后逮捕了当地大汉奸恶霸姚锡九,七月间,经人民公审后枪决。这个人就是曹禺的剧作《雷雨》中的周朴园。周朴园包修松花江,故意叫江水出险,淹死了两千两百个小工,他从每个小工身上发了抚恤财三百元。其实,现实里的周朴园发的这笔黑心财有加倍大。鲁大妈是被周朴园遗弃的,她的出身,作者没有交代明白。当现实里的周朴园受人民公审时,有个说书的女儿,四十岁的邹兰芬,控诉他在她十七岁时奸占了她,后来又虐待她,终于把她遗弃了的罪恶。

——《读书与出版》1946年第6期第12页

普式庚所作诗

沙皇这么说:"'我的臣民们听着——在我君王的睿智中,我认为最好的事情,是把人权全部交给人类。'一个小娃娃,突地从床上爬起来……'喂喂!'他的母亲喊着,'闭上眼睛去睡觉吧,玩耍就得另找时候,那不过是沙皇老人家对你唱的催眠曲'。"摘自《诺爱尔》

——《读书与出版》1946年第7期第14页

《埃森宁》的诗:我相信

我相信,我的确相信:必定有幸福。太阳还没有下去,天空像一本红色的圣书,在预报着福音。

我相信,我的确相信:必定有幸福。响吧,吼吧,你们金打的俄人! 吹吧,你骚扰的狂风! 咒他,那一个高兴看你牧歌式的悲愁。响吧,吼吧,你们金打的俄人! 我爱波涛汹涌中大海的呼啸,和在浪涛上闪烁的星星。这天佑的苦痛,和这天佑的人民……我爱波涛汹涌中大海的呼啸。

——《读书与出版》1946年第7期第18页

韬奋谈读书要有计划

读书要有一个计划,必先决定自己所要研究的科目或中心问题。……然后根据这个对象,就现在可能得到的书,由浅而深,分成几个研究的阶段,按照规定的时间,有计划地读下去……随时随地注意关于这一部门或中心问题的材料。摘自《学习的方法和经验》

——《读书与出版》1947年第1期第3页

《物种的起源》推荐语

什么力量能造这许多不同种类的动植物呢? 是由造物者个别创造的么? 从前的人都很相信这确是造物者的"杰作"。但是,达尔文在游历世界的五年中,看见了许多东西,使他不相信这种话。加拉巴哥的生物彼此都很相像,而那里的动物和南美洲的动物形状也差不多。难道这是造物者的旨意,一定要使两地的动物只有很少的分别么?这对于上帝似乎并没有什么好处啊。是否他能在这方面寻出一点理由来呢?世上没有两种完全相像的生物,它们总有少许不同的地方。这种不同有些是有益的,有些是有害的。如果生物有着有益的不同点,则它们容易生存和传种,否则相反。这是达尔文坐船到卑格尔去时,在路上觉悟的一点道理。他以整整二十年的功夫来搜集证据,终于写成了他的不朽著作——《物种的起源》。

——《读书与出版》1947年第1期第22页

鲁迅论创作

如要创作第一须观察,第二是要看别人的作品……但看别人的作品,也很有难处,就是经验不同,即不能心心相印。所以常有极要紧、极精彩处,而读者不能感到,后来自己经验了类似的事,这才了然起来。例如描写饥饿罢,富人是无论如何不会懂的,如果饿他几天,他就明白那好处。摘自《一九三三年八月十三日致董永舒》

——《读书与出版》1948年第2期第14页

联合启事

查本市联合编译社出版之《现代经济文摘》,事先并未商得同意,专事转载各报刊之文字。兹特联合声明,嗣后凡未获本报刊之同意,绝对不许任意转载,此启。[①]

——《读书与出版》1947年第6期第28页

---

①笔者小注:这个《联合启事》是由当时在上海、重庆和香港出版的《读书与出版》《大公报》《世界知识》《中国建设》等12家报社和杂志针对上海一家报刊文摘侵权行为的指责和警告。事实上,这种侵权行为直到现在还依然存在,十分耐人寻味。

史枚先生说:"《读书与出版》不采用转某页的编排法,所以更常需要补白的文字。这种补白有时用书的广告。我曾试写一些广告文字,希望能去除陈套,做认真的介绍,但结果失败了。还常常辑录一些现成的东西作为补白,内容或是对当前的斗争有些参考价值的,或是有关学习的资料,看来还不算浪费了篇幅。"①

笔者发现,精心做好刊物内容的补白是《读书与出版》的传统编辑范式。在1937年3月16日复刊的《读书与出版》(总第廿四期)就出现了一处十分精彩的补白——《世界最贵的书》:"英国劳伦斯的遗著《造币厂笔记》,在美国纽约的陶莱公司印行,一起只印了十册,每册实价达50万美金,该书内容仅六万九千字,用布面字印。以前美国最贵的一本书,是在美国发行的 *The Seven Pillars of Wisdon*,每册售价是二万金元;在当时,没有再比这更贵的书了。现在,《造币厂笔记》又开了一个新纪录。"这种为刊物内容补白的传统编辑范式甚至一直延续到了今天出版的《读书》杂志。据扬之水先生回忆:"《读书》十年,一直和沈公(昌文)负责处理初校样,而《读书》的体例是文章绝对不转页,因此每一期都要准备数量不少的补白文字。补白主要采用读者来稿,而且《读书》也确实有一批很优秀的补白作者,但仍不免常常匮乏内容字数均合宜的文字,于是只好自己动手,有时一期竟会补上好几则。"②由此可见,文章绝对不转页,版面需要加补白,实际成了《读书与出版》和《读书》杂志的一个鲜明特色。

————————

①史枚:《记〈读书与出版〉和〈读书月报〉》,《读书》2003年第5期。
②扬之水:《〈读书〉十年》第四册,百花文艺出版社,2019年,第249页。

特辑纪念号

我悲君死何太急。死时国耻不曾雪。君死早。倒也好。君若生今时。不死于病。必死于淫威。淫威淫威何可以久长。千年史实。多么彰彰。怎样上场。怎样下场。君其安眠。恩仇两忘。

——黄炎培[1]

为国内外重要的思想家、文学家和教育家推出"特辑"和"纪念号"也是《读书与出版》的一大特色。

一、纪念韬奋先生

1947年第7期"纪念韬奋先生"（逝世三周年）专辑在刊首用五页的篇幅分别刊登了柳亚子、黄炎培、史良、景宋和艾寒松的回忆文章以及《韬奋先生事略》。同期封面还刊登了邹韬奋先生的画像。柳亚子先生写悼念诗：

---

[1]黄炎培:《韬奋死三年了》,《读书与出版》1947年第7期。

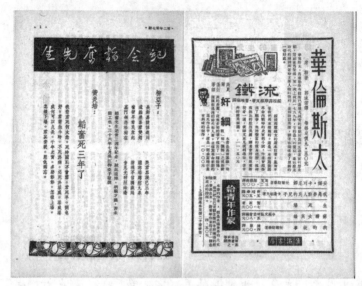

1947年第7期《纪念韬奋先生》

长对嘉陵悼逝川，哭君忍泪已三年。

遗雏差喜摩双翅，继志端应慰九泉。

奋臂早看民众起，游魂不信独裁延。

墓门无恙松树在，会见光明照海边。

黄炎培先生作诗《韬奋死三年了》，史良先生作《怀念韬奋》一文。

（一）史良先生忆韬奋

史良先生在《怀念韬奋》一文中深情地讲述：

我为了《妇女生活》的一篇稿子，第一次到生活书店去找你，正是酷热暑天的晚上，你还在排字间里校样，我和兹九同志又和你谈起另一个比较麻烦的问题，就是某杂志的造谣中伤，你很快地答复我们："要回答，一定要回答，我们要明是非，不要使人误解。可是不要把他看得太严重,反抬了他们的身价。"你说过后接着就说:"对不起,我要赶着校样。"这是多么坚毅敏捷的回答!

史良先生接着回忆韬奋先生自1940年离开重庆直至1947年逝世,总共有七年的时间了:

> 可是,这七年中的经过,三年中的事实,已明白的指出,内战是不应打,不能打的,打了不特生灵涂炭,也决得不到光荣的战绩!我们的朋友,公朴和行知两同志,去年的今日,还都活着,还在坚决地大声疾呼,反对内战,他们纯是赤胆忠心,为着民族,为着国家;可是在半个月中,被那些迷信武力统一,企图自存他亡的不彻底不公平的狂潮,硬把他们的生命结束了!然而,我要坦白地讲,正因为这样的压力,才造成他们永远活在人们心里。韬奋,假如你没有死,我想你一定也要更坚定的踏着他们的血迹,继续反对内战!永远反对内战!来辨明这个是非!
>
> 谁都知道,你也是和他们同样的遭遇,被迫到不能生存,可是你的主张,你的估计,是正确的,如果早被采纳,我敢大胆的讲,人民决没有今日的痛苦!自你死后,就没有第二个杂志能像你所办的生活周刊和永生、抗战等刊物,抓得住人们的心,代表了大众的意见,这是大家公认的。在你,不能不说已经成功了!可是在内战方殷,人民陷于绝途的当儿,实在少不了你这个战士!

(二)景宋先生忆韬奋

景宋(许广平)先生在《未竟事业待继续》的文章中写道:"韬奋先生逝世三周年了,至今还以为憾事的是:我始终错过机会没有在他生前能见一面,瞻仰这一位不屈不挠,忍着莫大的病苦,为中国,为人类进步努力的一位战士!"作者回忆了在韬奋病危期间曾经接到过一直在医院照料他的好友徐伯昕邀请要去探望,因为要处理侵华日军征用她的住宅之事不能脱身,"随后噩耗传来,连送殓的一面也没可能参与",成为她一生的最大憾事之一。作者还提到好友朱文央女士患了癌症,因为生活环境的逼仄,信息闭塞,"不能再一次会晤,而且连她死后殡殓也没能尽好友临丧一哀"。作者以沉痛的语气说:

> 对于邹朱两位先生,生前为民族争取光明献身的斗士,直至病中还念念不忘于自己的为大众的工作的有善心的友情,就这样,寂寞的丢开了。我们伤痛于死者尚未瞑目的一切事业,更伤痛于数载之后的破碎河山,苍灵涂炭,而未死者的我们没能继承他们的努力,在他们逝世三五周年的今天,使中国人民的生活,稍稍得以安定,有以改善于他们活着的时代!这个后死者的责任,是多么艰巨?

> 历史是整个人类的继续,邹先生以及许多可歌可泣的人们,争取光明的功业是放下了。然而人类一天不灭绝,历史终究会有的,会继续完成的。路在他们生前已经开辟起来了,已经替我们指示出应该往那里走的了,坚决地继续着,一定不会走向迷路的罢。纪念逝者,我们希望,来年不再像今年,把破碎河山修补为锦绣大地,那时再好好地做纪念罢,那才算平复了伤痛于万一。否则交代不过去,不但对生人,连逝去的友朋也为之羞愧!

(三)艾寒松先生忆韬奋

艾寒松先生在《向韬奋先生学习什么》的文章中写道:"沈钧儒先生曾说:'韬奋的死,是死于没有民主政治。'"文章接着指出,在抗战时期,中国没

有民主;抗战胜利以后,中国依然没有民主,在纪念韬奋逝世三周年的时候:

> 中国的民主运动正受到空前的高压,中国人民遭受着比抗战时期还更甚的痛苦。……在这个民主与反民主斗争的大时代中,我以为最值得向韬奋学习的,就是他的坚持原则精神。他为了坚持自己的政治原则,不怕威胁,不为利诱,情愿让他的刊物被迫停刊,书店遭受封闭,情愿辞去参政员不干。为了什么?就是为了不肯放弃他自己的立场,这个立场就是中国人民的立场。今天正有不少的人,平时大谈民主,但一等到紧要关头,他们就走向反民主方面去了,他们这一批人是如此的没有骨气,没有立场,没有原则。今天正还有不少的人,他们是在徘徊于民主与反民主之间,在那里动摇着、苦闷着,他们比起韬奋先生是很有愧色的。一切原则、立场是必须经过考验才能巩固坚定,韬奋先生的原则立场是经过了种种考验的。今天也正又是考验着每一个民主人士的时候了,纪念韬奋先生的最好办法,我以为是要学习他的原则精神,这种精神对今天来说,是更需要了,没有今天的原则精神,我们就不会有明天的胜利!

这期专辑同时刊出的《韬奋先生事略》介绍:"先生原名恩润,韬奋是主编生活周刊所用的笔名,原籍江西南昌,但自小即生活在上海。"在简述了他一生创办生活周刊、生活书店、追求进步事业的生平后提到:"死前一年,先生患中耳炎,转为脑癌后,乃至不治。时卅三年(1944年)七月二十四日,年五十。"

(四)胡绳先生忆韬奋

在这个专辑外,《读书与出版》1946年第4期曾经在卷首刊登胡绳先生文章《他还站在我们的前面》:

　　韬奋先生逝世已经两年了,时间不能冲淡我们对于韬奋先生的追念。……至今他所愿望的还没有完全实现,他所憎恶的还在压榨着中国人民。"风雨如晦,鸡鸣不已",在这情形下,我们更加觉得韬奋先生好像还是站在我们的前面,用他的爽朗坚决的语调鞭策着我们,要我们继续前进,并且鼓舞着我们,使我们相信,胜利终归属于人民,反人民的势力是一定要失败的。

　　在韬奋先生逝世的时候,很多人已经指出,这是中国人民自鲁迅死后的一大损失。这个说明的确足够表现出韬奋的死讯在无数人心头的重量。

文章结语说:

　　他的死是何等重大的一个损失。为了弥补这个损失,我们就不得不更多地向韬奋的一生学习——学习他的为人民大众服务,与人民大众相结合的工作精神;学习他的认真负责,不避烦琐,孜孜不倦的工作态度;学习他的从不自满,时时刻刻追求进步的学习精神;学习他在待人接物,律己处世上处处表现着的民主作风;学习他对于黑暗势力毫不妥协的斗争立场;学习他永远朝向着人民大众胜利的方向而奋力前进,从不灰心,从不消极的斗争精神。从韬奋先生一生的奋斗史和结晶着他的整个人格的著作中,我们永远能够吸取得无穷的力量,因此韬奋先生能够永远活在中国人民的心里。

在这一期刊物上,以韬奋出版社名义刊发的《〈怎样向韬奋学习〉引言》中有一段话对"韬奋精神"概括地非常深刻到位:

　　韬奋先生以知识分子出身而能够毫不犹豫地丢开一切个人的自

私自利的打算,把千万人的利害当做自己的利害,从不回头,从不屈服,这是韬奋先生之所以伟大,也是值得我们学习的最根本的地方。

(五)胡愈之先生忆韬奋

《读书与出版》1948年第7期刊发的胡愈之先生撰写的《韬奋文录序》中有这样一些话:

> 韬奋不是一个思想家,也不能算是一个不朽的作家,……但他是一个真正的爱国者,伟大的爱国者。一个真正的爱国者,不一定要有高度的写作技术,只要他有坦白真正的热情,他的主张就引起广大群众的共鸣,他的言论就成为人民大众的喉舌,但丁、弥尔顿、屈原、杜甫、雨果、罗曼·罗兰是爱国者,不是由于他们的伟大的作品,而是由于他们的作品中所表现的伟大的人民的爱。
>
> 韬奋是真正爱人民的,所以人民也最爱他。我可以说一句,近二十年来,只除了一二个人以外,再没有一个中国人写的文章,能像韬奋的文章那样,拥有广大的读者群。抗战中,韬奋到西南大后方,到处都有一些不相识的青年们,甚至中年人、老年人,闻名访谒,韬奋曾为这件事,感觉应付不了。我在海外,沦陷时期,到人迹寥落的乡村里,只要有一两家中国人住居的地方,一切的书本子都不易见到,却发见有十年前出版的生活周刊和其他韬奋的著作。我问过许多三十岁以上的人,他们青年时期思想受影响最深的是谁,都异口同声地说出"韬奋"这个伟大的名字。
>
> 我时常想,假如鲁迅是不朽的人民的导师,韬奋却是真正的人民的伙伴,人民的朋友。他是为人民所爱,最和人民接近的。正因为如此,韬奋的过早的去世,实在是中国人民无可补偿的大损失。要是今天韬奋先生还在世,他还能用他的锋利的笔尖,来给受苦难的人民大

众鸣不平,来替他们指示前进的道路,这是何等幸福的事呢!

但是人民是永不会忘掉这位伟大的爱国者的。韬奋先生是永远埋葬在全国人民的心中的。他的数百万字的著作,将成为宝贵的文化遗产,永远被中国人民、后代的男女青年所珍视着。

此外,樊希安先生在他的书中也讲道:

1936年10月,韬奋先生在鲁迅先生公祭大会上,发表了一句话演说:"今天天色不早,我愿用一句话来纪念鲁迅先生:许多人是不战而屈,鲁迅先生是战而不屈。"——"战而不屈"也正是韬奋先生自己的生动写照。[①]

1946年第5期刊发的陶行知先生作的《祭韬奋文》更是充满悲愤的语句:

敬爱的韬奋先生,这是您逝世的二周年祭。……您记得一年前的今日,人山人海在陪都的祭礼,证明您并没有死,是活在每一位民主战士的心里。凡是得到了您的精神的人,都虎虎的成了万人敌;那是的的确确的事实,当时的吼声震动了大地。

……于今是内战展开;工厂倒闭;农村破产,灾凶遍地;战士得不到休息;老百姓得不到饭吃。买办阶级,快把大好山河变成殖民地;陷害黄帝的子孙,沦为万劫不复的奴隶。

……中华民国之光荣,是您们的舍生取义。这,给了我们光,给

---

①樊希安:《理想与情怀——三联书店出版工作行思录》,天津人民出版社,2021年,第309页。

了我们热,给了我们力。让我们锻炼自己'富贵不能淫,贫贱不能移,威武不能屈!'永远踏着您们的脚迹。

和平最急!民主第一!要做到安居、乐业、人民万岁!追思才算完毕。还有,我们要把您开创的书店,造成文化仓库,供给整个民族的精神粮食;使大众养成乐学来求真的嗜好,真正变成五强之一。敬爱的朋友啊!愿您安息。伟大的战士啊!愿您安息。

樊希安在他的《理想与情怀——三联书店出版工作行思录》一书中写道:

> 韬奋先生不仅是生活书店的创始人,也是我国进步事业的代表;韬奋先生不仅受到三联人的崇敬,也受到一切追求进步、追求真理的人的尊敬。他编杂志、出报纸、办书店,为抗日救国、追求进步,和国民党反动派坚决斗争。为此他六次流亡,一次入狱,是著名"七君子"之一。他的立场像泰山一样坚定,任何利诱也拉拢不了他,"把他变成第二个陈布雷只是蒋介石的幻想"。他的骨头和鲁迅一样坚硬,不仅敢不听杜月笙的"规劝",而且敢在戴笠面前拂袖而去。他真的为追求自由、真理做好了牺牲一切的准备。"一介书生壮士心",他为中国知识分子树立了榜样。"韬奋精神"是韬奋先生留给我们民族的宝贵精神遗产,其中关于进步出版事业的实践和论述,对我们出版工作者更有直接的昭示作用。"坚定,虚心,公正,负责,刻苦,耐劳,服务精神,同志爱",被同人牢记和继承;韬奋先生关于正确处理事业性和商业性关系的教诲和实践,今天仍是我们坚守的准则。[1]

---

[1] 樊希安:《理想与情怀——三联书店出版工作行思录》,天津人民出版社,2021年,第298页。

隆重举办八十年店庆的根本目的就是弘扬韬奋精神,让韬奋精神薪火相传,把韬奋精神和其他老前辈开创的三联事业传承下去,世代永续。在此,我们京沪港三联书店同人向韬奋先生郑重宣誓:坚决继承韬奋先生遗志,发扬三联优良传统,竭诚为读者服务,坚持与时代和人民同行,团结互助,密切合作,文化发展,为民族复兴,为国家富强努力奋斗!韬奋先生安息!(2012年3月30日)①

由《读书与出版》推出的"纪念韬奋先生"纪念专辑,笔者想起了毛泽东主席说的话:"热爱人民,真诚地为人民服务,鞠躬尽瘁,死而后已,这就是邹韬奋先生的精神,这就是他之所以感动人的地方。"②《韬奋文集》编辑委员会撰写的《韬奋的思想的发展》(代序)指出:"千千万的知识青年群众,因受他的影响在政治上逐步觉醒过来,走上了在中国共产党领导下的民族解放斗争的大道。这是韬奋一生中对于中国革命事业最伟大的贡献。""从他所从事的新闻出版事业来说,韬奋是中国历史上最杰出的新闻记者、政论家和出版家之一。韬奋言论影响的广大,在近代的文化战士中,是不多见的。韬奋早死,是中国人民和中国文化事业的一个损失。但是,他的事业,他的精神是永垂不朽的。"③

在《韬奋文集》代序中还有一段话说的颇有见地和发人深省:"韬奋在二十年前所解决的问题,现在还有不少人没有解决,或没有完全解决,这也正是这些人在政治上停滞不前,经常犯严重错误的基本原因。"④笔者特

---

①樊希安:《理想与情怀——三联书店出版工作行思录》,天津人民出版社,2021年,第303页。

②转引自《韬奋文集》第一卷,生活·读书·新知三联书店,1956年,第9页。

③《韬奋文集》代序,《韬奋文集》第一卷,生活·读书·新知三联书店,1956年,第17页。

④《韬奋文集》代序,《韬奋文集》第一卷,生活·读书·新知三联书店,1956年,第17页。

别注意到,《韬奋文集》代序发表的时间是1955年8月,迄今已经66年了,笔者仍在思考这个问题:韬奋先生在80多年前所解决的问题,是不是"现在还有不少人没有解决,或没有完全解决"的呢? 应该说我们今天还走在"赶考的路上"……

二、高尔基逝世十周年祭

《读书与出版》1946年第3期《高尔基逝世十周祭》

(一)高尔基的读书生活

《读书与出版》1946年第3期推出"高尔基逝世十周祭"特辑,刊登了戈宝权先生的文章《高尔基是怎样读书的?》和署名"荃"的文章《读些高尔基的什么作品》。戈宝权先生的文章写道:

> 我们大家都知道,高尔基这位伟大的文豪,是来自人民的底层,他是在劳动人民的"黑土"中间诞生和成长起来的。在他的一生当中,他体验了人世的一切辛酸、痛苦,而他的名字更象征了他的一生,

因为"马克辛姆·高尔基"这两个字在俄文中的意思,就是"极大的痛苦。"也许大家会问:这个来自人民底层的人怎样学会读书的呢？那么罗曼·罗兰就为我们解答得很好:"他呢,他是在所有的大路上踏破了脚跟而得到学问的"。事实上也确是如此,高尔基并没有进过什么学校,他是在"社会"这样一所庞大的学校中学会了一切,这我们只要看看他所写的一本自传体的小说《我的大学》,就知道他所经历的是怎样的"大学"了。

文章接着讲到高尔基儿童时期只上了五个月的小学就因为得了天花而辍学了。

但在他童年生活有一段有趣的插话是可以提及的,就是他曾经从他的继父那里偷了两个卢布,买了本《安徒生童话集》,其中有一篇以中国故事为题材的《夜莺》,特别吸引住他。用不着说,他为了这本书,遭了母亲的一顿毒打,并且还得了一个"贼骨"的绰号。

十岁的时候,高尔基就开始独自谋生了,当过画师的学徒,随后来到伏尔加河上的轮船'善良号'当小厨,

在这里,他遇到了他一生中第一个最敬爱的先生——厨师史点利。高尔基这样告诉我们:"这是一个退伍的什长,他气力大得很,简直像神话里所传说似的。在这以前,我痛恨书籍以及一切印刷的刊物,然而这位先生用敲打和亲爱使得我相信书籍的伟大意义,而爱上了书籍。"……从这位先生的指引起,书籍就在高尔基的前面打开了一面开向新的未知的世界的窗户,把他从狭窄的小市民生活的圈子里,带到更广阔的人生的世界里面去。

离开在轮船的工作后,书籍已成了高尔基的酷爱之物。从此,他一边在原来的画师处学徒,一边利用月光读书,

后来又想法搜集了许多蜡烛的残油,再加上一些从神灯里偷来的油,混合装在一个沙丁鱼罐里,再把线搓成灯芯,好靠了它所发出的微弱的光亮来读书。一句话,书籍是深深地迷住了他:他甚至以为书里面隐藏着一种玄秘的谜,常把书页放在太阳光里照照,想从字里行间里找出这个谜的所在。

高尔基就是这样学会读书的。他告诉我们:"我学会了有意识地阅读,那是当我十四岁左右的时候。""每一本书都像一个小小的扶梯,沿着这个扶梯向上爬,就可以从兽类上升到人类,上升到更美好的生活的理想境界和渴求这种生活的道路上去。"因此他劝告我们要爱好书籍,那么现在就让我们紧记着他的话吧:"爱好书籍吧,它会使你的生活变得更加容易;它将会友爱地帮助你辨明思想、感情与各种事件的多样而复杂的混淆;它会叫你去尊敬别人和你自己;它会用对于世界和对于人类的爱,为你的理智和心灵插上翅膀。""爱好书籍吧——这是知识的源泉,只有知识才有救人的力量,只有它才能使得我们在精神上变成强有力的、真诚的和有理智的人;这样的人才能真诚地爱人类,尊敬人的劳动,和衷心地关心着人类那不断的伟大劳动的美丽成果。"

(二)高尔基作品荐读

《读些高尔基的什么作品》这篇文章的开头写道:"高尔基的作品,大部分都已译成中文了。应该读些高尔基的什么作品呢? 那我现在就按照传记、短篇、中篇和长篇、剧本和论文等几个部分,在此地提供一个起码的

书目,好供读者诸君参考。"作者接着为读者例举了邹韬奋先生翻译的传记《革命文豪高尔基》、瞿秋白先生翻译的《高尔基创作选集》、巴金先生翻译的短篇小说《草原故事》、楼适夷先生翻译的长篇小说《在人间》,以及周扬、夏衍、曹葆华等多位翻译家翻译的高尔基各种作品集等约数十种。

除了这期推出的"高尔基逝世十周祭"的专辑外,《读书与出版》在同年第4期还发表了戈宝权先生翻译的高尔基的《论读书》,在这篇文章中高尔基满怀激情地说:

> 凡是我身上一切美好的东西,我都归功于书籍:还远在年轻的时候,我就已经了解:艺术要比人们还更加恢弘。我爱好书籍:在我看来,每本书都是一个奇迹,而作家就是魔术师。除了怀着深深的激情和快乐的热狂之外,我不能用其他什么方法来讲书籍。也许,这很可笑,但事实是如此。大概,有人会说这是种野蛮人的热狂:让他们去说吧——我这种病是难治的。

> 当我的手里有了一本新书,有了一件由特别的英雄——排字工人的两手,再靠了另外一类英雄所发明的机器的帮助而在印刷房里印制出来的东西时,我感觉到,就像有一种活生生的、会讲话的和奇迹似的东西,进入到我的生活中去。这是人所写出的关于人们自己,关于世界上这个最复杂的存在物,关于这个谜一样的和最值得爱的存在物——一本新的圣书;而这个存在物的劳动和想象力就创造出世界上一切伟大和美丽的东西。

高尔基接着讲到书籍带领他穿越生活以及他本人沉浸在书籍世界的精神愉悦,随后写道:"除掉人之外,我不想讲什么。在接近人时,书籍永远是一个友爱而伟大的领路人。因此,我对于那些创造出世界上一切美丽与伟大的事物的英雄们,始终怀着深刻的敬意。"这篇散文字里行间充溢着这位世界文豪对书籍的一片挚爱之情。

（三）高尔基论文艺

值得关注的还有《读书与出版》1947年第6期刊登的 A·罗斯金撰写、戈宝权先生翻译的《高尔基论文艺写作问题》。这篇文章是选自《高尔基传》的一个章节，戈宝权先生在文章开篇前写道：

> 两年前，当高尔基逝世九周年纪念时，我曾和茅盾先生以及一虹、文哉两兄，穷一周之力赶译了一本苏联作家罗斯金所写的关于高尔基的传纪小说，当时大家所据的，都是莫斯科版的英译本。不久之前，我觅到了这本书的一九四六年的俄文原本，才知道我们当时所据的，是种节译本，尤以全书的后部删节得最厉害，甚至是整章地略掉。译者现在先把后面略掉的个别几章译出来，此地所译的，是原书的第十八章，原题为《作家的劳作》，内容是讲文艺写作的问题的，为明了起见，特改用现在这个译名，并作高尔基逝世十一周年的纪念。

在刊物长达5页的篇幅中，文章叙述了托尔斯泰、契诃夫对高尔基早期文学作品的严肃批评以及他本人文学创作实践的艰难探索："他差不多从十岁起，就开始写日记，这是他的第一本著作，是写给仅有的一位读者——他自己看的。""他学会了用精确而难忘的字句，来描写人物、河流、房屋、天空和森林等，就好像这些东西并不是印在纸上，而是刻在珍贵的宝石上的。"

文章通过高尔基写给阿美尼亚诗人阿虎米扬的一封信阐明了文艺写作的理念："大多数的现代诗人，就像是生活在无人居住的荒岛上，在生活之外……不应该变成一个鲁宾逊，不应该！必须生活、叫嚷、大笑、吵嘴和爱人……诗人——这是世界的回声，而不只是他自己的心灵的保姆。"文章结尾说:"他要求那些走向文学的人,不离开自己的人民,不变成冷漠的的时髦人和狡猾的要魔术的人。"

三、陶行知先生的事业与精神

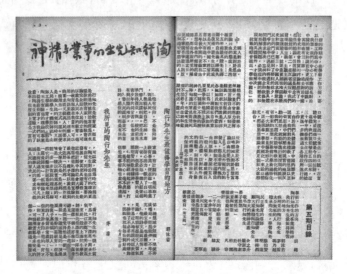

《读书与出版》1946年第5期《陶行知先生的事业与精神》

《读书与出版》1946年第5期推出的"陶行知先生的事业与精神"特辑整整占用了刊物五个整页的篇幅,文学巨匠郭沫若、茅盾和著名学者冯乃超、翦伯赞等都撰写了追思文章。

(一)郭沫若回忆陶行知

郭沫若在题为《陶行知先生最值得学习的地方》的文章中说:

1.他有信仰,不是信仰神,而是信仰人民。

2.他能够把自己忘掉,专门替人民谋利益。把生活水准放得很低,与一般的穷苦青少年同甘共苦,但也没有到狂简的地步。

3.替人民谋利益并不是盲目的,感情的,而是有目的意识,有计划的。他采取了教育事业,便在这一项事业上劳心劳力,献出了自己的一切。不必每一个人都要搞教育,但最值得学习的是这种明智的献身精神。

4.他能够经得起折磨、打击,毫不灰心,毫不畏缩。但他处事接物也并不燥进操切,总想减少阻碍,免使弄成僵局。能屈能伸,不卑不亢,最宜学,也最难学。

5.他的诗文是真感情,真见识,而能够摆脱文人习气,平易近人地用现成话表达。排除了不必要的矜持娇饰,因而也就每每恰到好处。

(二)茅盾评价陶行知

茅盾在《我所见的陶行知先生》中说:

行之先生是教育家,而且是前进的被统治者视为洪水猛兽的教育家;他的教育理论完全站在人民的立场,可以说是人民本位的教育。他的教育理论在我看来,可以用一句话来概括:适应人民的要求而又提高人民的要求。倘用另一方式,这句话便是:做人民的老师同时又做人民的学生。晓庄师范、山海工学团、育才学校,都是陶先生实验他的理论的事业,从晓庄到育才,我们可以看出陶先生的实验方式有了改革,但原则上还是一贯的,可以说,因为时代在前进,陶先生对于自己的理论更有自信,同时也有了重要的发展,使其更具彻底性。最近他计划中的社会大学则是他想把他的理论推到实验的最高峰。

文章提到陶先生平常看似像江浙一个乡下的老秀才,外貌并不惊人,其实“他干的是教育,但是他底子里是个‘诗人’”。

他的诗人气质非常浓厚;他不但写了许多诗,他的“育才”和“社会大学"也是"诗",可惜两者都是未完成的杰作。他讴歌创造,拥护天才,颂扬劳动,他为我们唱未来的理想之歌:用脑与用手再不分家,人人能发挥天才,人人能创造。看呀,不是"浪漫派",敢说这样天马行空的话么——尤其是教育家,尤其是并非徒托空言而在实验的教育家。

……行知先生自办晓庄以来,无日不受压迫,尤以抗战后他办育才,既受政治上的压迫,又受经济上的压迫;他日常忙于筹划经费,消耗了很多的精力。即如这次他的死,也和他的过分疲劳(为社会大学之经济奔走)有大部分的关系的。

冯乃超的文章《大公无私的人》这样形容说:

陶先生对于事业的态度是没有人我之分的,因此,他善于帮忙他人,也善于使人帮忙他。向他求帮忙,那是有求必应的,甚至不求也自动地来。你求过他一次,他便把你的事,当作自己的事来关心。他向人求助,是不怕人家嫌麻烦的,就是伸手向人家要钱,心里也是坦然的。他帮忙人,他并不是慈善家;他受人帮忙,他不是叫花子。他毫不计较地与,也毫不计较地取,他只计较如何有益于中国老百姓的解放。他是这样一个大公无私的人。

(三)翦伯赞评价陶行知

翦伯赞撰写的文章《继承陶先生,学习陶先生》中引用了陶行知先生给育才师生最后的一封信的话:

"我提议,为民主死了一个,就要加紧感召一万个来顶补。这样,死了一百个,就有一百万人;死了一千个,就有一千万人;死了一万个,就有一万万人,肯去为民主牺牲,而中国民族才活得下去。我们现在第一要事,是感召一万位民主战士来补偿李公朴先生之不可补偿的损失,只有这样才是真正的追悼。"陶先生的这个提议,是为补偿李公朴先生之死,现在陶先生自己又死了,这种感召成千上万的民主战士来补偿陶先生之不可补偿的损失的责任,就落到我们身上了。因此我提议,一切因陶先生之死而被感动的人们,现在,应该擦去眼泪,走上争取和平与民主的前线去填补陶先生的岗位,因为只有这样,才是陶先生所承认的"真正的追悼"。

作者非常赞同胡绳先生的观点,学习陶先生,不仅要阅读他的著作,而且更重要的是要学习陶先生"坚贞的人格,真诚的情感,素朴的生活,刻苦的精神,博大的慈爱,和实实在在不屈不挠的革命精神。……继承陶先生,学习陶先生,就是真正追悼陶先生"。

(四)一首悼念诗

这个纪念专辑还刊登了署名"明道"的一首名为《民主教育的导师》的悼念诗,全诗分为六个小节,第一小节写道:

> 民主教育的导师,黑榜探花行知公。他的理论一句话:教育原来是劳动。作工之人要读书,读书之人要作工;学生关在教室里,好似囚犯入牢笼;一天到晚读死书,亡国教育害儿童;强迫青年做奴隶,天才也得变饭桶;陶公提出教学做,生活教育反传统。

最后一节是:

> 人民大众要和平,好战分子发了疯;弃绝自己老百姓,抱住洋人

叫祖宗；面具一拉暗杀起，李闻二位先尽忠；民主战士眼中钉，黑榜探花属陶公；义愤填胸更努力，工作紧张脑血充。人民导师永不死，伟大人格多光荣，万众一心向前走，加紧步伐追陶公。

（五）陶行知先生论读书

傅彬然写的《陶行知先生论读书》提到了陶先生关于读书的警语：

> 中国有三种人，书呆子读死书，死读书，读书死；工人、农人、苦力、伙计是做死工，死做工，做工死；少爷、小姐、太太、老爷是享死福，死享福，享福死。
>
> 因此陶先生主张："读活书，活读书，读书活。"他以为"中国是吃书的人多，用书的人少。现在要换一个方针才行"。
>
> 我们与其说"读书"，不如说"用书"。

文章还列举了陶行知先生对科举制度为封建帝王统治服务，诱人走进伪知识分子圈子的手段的无情批判，文章最后指出：

> 陶先生倡导生活教育学说，说"行是知之始"，行了才能真知，又教大家"在劳力上劳心"。这些指示，不但说明了知识、学问产生的根源，同时也指出了应该如何去运用思想，从想中去认辩知识的真伪，从想中去找出经验的规律性来。

佘之介的短文《愿大家承继陶行知先生伟大的精神遗产》这样说：

> 在陶行知先生的锦囊中，没有"难"字，没有"苦"字，也没有"败"

字,他永恒是乐观的前进,所谓仰头乐干(不是埋头苦干——陶先生语),他存着打破"九九难关",没有走不通的路,一定要达到"成功"的理想。"学习,学习,再学习","活到老,学到老",求真知,说实话,做善事,教到,学到,说到,做到的学习态度,我们都应该承继下来,而有加以发扬光大的必要。

罗叔章撰写的《敬吊行知先生》的悼文也是读来令人荡气回肠:

行知先生!您的"从无到有"——无钱,无势,无权,无我——的办教育精神,可谓前无古人,今后,为了纪念您,为了民主的需要,在全中国,甚至全世界,必能产生无量数的行知先生!安息吧!民主教育舵师!

四、纪念普希金

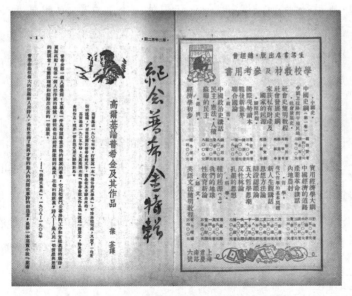

《读书与出版》1947年第2期《纪念普希金特辑》

《读书与出版》1947年第2期推出的"纪念普希金特辑"用了整整11页的篇幅,分为《高尔基论普希金及其作品》《普希金年谱》《关于普希金》《普希金诗两篇》和《普希金在中国》等文章,还有一篇关于普希金的《封面画说明》及一页普希金的《奥尼金》手迹影印件。

(一)高尔基论普希金的作品

由葆荃先生翻译的《高尔基论普希金及其作品》文章写道:

> 普希金第一个人感觉到:文学是一件具有头等重要性的国家的事业,它比起衙门公事房的工作和宫廷里面的职务更加高超;他第一个人把作家的称号,提到在他以前所难达到的高度;在他的眼睛里,诗人——是人民一切情感与思想的表现者,他应该理解和描绘出生活的一切现象。普希金是位伟大的俄罗斯人民诗人,是位充满了美与才智的魅人的民间故事诗的创造者,是第一本写实小说《叶甫格尼·奥尼金》的作者,是我们最优秀的一个历史剧本《鲍里斯·高都诺夫》的作者,直到今天,无论在诗的美上,无论在情感与思想的表现力上,还是一位任何人都不能超越的诗人,这位诗人——是伟大的俄罗斯文学奠基者。

在这篇文章中,高尔基认为,"首先,普希金是第一个注意到人民创造和把它引用到文学里去的俄国作家";同时认为"从创作的领域来讲,普希金更接近于歌德",但是创作上比歌德"更加多样化和更为广泛"。他称赞"普希金——是无数充满惊人力量与热情的抒情诗歌的作者","他在俄国文学里,创造出了一个直到今天还是不能被超越的历史剧《鲍里斯·高都诺夫》……作为一个散文作家,他写了一本历史小说《甲必丹之女》,在这本小说里面,他用历史家的明澈性,给俄国农民一次最大规模的起义的组织者——叶美良·布加乔夫,作了一幅生动的画像"。高尔基认为,普希金的《黑桃皇后》《杜布罗夫斯基》《驿站长》及其他几篇小说,为俄国的新散文奠定了基础"。"他的诗体小说《叶甫格尼·奥尼金》,永远都是俄国艺术中的一个最杰出的成就,并且和欧洲文学中的《少年维特之烦恼》《曼娘·勒斯戈》《克拉丽莎·哈罗》等杰作,同占着一个荣誉的位置。"

高尔基用热情的笔调赞颂:"普希金的创造——这是一条辽阔的诗与散文的洪流。普希金像在寒冷而阴沉的国度里,燃起一个新的太阳;这个太阳的光亮,立刻就使得这个国度变得肥沃富饶起来。"

(二)普希金的《纪念碑》

在这个特辑里刊登了戈宝权先生翻译的普希金创作的两首诗,其中一首是《先知》,另一首是《纪念碑》。《先知》的最后诗句表达了诗人燃烧的激情:"我听见了上帝的声音:'起来,先知,瞧吧,听吧,充满我的意志吧,走遍陆地和海洋,用语言去把人们的心灵烧亮。'"诗人在《纪念碑》中吟唱:

> 我为自己建立了一座非人工的纪念碑,在人们走向那儿的路径上,青草不再生长,它抬起那颗不肯屈服的头,高耸在亚历山大的纪念石柱之上。不,我不会完全死亡——我的灵魂将在圣洁的诗歌中,比我的灰烬活得更久,和逃避了腐朽灭亡——我将永远光荣,只要在月光下的世界上,即使还有一个诗人在活着。
>
> 我所以永远和人民亲近,是因为我曾用我的诗歌,唤起人们的善心,在我这残酷的世纪,我歌颂过自由,并为那些没落了的人们,祷求过怜悯同情。哦,诗神缪斯,听从上帝的意志吧,既不要畏惧侮辱,也不希求桂冠,赞美和诽谤,都平心静气地容忍,也不要和那愚冈的人空作争论。

戈宝权先生在附文中说：

> 这首诗，是普希金在 1836 年写成的，翌年普希金逝世。直到 1887 年为止，在报纸杂志以及他的作品集中所刊载的这首诗，都是大诗人茹科夫斯基修改过的稿本。其中如第四句"亚历山大的纪念石柱"，被改为"拿破仑的纪念柱"（1836 年在巴黎建立的）。在莫斯科城中心所建立的普希金铜像（1881 年），刻出来的也是这个修改本，1937 年普希金逝世百年祭时，才重新改刻，从此也可以看出，沙皇当局是怎样厌恶和畏惧普希金的诗句了。

（三）普希金作品在中国

署名"芜萌"写的文章《普希金的作品在中国》追溯了普希金的作品最早被介绍到中国是光绪二十九年（1903 年），由戢翼翚翻译的《俄国情史密士玛利传》（一名《花心蝶梦录》），文章认为，从书名上推测，可能是普希金的短篇小说《风雪》的中译本。并且指出，普希金的作品正式被介绍到中国来，是在五四运动之后，其中特别提到瞿秋白翻译的诗歌《茨冈》是"根据原文直译的，无论在音节和风格上，都尽量保存着原文的特色，这个译文虽未译完，但直到今天为止，还被视为一个不能超越的译品"。截至 20 世纪 40 年代末期，普希金的诗歌、小说、散文、戏剧、论文等已经大量的为中国读者所熟悉，正如文章作者所说："对于中国的读者们，俄国大诗人普希金不是一个生疏的名字。他的作品被我们的读者广泛地传诵着，他的石膏像也常挂在我们文艺爱好者的墙壁上。……将普希金的代表作品介绍过来，使得我们的读者，能对普希金的作品有一个系统的理解。"

精彩文章录

　　向他致敬！他的著作没有死。像所有人一样,他著作的字面意义已过时,但它的精彩实质决不会死。

——卡莱尔[1]

　　《读书与出版》除了独具特色的封面插图和补白受到广大读者喜爱外,还有许多精彩文章令人百读不厌。

一、《四十年前的"皖变"》

　　胡绳先生在该刊1947年第3期发表的《四十年前的"皖变"》一文中说,《皖变始末记》是铅印本,版权页上记明为"光绪三十三年九月初旬出版",时为1907年,恰恰距当时四十年。

　　这一年的五月二十六日,徐锡麟刺死安徽巡抚恩铭于安庆。本书

---

　　①［英］卡莱尔:《英雄和英雄崇拜——卡莱尔讲演集》,张峰、吕霞译,上海三联书店,1988年,第250页。

即记此事。在此事件发生以前,已发生过多次暗杀满清大吏的案件。前三年(光绪三十年),吴樾在北京谋炸出洋"考察宪政"的五大臣,虽一击未中,但已震动一时。这一次行刺的徐锡麟是巡警局的会办,为恩铭手下的一个武官。以官而为刺客,更使满庭惊骇。本书搜集这一案的"上谕""奏稿""供词"及报纸上所刊报导评论及诗稿,附像片数帧,编辑者署名"人尹郎",印刷者署名"杉林也",由上海新小说社发行。

胡绳先生接着严肃批评说:

> 暗杀是个人主义的行为,实无助于革命之成功。徐锡麟之刺恩铭,合作者只有二人,企望一击侥幸而成大功。徐在被捕后供词中说:"要当大众将他(指恩铭)打死以表我名。只要打死了他,此外文武不怕不降顺了。我直下南京,可以破竹。我从此可享受大名。此实我最得意之事。"这完全是个人英雄主义的气概。

> 但满清统治者却受不了这一击,立刻慌乱逾恒,这正足以表明这个统治者已经衰弱到极度了。

> 本书引上海《时报》评论说得好:"政府非不知廿世纪之中国不可行野蛮之专制,而顾不少宽假者,亦中于其不便尔。世固有自审酒色过度虚身命之不保,殷殷访服药饵以盾其后,而酒色仍不可须臾离者。政府之严捕党人,密排卫队,亦自觉之气既伤,思乞灵于木石,以肆其行。呜呼其恃此可以终古欤?"

《四十年前的"皖变"》是胡绳先生撰写的"中国现代史脞谈之一",他在这篇文章开头写的一段"小引"读来很有意思:

> 在亲戚家的藏书里,在尘封满积的故纸堆中,找到了这本说新不

新,说旧不旧的小书。怎样叫作"说旧不旧"? 因为都不过是距今不足四十年前的书,不但不能邀藏书家的宠爱,连旧书铺老板大概也是弃之不顾的。怎样叫作"说新不新",因为这都是属于民国诞生期间的书,在我们年青一辈的人心目中,民国的诞生已经有如遥远的历史了。我所找到的这几本书,虽都不过是薄薄的小册子,为顺应世变,应时而出,未必包含着多少可珍贵的史料,但是在翻读一过之后,却使我亲切地接触到那老大帝国突告崩溃的动乱时期的景象,我对于这几本破书感到珍惜了。我想挑出几本来谈一谈。

附带想说的是:假如我们有必要弄清楚民族的过去历史,那么最重要的应该是最近的历史。可怜三十多年来,民国的招牌被各种反人民的势力所利用,到现在,民国如何建立起来又如何被人盗窃去的历史,对于一般人已经茫然。我想,这段历史是应该有人来特别注意研究的,那么这些多少包含着一些史料的零编残简,正因为不为世所重,是亟须人来加意搜集和整理的。

由当年胡绳先生在《读书与出版》发表的这篇文章,笔者又想起了他谈读书的一短文字:

胡耀邦同志向中青年提出了一个要求,即需要阅读二亿字的书,有的同志估算了一下,一个人要用五十年的时间才能实现这个要求,这就是说,每年读四百万字,每天读一万多字,我认为年轻的同志应努力在十年到二十年的时间完成这个任务。二亿字的书自然包括小说,包括可以使人增长见闻,丰富知识的人物传记,记述历史史实的著作等。这些并不都是需要正襟危坐、逐句细读的。例如看小说就可以快些。我认为平均一小时读二万字左右的小说是能够做到的。马克思全集里的文章,有的需要精读,四分之三的书可以浏览,那么,每天抽出两小时来读书,在十五年到二十年的时间里完成阅读二亿字读书任务是可能的。[①]

其实,翻阅1946年复刊后的《读书与出版》,映入人们眼帘的《方法与经验》《谈历史研究的必要》《谈形式对于内容的关系》《〈理末易明〉么》等多篇介绍读书和学习方法的文章,以及《洪秀全和冯云山》《梁启超及其保皇党思想》《康有为与戊戌维新》等学术论文都是胡绳先生的大作,现在读来,依然能够从字里行间感受到真知灼见的文章魅力。

二、历史剧《甲申记》

在同一期《读书与出版》上还刊登了一篇署名"小萍"的作者撰写的介绍夏征农先生编剧的五幕历史剧《甲申记》的短文:

五幕历史剧《甲申记》告诉了我们一个不可毁的真理,那就是:不要背弃了人民群众。明代的封建统治激起了农民的抗争,这在第一幕里描写得很细致。但那时,崇祯年间,山海关外面的满族已经成了十分严重的侵略威胁,抱着并吞中国的野心,因此,摆在皇帝面前的问题,是抵抗外来的侵略者呢还是镇压农民运动。……(最后)崇祯的决策是致力剿寇!……

李自成怎样能够颠覆明室而建立"大顺"呢?流传的《迎闯王》歌词说破了其中的原因。歌词如下:"吃他娘,穿他娘,开了大门迎闯王,闯王来时不纳税,闯王来时不纳粮。朝求升,暮求合,近来贫汉难求活,早早开门拜闯王,管教大家都欢悦。"李自成所依靠的是民心,潼关天险,也阻挡不住他。

---

① 《胡绳同志谈读书》,《名人与书》,中国经济出版社,1991年,第94页。

　　文章还说道:"然而,旧时代的农民战争有着致命的弱点。打铁出身的将军刘宗敏就曾说:'打下这个天下,有我一半的功劳,不过第二件得给我在宫殿里找一个最漂亮最华丽的房子住。那倒不错,老子从小住煤坑,现在住军帐,到了北京,不住间好房子,也枉为我刘宗敏一生了。'……这告诉我们,农民战争得不到正确的领导,是会失败的。"

　　新时代的农民战争决不重走李自成的老路,因为出现了一个新的阶级,有着最彻底的革命性,最高度的政治觉悟和最忠于人民的领袖,足以领导农民获得真正的解放。

　　读完这篇短文,特别是看到崇祯皇帝"上煤山!"这句话,笔者想到在2019的元旦前后一个严寒的早晨,我一个人走进北京景山(原煤山)公园,在崇祯皇帝殉难处,望着那棵夺走这位所谓"勤政皇帝"生命的老槐树伫思良久,脑海中回荡着的警语似乎也是《甲申记》这篇短文中的那句话:"不要背弃了人民群众。"

　　说到夏征农先生,今天人们一般只知道他是一位著名的教育家,并不知道他还是一位著名的剧作家,更不知道他还是一位颇有造诣的鲁迅研究专家。笔者收藏了一部分关于鲁迅研究的书籍,其中就有一本夏征农先生编辑、上海生活书店1937年6月出版的《鲁迅研究》。与同类的鲁迅研究书籍相比,该书无论从文章内容还是出版水准都是堪称一流的。尤其是夏征农先生为该书撰写的代序《我们从鲁迅先生学取些什么》,现在读来仍然令人有回肠荡气、精神振奋的感觉:

　　鲁迅先生是死了,但我们十分相信,鲁迅先生的战斗精神,将随着中国民族解放而永远存在!然而,我们仍要向全国号召:从今天起,我们要把鲁迅先生贡献给全民族。我们要扩大来研究鲁迅,学习鲁迅。我们要使鲁迅先生的战斗精神,注射入全中国人民的血液里,我们要唱着:你安息吧,导师,我们会跟着你底路向前,那一天就要到来! 我们站在你底墓前,报告你:我们完成了你底志愿。——鲁迅先生挽歌

三、雕刻家刘开渠

《读书与出版》1948年第7期还发表了陆地先生的访谈《我所知道的雕刻家刘开渠》,笔者发现,这是解放战争时期出版的《读书与出版》中唯一报道中国书画雕刻艺术家的文章,也是一篇弥足珍贵的研究艺术大师刘开渠先生的历史资料。文章这样写道:

在雕刻家刘开渠工作室的书桌上,放着一尺多高的白色的"无名英雄"头像。那一双黑漆漆的眼睛,放射着英勇无比的光辉,嘴唇紧紧地闭着,好像在痛苦中不断的和灾难战斗。这就是被压迫的中国人民所遭遇的命运。双眉紧锁着,表现出反抗与愤怒,表现出善良的天性。

"无名英雄"虽穿着兵士的外衣,却充分的表现了中国农民的特性:忠诚,朴实与沉默。既有极大的忍耐力,也有极大的毅力。这种毅力是顽强而不可征服的。这是中国农民的典型的性格,也是作者自己的性格。刘开渠——他来自农家,为人善良,忠厚、沉默寡言。甚至他所最讨厌的市侩批评他,或者骂他时,他也只红着脸冷笑一声,或者仅仅幽默地反驳两句。他也同样的在别人家妒嫉、毁谤、卑视中,毫不介意的管自平凡的生活下去,工作下去。刘开渠之所以有今天的成就,那就是他有不可征服的毅力,和一定的理想,在到他理想的路上,有着许多阻碍,困难,使他失望,给他磨折。但是他没有给

阻碍、困难、失望、磨折所屈服,他以沉默、忍耐与不断地工作的毅力,来答复不幸。

文章接着讲述了刘开渠先生十五岁从苏北萧县的一个小村庄考入了北京美术学校,民国十七年(1928年)在北京美专毕业后,得到凌叔华女士的四十元资助,在南京大学院找到了工作,才结束了半饥半饱的艰苦生活。蔡孑民先生十分赏识他的艺术才能,在南京的第二年派他去法国学习雕塑。

在法国老师朴雪的正确引导下,刘开渠先生"开始怀疑,开始寻找。在现代人的思想活动中去寻找,在人民的经济生活、政治生活中去寻找,寻找他自己的道路,追求他自己的形式。生活广阔的像海洋;而他驾着一叶小舟,在海洋里漂流,摸搜,寻找他的航线。而他的老师引导他到了更广的世界"。文章接着叙述:

"九一八"战争之后,中华民族已到了生死存亡的关头,每个人却在痛苦中生活,在这个痛苦中,美术界引起了新的革命。一群青年艺术家、漫画家、木刻家,他们开始脱离了"象牙之塔",摆脱了"享乐主义"的法兰西画派,从自私自利的艺术中觉醒了起来,走向现实,从大众生活中去取材,把艺术还给大众。

在雕刻界中,以现实为题材来创作,那就是"一·二八"淞沪抗日阵亡将士纪念塔,这便是刘开渠回国后第一件作品。在塔顶有两个像,一个军官指挥着千军万马,一个士兵持枪向前;勇往直前,踏着抗日先烈的血路前进。

"无名英雄像"照作者原来的意思,要衣服破碎,表现在浴血抗战真实的情形,可是许多人却一定要纽扣扣好,服装整齐……而他的艺术又遭到了强制、杀害。一切的阻碍,使他苦恼,使他失望,在痛苦中他喜欢读《米格朗尼罗（米开朗琪罗）传》，来鼓励自己，增加他的自信，十多年来，他没有停止地，埋头地工作着，当他一个作品快要完成的时候，他又觉得自己不满意，他更努力，终日不停地工作着，可是当他又想起了明天的生活，急于要钱来维持他一家大小的生活，他又叹口气说："马虎一点吧，中国什么事都没有上轨道，我一个人认真，是痛苦的。"

嘴里虽说着这样的话，他内心却是痛苦的，他从不肯马虎了事。于是他十年如一日的埋头苦干下去。他说，总有一天他的能力可以发抒的。

四、《谈桐城派》

值得一提的是，《读书与出版》1948年第9期，也就是当年被迫停刊的最后一期，刊登了安徽桐城人士方重禹先生撰写的文章《谈桐城派》，全文共有六个小节，笔者认为其中的第四小节颇为值得欣赏：

> 桐城派有所谓"三祖"：就是方苞、刘大櫆和姚鼐。刘大櫆，字海峰，因为没有做官，所以名誉上比较小一点。可是，他对于桐城却确是很有贡献的。因为，他特别强调文章的音调，主张作文要从音调的训练入手。这实在是说破桐城派的一大秘密。许多桐城派的文章，内容方面，至少据我看来，是毫无价值的，但却成为名文，一般人读起来也朦朦胧胧的觉得好。到底好处在哪里呢？其实就在文章的音调，读起来铿铿锵锵，好处就在于这个纯形式的因素。周作人说过，桐城派文章得力于京戏和急口令（大意），倒是很有道理的。后来许多学桐城派的人，或明或暗的都表示看不起刘大櫆，可是仍然走着刘大櫆所指出的路，真是太不公平了。

总而言之,桐城派从"文以载道"开始,可是自己又把那个"道"加上了"清真雅正"的镣铐,弄得那个"道"越缩越小,小到近于没有,只好转而提倡"因文见道"这个形式主义的理论;而所谓"文",终于又只剩下八股文式的与内容无关的起承转合,以及京戏或急口令的与内容无关的顿挫铿锵,终于只见文而不见道。这样的发展过程倒是很有趣的。

桐城派所要载的道,当然是孔孟程朱的道。我们对于孔孟程朱的著作,说它内容不好是可以说的,但总不能说它只有形式而无内容。所以,桐城派之所以弄得只有形式而无内容,倒并不是内容好不好的缘故,而是"思想态度"上的缘故。就是说,暂时丢开内容好坏的问题不谈,我认为,决定了桐城派在文学史上的大失败的,正是他们那种背向历史道路、隔离现实环境、轻言悄语、目不邪视的态度,正是他们那种不敢接触现实、不敢大声说话的态度。所以我刚才说,他们是把自己的"道"上起镣铐,上起"清真雅正"的镣铐了。

我想,即使内容绝对正确,如果不敢接触现实,不敢大声说话,也会渐渐变得空无内容;即使内容不甚正确,能接触现实,能大声说话的,也比那种"清真雅正"的样子要用好些的。因为,现实的反弹力,和大声说话所引起的反响,往往正是修改错误,保障正确的力量。

五、吕叔湘论穆(毛)姆

对于爱好读书和写作的人来说,《读书与出版》的确是一个名副其实的"资料宝库",笔者在1947年第3期中发现了著名语言学家吕叔湘先生的一篇翻译文字《穆姆〈原方照配〉序》,译文前面写道:"穆(毛)姆是我所喜欢的现代英国作家之一,近来见到他的最近的短篇小说集,前面有一短序,道出小说作家的甘苦,很有意思,译出来供大家印证。"穆(毛)姆在这篇短序中说：

　　从事于写小说这个行业已有四十多年，我想我对于这件事情比大多数人多懂得一点。在这四十多年里，我看见许多颗明亮的星害羞地从天边爬上来，行过天空，以炫目的光辉在中天燃烧了一忽儿，于是暗了下去，似乎不会再明亮起来。一个作家有特殊属于他的要传达的东西，这如果你加以分析，就是造物赋予他的人格；以后，倘若他是幸运的，他完成了这个企图，而且如果他的人格有某程度的丰富，他也许继续一个长时期生产出多变化而又有他自己特色的作品；但是最后（倘使他不知道退，居然活到老大）终于有一天来到，他能给人的都已经给了人，他的力量仿佛枯竭了。

　　在"人性"这个无尽穷的矿藏里他所能发掘的故事，他都已经制作了；从他自己的人格的各方面可能配合出来的人物，他都已经创造了。（我相信没有人能从纯粹的观察中创造出一个人物；这个人物若是要有生命，它必须至少是相当程度地代表他自己；我不相信莎士比亚能产生哈姆雷特、伯鲁特斯、伊阿戈，倘若他自己不是伊阿戈、伯鲁特斯、哈姆雷特。）

　　一个世代起来了，对于他是生疏的；在一个他已经只能旁观的世界，他要费很大的努力才能了解它的旨趣。但是了解是不够的；小说家必须感觉，而且不但是感觉"在一块"，还得感觉"在里头"。是在他已经到了这个阶段的时候，他发现他的读者们对于他厌倦了，望望然而去了。最好他能勉强他自己停止写作那些大可不写的书本。他要是聪明，就该小心地留意那些信号，那些指示他的话已经说了，他该自甘静默了的信号。他必须满足，甚至必须高兴，倘若他呈现给读者大众的新的作品不比过去低落；倘若，事实上，还能名副其实地称为"原方照配"。

写小说是碰运气的事情。故事是遍地都是,但是作家必须在它们等人捡取的那一刻在那里检取,也许他正在看商店的橱窗,失之交臂。也许他正在看清楚这个故事的全部内容以前已经落笔;也许他把它们放在心里涵咏了过于长久,失去了新鲜的气息。也许他没有站在那个能把这些个写成最好的故事的角度来看它们。一个作家获得了一个故事的意思,在它刚成熟的那一刻把它写下,并且以最能把它的全部内涵榨取出来的方式来处理它——这是一个稀有而可庆的事件。那末这个故事,在它的本身的限制之内,可算是完美的了。但是这种完美是难得达到的。我这么想,只要薄薄的一本就可以把世界上不但所有达到这个理想的,连所有"虽不中不远矣"的短篇小说全收在里面了。一个读者,倘若在任何短篇小说集中发见一个不太拙劣的水准,看完了掩卷回想,感觉曾于其中得少许娱乐、乐趣和感动,倘若如此,他就应该满意。

笔者认为:穆(毛)姆先生的这句话说的非常精彩,"一个作家获得了一个故事的意思,在它刚成熟的那一刻把它写下并且以最能把它的全部内涵榨取出来的方式来处理它——这是一个稀有而可庆的事件"。因为它道出了世界上所有传世名作成功的奥秘,吕叔湘先生的这段译文也非常精彩,因为它不仅准确生动地表达了原作者作品的文采,而且也展示了译者作为著名语言学家的风采。

六、《愈之先生在南洋》

除了以上的人物专辑和纪念号,《读书与出版》还发表了一批重要的人物访谈,其中一篇是刊登在1946年第6期的《胡愈之先生在南洋》,作者署名"烟波",文章说:

胡先生在南洋快六年了。如果我没有记错，他是在一九四〇年冬应《南洋商报》之聘从香港到新加坡的。

太平洋战争爆发以后，陈嘉庚先生应新加坡英国总督之请，出而组织华侨抗敌后援会，协助英政府抵抗进犯马来亚的日寇。该会的宣传股主任就是胡愈之先生所担任。此外，胡先生并且与郁达夫、王任叔、邵宗汉诸先生组织华侨文化界抗敌工作团，成立青年干部训练班，积极展开抗敌的文化宣传工作。这一个时期的华侨抗日运动，到新加坡沦陷为止，只有一个多月，时间可读其短，但其轰轰烈烈的程度却是空前的。新加坡快要失守时，胡先生为了免遭敌人的毒手，不得不偕郁先生等搭了一只摩托小船往苏门答腊岛避难，从此过了三年半的流亡生活。

起初他们避居在苏门答腊东海岸的附近小岛上。那些地方，侨胞虽然不少，穷乡僻镇也都有中国人在经商务农或做苦力，但风气闭塞，言语不通(那一带的华侨大部分是闽南人，操闽南方言)，很不适宜于久居。然战争决非短期内所能了结，流亡生活也非作长期打算不可。这使他们必得找一个比较可以安居的去处。终于他们选定了苏门答腊西部的一个名叫巴雅光务的小城市。他们的选择的确不错，这地方不仅物产丰富，风景秀丽，气候凉爽，而且是印度尼西亚民族文物荟萃之区。要研究印度尼西亚的语言、历史和文化，这地方确是个最理想的所在。

胡先生一流亡到苏门答腊，就认为印度尼西亚语有学习的必要，他不但自己努力研究，而且还劝一同流亡出去的文化界朋友学习。当他住在小岛上的荒僻乡村中时，对印度尼西亚语已有了初步的知识。所以一到了巴雅光务这个印尼文化很高的地区，他宛似探到了印尼文化的宝藏而加意研究了。他在一般文化难民中年龄最长，但学习印尼文化却进步最快。这不仅因为他的后脑特别大，聪明过人，而也由于他外国语的根底好,学识渊博,因而理解力来得强。

他读了很多印尼文的书籍,因而对于印尼民族有了更进一步的理解。那时他就认为这有着七千万人口的印尼民族是东亚的中华印度两大民族以外的第三个伟大的被压迫民族,印尼的民族独立运动将成为亚洲民族解放运动的一个重要支流。他更认为,一旦联军在东南亚细亚进行反攻,争取自身独立解放的印尼民族将起着莫大的作用。他焦急地期待着这一个光明日子的到来,俾得投身于这一伟大的斗争中。他甚至用印尼文写好了一本《告印尼民族》的小册子,一等时机到来,即可印发,号召印尼民族跟印尼的华侨联合起来为争取反法西斯战争的最后胜利而共同奋斗。后来日寇无条件投降,这小册子当然没有印发。但胡先生研究印尼民族问题所搜集的材料很丰富,他有一部关于印尼民族问题的著作,也在流亡时期所写,可惜尚未完稿而现在还搁置在那里。

有一个时期,胡先生还想研究阿拉伯文,因为他认为拥有三万万多人口的各个回教民族,实在是世界的一个大力量,战后的国际问题一部分也可以说是一个争取回教民族的问题。他曾经对蚯蚓式的阿拉伯字母有了初步的学习,但终以生活有了变动而不得不中辍。

虽然在流亡期中,胡先生对于时事的研究分析仍继续不懈。因为他可以毫不费力地看印尼文报纸,又有消息比较详细的日文报可看,他对于时事的发展还是了如指掌。在德军攻打史太林(斯大林)格勒不下而联军又在北非登陆的时候,胡先生曾写过一篇详尽的时事分析的论文,抄给各文化难民传观。

在流亡时,胡先生先化名为张福高,后又改姓为金,大家都叫他金先生或尊称为金老(胡先生在逃难时开始留了胡须,至今未剃),沈兹九先生也就成了金太太。金先生和金太太花了几十块钱在巴雅光务的近郊买了一所简陋的茅屋,度着他们恬静的逃难生活。金先生深居简出，金太太除了上街买菜，也很少外出。他们自称是卖山东绸的商人。起初倒也没有什么人注意他们。后来有位校长是立达学会会员，曾经在学会的某次聚餐会上见过胡先生，而先生的身材相貌又是那么与众不同，因此消息一传出去，这位校长就断定他是中国文化界的老战士胡愈之而不是什么卖山东绸的金先生。于是一传十，十传百，差不多整个苏门答腊西部的华侨都知道在巴雅光务住着这样一位学者。他们小茅屋的破烂客厅里就座无虚日，成为当地华侨请教求益的所在。而这位卖绸的金老先生不但好客，而且健谈，他常常可以和你娓娓清谈，上下古今地谈上半天工夫。

为了维持生活，胡先生先跟郁达夫先生以及其他的逃难文人集资开了一家酒坊，后来又和当地的华侨合作，开了一家制造灰水肥皂的皂厂，这两个小工厂都由胡先生担任会计。原来胡先生也精于新式簿记，什么原料账啦，营业账啦，他都弄得有条有理。而有时他在研究阅读之余，也帮着去打打皂印，或者到厨房里去做一盆蛋糕或糯米饭来饷客。

他在巴雅光务住了一年多，后以该地环境渐趋恶劣，就和沈先生一同迁移到苏门答腊首府棉兰附近的马达山去。在马达山的时候，他除了继续研究印尼问题以外，还编了一部印尼文法，写了大半部幻想小说《少年航空兵》。这部小说现在陆续发表于新加坡的《风下》周刊上，作者的具名为沙平，固外间很少知道是胡先生写的。小说内容叙述一个华侨少年，在南洋沦陷后偷偷地跑回祖国参加抗战，做了少年航空兵，在中国跑了不少地方，看到了中国的光明面与黑暗面。胡先生写这部小说的目的是想把中国的情形，用形象的手法介绍给南洋的青少年看，使他们对祖国有更深切的了解。

日寇投降的消息一传出，胡先生夫妇就马上赶到棉兰，和王任叔、邵宗汉、陈楚云等晤面，在不到两星期的短时期中办起了《民主日报》来。这使棉兰的日本人大感惊异:怎么一下子就跳出了这批人来。

去年九月底,胡沈两先生回到了新加坡。《南洋商报》已经变了质,他当然不愿再进去。而且他认为最重要的工作还不在办报,而在于促成华侨的大团结,组织一个统一的华侨总团体。总团体一成立,报纸当然也办得起来了。所以在胜利以后的几个月中,他总利用一切机会来推动华侨大团结运动。经他起草的统一华侨团体的组织纲领前后有好几个。但事与愿违,胡先生的努力竟落了空。

在今年春,胡先生受民主同盟南方总支部之托,在南洋推动民盟工作,在新加坡建立了民盟办事处,胡先生担任办事处主任,民盟办事处出版的民主新闻,其中大部分文章都由胡先生执笔。

此外,胡先生还在新加坡办了个出版社,出版综合性的《风下》周刊与《新妇女》月刊(由沈兹九先生主编)。《风下》已经出版至第四十期,恐怕是南洋自有刊物以来最长命的刊物。每期销路四五千份,这在南洋也算是畅销的了。胡先生经常在该刊发表文章。

抗战胜利以后,胡先生本想很快就回到祖国来,他想继承韬奋先生的遗志,办一张大规模的《生活日报》。但国事日非,大有使胡先生欲回国而不得之苦,瞻望南天,使我们对这位数十年尽瘁于中国文化事业的老战士,不胜眷念,而遥祝其健康!

七、《客居印尼的王任叔》

《客居印尼的王任叔》是"烟波"刊登在《读书与出版》1946年第7期的访谈文章:

民国三十年春,国内文化人纷纷离开内地,有到香港的,也有漂洋到南洋的,王任叔先生也是在到南洋去的一批中。王任叔先生在上海成为孤岛的最初两年,用"巴人"的名字写过不少有声有色的文章,这是上海老读者都很熟悉的。

因为在香港等船的关系,王任叔到新加坡的时候已经是七月底八月初了。那时陈嘉庚先生刚巧在新加坡创办南侨师范,正在物色优良的教师,王任叔就应聘在该校担任国文教员。他是笔头很勤快的作家,因此他一面教书,一面就不时写文章,发表在《南洋商报》的副刊《狮声》及星期刊《新南洋》上。他的杂文是人所共知的,发表在《狮声》上的颇多是杂文小品,而发表在《新南洋》上的则是洋洋洒洒的理论文章。此外,在闽侨总会的会刊《民潮》(由诗人杨骚任编辑)上,他也常常有他的大作。

当然不仅仅是教书写文章而已,他还积极参加了各种文化活动。在团结文化人这工作上,可以说他尽的力量相当大。例如已故的郁达夫先生,当时跟新加坡的一般进步文化人是不无隔阂的。但经过王任叔的努力,郁先生跟进步文化人间的隔膜就渐渐消失,而后来马来亚抗日战争爆发,郁先生也就很积极地和胡愈之先生等一同领导了新加坡的抗敌文化宣传工作。

在马来亚战争期间,王任叔一方面在华侨抗敌后援会宣传股(主任为胡愈之先生)担任秘书,一方面又领导文化界抗敌工作团和青年干部训练班的工作,过了一个时期很紧张的生活。可惜当时英国在马来亚军事准备不够,敌寇节节深入,在短短的两个多月的时间内,整个马来亚就陷入敌手,而我们的王任叔先生也不得不踏上了流亡之路。

王任叔先逃到苏门答腊外围小岛的石叻班让(这是一个有七八千人口的小市镇),在那里蛰居了二个多月。后来因为日寇已占领苏门答腊,连那小市镇上也风声鹤唳,无法安居,他就索兴躲到独家村似的山芭(南洋华侨称乡村为山芭)里去。待在与世隔绝的山芭里,闲居无聊,他倒埋头写起小说来。小说的题目叫《中国的悲剧》。这是一部计划很大的作品,据他说是以辛亥革命以后直至抗战为止的中国社会变动为背景的。他每日不间断地写,写了二个多月,大概已写好了十多万字。可是在彼时彼地,写稿子既没有地方发表,也没有办法向谁预支稿费,坐吃山空,他的生活渐渐起了恐慌,不得不到大地方去谋一点生路。因此他这部小说也就搁了笔。

他自己走了,把小说原稿留在另一些文化难民的地方,希望将来再加以修改和续写。谁知后来因为敌军宪兵在那些文化难民所住的地方搜查,这些朋友们竟不得不忍痛把"巴人"这部未完成的杰作送进了火里,而使这部《中国的悲剧》本身就成了出悲剧。

因为胡愈之、郁达夫先生等当时都住在苏门答腊西部的巴雅光务,王任叔也就到了那里。不过很多人集中在一起,究属不妥,所以他后来又和邵宗汉先生等到了棉兰。

棉兰是苏门答腊的首府,那边的华侨不但人数多而且文化程度比较高,一般华侨青年的民族意识也很强。

王任叔虽然已是快近五十岁的人,他的革命热情却还像火一般炽烈。到了棉兰那样的环境里,他当然不愿再无声无息地蛰伏,做一个消极的难民,而想在民族抗战的大业上仍然有所贡献。他集合了一般头脑清楚的青年,在敌人的刺刀统治下成立了一个秘密的政治团体,名为"苏门答腊华侨反法西斯同盟"。同盟在他领导之下,出版了一张油印报纸,进行抗敌宣传。

同盟存在了大概一年光景,终于在一九四三年秋被敌人破获,株连者达八九十人之多,王任叔仅以身免。敌人看出王任叔是日本帝国主义的死对头,所以侦骑四出,要捉拿他。幸而敌人在南洋到底人生路不熟,另一方面不论华侨或当地土著民族,都对敌人恨之刺骨,对抗日分子都自愿多方掩护。所以他躲进山芭里以后,总算始终没有给敌人发现而遭他们的毒手。这一回,我们的王任叔先生不但住在乡下而且硬是拿起锄头来种田、栽菜。你别看他是一位拿笔杆的文化人,拿起锄头来倒也很出色。虽然有几个青年人跟他住在一起,据说下起田来还是他走上前。那时他砍柴挑水,什么粗工作都做,而晚上还得研读印度尼西亚文,或和青年们讨论问题。

在这一个时期中,他留了须,据说后来已长到了胸前,俨然成了一个美髯公。敌人投降以后,他剃了须,但满头冰霜,头发已大半花白了。残酷的岁月也终于在我们这位青年般热烈的作家身上留下了它的痕迹。

敌人投降以后,他又回到了棉兰,过去被捕的反法西斯同盟盟员也大多出了狱。于是他重整旗鼓,把同盟改名为"苏岛华侨民主同盟",出版同盟机关刊物《前进》周刊,团结了大部分进步的华侨与青年。此外,他又和邵宗汉先生等协助当地华侨组织棉兰华侨总会,作为棉兰华侨的统一领导机关,进行有关华侨福利的种种工作,诸如复办学校,统办粮食等等,都办得有相当的成绩。因为华侨总会采取民族合作的态度,所以跟印尼人方面能够保持很友好的关系,而使棉兰的中华、印尼两民族,在那种乱哄哄的局面下得以相安无事。但是到了今年三月初,随着国内局势的逆转以及英荷军队在苏门答腊登陆作战,棉兰华侨中的顽固分子又乘机卷土重来。棉兰华侨与印尼人之间的冲突也跟着发生了。于是他又陷入了苦恼的境地。

王任叔对印度尼西亚问题也极感兴趣,除了经常用中文发表文章讨论印尼问题以外,他还在棉兰《民主日报》(由邵宗汉主编)的印尼文版Karajaktan上撰述有关民族革命的理论文章(这些文章都由他先用中文写好,再请懂印尼文的华侨翻译发表)。这些理论文章在我们看来也许只是启蒙性的东西,但在印尼读者的眼中,却是十分新鲜的理论。他们很重视这些文章,因而Bahren(巴人)这个名字,在印尼社会中也颇有了声望。

在今年四月间,他写了个四幕剧,叫《五祖庙》。"五祖庙"是棉兰华侨史上的一个悲壮故事。相传五六十年前,有很多中国人"猪仔"在棉兰附近的烟草园中做工。有一次,有五个"猪仔"因不堪荷兰资本家与工头的压迫,竟歃血为盟,立下同生共死的誓言,共同把一个工头给砍死了。事后他们五个人一同到法院自首。法官认为杀人偿命,固然法有明文,但决无以五个人抵偿一个人性命的道理,一定要他们招出来哪个是为首的一个人。但他们五个人都咬定说自己是凶手。法官无法,竟把五个人一同判处绞刑。据说五个都是年轻小伙子,合起来还不到一百岁。后世华侨以他们五个人义烈可风,所以立庙纪念,名之为五祖庙。

王任叔写这个剧本很花了一点力量,里面穿插了很多印度尼西亚的四句山歌,所以地方色彩十分浓厚。这个剧本,曾经在今年五一劳动节,在棉兰公演过,据说效果很不错。

他现在仍在棉兰,一时恐怕不会回国。不过可以告慰读者的是:巴人还很健壮,创作力依然十分旺盛,中国文化这块园地大可不愁没有机会受他的灌溉呢。

在拜读了"烟波"先生74年前撰写的这篇《客居印尼的王任叔》优美散文后,笔者发现了在1939年2月的《读书月报》创刊号上刊登的《在文化据点上的文艺作者群》这篇文章。文中提到:"首先我们要提起的是上海文化据点的作者们。他们在那个畸形的区域里工作得很有成绩,譬如阿英在办《中国文化史料社》,尤竞、李健吾、顾仲彝等的《上海剧谊社》都有良好贡献,每家在'洋商'牌子下的报纸及期刊都有新兴精神的副页,譬如王任叔编的《大家读》《自由谈》等。"这则信息说明,在日寇占领的"孤岛"上海,王任叔(巴人)先生依然利用报纸副刊在进行"抗战",引导人们的读书。

更为有趣的是在同一期刊物上,生活书店为王任叔(巴人)先生的著作《读书的方法与经验》做了一个小"广告",《读书的方法与经验》是生活书店出版发行的"青年自学丛书"中的一本,"广告"词写道:"书籍是人类生活经验的积累,所以正如本书里面可说的,'为要做人,就得读书'。可是一提到读书,就会使人想到'面壁十年'来。这种老学究的读书方法,只能造成'四体不勤,五谷不分'的酸腐秀才,不成造成①一个创造人类自由和光明的新战士。这决不是我们所需要的读书方法。王任叔先生所写的这本《读书的方法与经验》,以正确的观念,一面把过去读书所采取的那些愚蠢方法加以批判,一面把读书的方法与实际生活的经验联系起来,指示了我们一条正确去获得丰富知识的道途。这确是一本对'读书'青年很有帮助的书籍。"

由生活书店在80多年前为王任叔(巴人)先生谈读书的书籍所做的优美的"广告"词,笔者想到,难怪王任叔(巴人)先生早在青年时代就在文学创作上暂露头角,并且为鲁迅先生所赞赏,原来他是一位很早就打下了极为丰厚读书"底子"的老"书虫"啊!"为要做人,就得读书!"王任叔(巴人)先生这句发自肺腑的"呐喊"声波,不正是穿越了将近百年的时空,仍然十分强烈地震撼着今天人们心灵吗?!

八、《回到清华园》

除了以上两篇人物访谈和王任叔(巴人)先生谈读书的逸闻,《读书与出版》1946年第7期上发表的两篇"大学通讯"是关于清华和北大的宝贵史料。绍荃先生写的《回到清华园》极为生动有趣:

> 十月七日的早晨,一阵欢呼夹着炮竹响,把我们送出北大第四

---

①编者注:原文如此。

院。北大的孩子们傻透了，为要表示热烈的欢送，他们敲钟，开电灯，甚至说还要去开所有的水龙头呢。

那位临别赠言的北大同学激动得说不出话来，他只希望再合唱最后的一次联大校歌。真的我们每一个人都不能忘记联大，单看同学们的胸口上吧，直到现在还不忍把联大校徽摘下来，有意无意地仿佛觉得那是块光荣的标记似的。再看墙上的标语，写的都是"发扬联大精神"。

车子开动了。别了！我们并肩做过战的伙伴。别了！我们一同走过万里路的朋友。我们记得："把自由的种子散布在我们的地方。让一个联大化成三个联大，更化成无数无数的联大。"

到清华了，教授们都到门口来欢迎。旧校门已经改建成美丽的形式，只是那桐写的"清华园"三个大字依然如故。一进门，总办公厅上"清华学堂"四个大字也没有改。再走两步，王国维的纪念碑已在一个土堆和几株古树中间出现了。

清华范围太大，恐怕比一个小县城还要大些。从二门到西校门、南校门，普通步子要走十几分钟。如果要各处逛逛就非一整天不行。在日本人手中时，曾作为伤兵医院，最多时容纳到八千人。胜利后交还中国，当时室内电灯、电线、桌椅用具，及桌上一纸一笔都没有拿走，更有极巨量的医药用品原封不动。据当时来看的人说，只需略微修补，就可使用，费用并不太大的。谁知以后又做为国军的后方医院，当他们走时连用卡车搬运了四十几天，于是乎可以拿走的都拿走了，可以拆去的都拆去了，只落得从前天堂也似的清华大学空空洞洞、满目凄凉。据当时来接收的王先生说，简直像一个大破落户。电线完全被扯去了，墙壁上扯得陆离斑驳的样儿，水管在冬季冻裂了，暖气管也弄坏了，地下室的积水深到四五尺，全校的道路完全不能走，乃至门窗上的五金杂件都被下的干干净净。经过了好几个月的整理,花了很多很多的钱,现在我们见到的情形是这样的:作寝室用的新斋、明斋、善斋、平斋、静斋,土木工程已经作好,水管电线也都修好,只是在没有人住时,还不敢把电灯龙头及门上五金装上,因为地方太宽了,照料不着,时常有人偷。

来的学生现住新斋——一座"王"字形的三层洋楼,有寝室两百多间。每间寝室都非常漂亮,仍然有衣橱,有暖气管,有自来水,有抽水便桶,有铁床,和以前差不了好多。从西南高原上下来的穷小子,住着已很够舒服了。大礼堂、图书馆、科学馆、生物馆、化学馆、体育馆、机械馆、水利馆、金工房、锻工房、土木馆、电机馆、一院、二院、三院、三十六所、气象台等建筑都是好的,可是都完全成了"真空馆"!走进去时只闻着一股尘土的臭味。体育馆正在翻修球场上的软木板,同时正在修补大理石的墙壁。大食堂嫌原来的不够用,在原来建筑的两端新接上两座新的,四周完全大窗,中间异常宽阔,相当漂亮,初进去还不知这是干什么用的呢。计算一下,里边可以安置三百张吃饭桌,可以容二千四百人同时进餐。

工字厅——清华的发源地,为了感情的关系尽量在保持着它的原样。门前的石狮,中国式的庭院,一点没有改。现在是学校暂时办公的地方,也是校产保管委员会所在地。

教授住的西院,一座座中国式的小院落完全没有坏,门前长着大树,落得一堆的黄叶,静静地没得一点声息。真有"结庐在人境,而无车马喧"的味儿。

至于学校的外表,现在还不能看。道路完全不平,有些地方低湿积水,有的地方是朽木和断砖,有些地方确是煤屑。此外举目一望,到处是石灰砖瓦朽木的堆子,七凌八乱。广场上和树林中长满了荒草,流贯校内的两条河也颇形污塞,要是单从外表看的话,简直荒凉透了。

教授先生们以及年老的校工们常喜欢和同学谈先前的事迹。他

们说得那样的动听,真像白头宫女话天宝遗事似的。他们一开口:
"以前的体育馆,才不是这个样儿呢。门前有二百多种花,来自二十
几个国度。有螺旋形的架空跑道,东亚找不出第二来。软木板的球
场,大理石的游泳池,更有各式各样的体育用具。……"

你看见大礼堂前一块广场,立着几个杠架,堆着几堆乱石。他们
会对你说:"你别以为这是一块运动场,在以前这里是一块最神秘的
地方呢。那是一块最美的草地,平软嫩绿,任何人都不准在上面走
的,除了两个时间:第一是双十节。举行全校火炬游行时,由这里出
发。第二是毕业生毕业时可以由这草地走进礼堂去。"

看见学校的钟他们又对你讲钟的故事。据说,以前上下课是敲
钟的,但是全校太宽了,有些地方听不见,于是就改为放汽笛。谁知
汽笛不放则已,一放就惹得吴宓先生大不舒服,上一封书给梅校长,
长数千言。说甚么:"其音哀哀,其声惨惨",无论如何,请改用钟。学
校也接受他的建议,正准备改回用钟,又恰碰上战争爆发,钟被日本
人抬回日本的博物馆去了。现在用的又是隔外的钟。将来无论如何
要把原钟取回。敲钟的老校工敲了十几年没有误过一次,他的规
矩十二点只敲八下的。现在还是这样。

此外他们又会对你讲工字厅的来历。清华的名字就是由工字厅
后面,荷花池畔一块"水木清华"的匾额来的,旁边的西客厅是清华招
待贵宾的地方,只有印度诗人泰戈尔和梁启超先生曾经住过。

学校方面现在正在加工修缮。从开工到现在时间已经好几月,
工人最多时有两千八百多人,钱已用去十几万万。从教育部得到的
十二万万已经用尽了,现在用的钱是向北大借的。现在还要整理全
校的道路,修缮一部分下水道,装置许多门窗,恐怕还得好几万万不
行。若要恢复以前的原状,恐怕非若干年后不可了。

九、《北大复员了》

同一期《读书与出版》还刊登了一篇署名"萍"的据徐盈先生《北大复员记》改写的短文《北大复员了》：

胡适校长领导的北京大学，由三院变为六院，由原来的一千多学生增到四千七百。

北大是珍惜与尊重自己这四十八年来的历史的，这种的尊重"自由"与独立的作风，已成今天的空谷足音。

理学院的设备较战前增加了。曾昭抡不受国防部之聘，而到美国考察原子弹去了，预计在美二年。江泽涵是数学系主任兼代理学院长，慨叹数学专家培植之不易。教务长物理系教授郑华炽说原子能原理是不能秘密的，但新的工具如原子核分裂机不易得，要援英例向美租借，也未能实现。

文学院长汤用彤对于魏晋佛学史有精湛的著作。中文系主任是胡适兼的。外文系教授特别加多了，因为教部要求注重英文；俄文班停办一年，德文班由冯至主持；新设东方语文系，由季羡林担任，先设梵文，阿刺伯文及蒙藏文三组。

周炳琳是法学院长，教授阵容在北方也是最强的。周院长表示，马克思学说也要开几门，这正是北大兼容并蓄的精神。又说，今天从事政治活动最热烈的，反而是理工学院中人。

新创的农学院由过去金大植物病理系主任俞大绂任院长。医学院实行七年制（二年预科，二年基本医学，二年临床医学，一年实习），协和名医马文昭任院长，内科"全能"汪敬熙任预科主任，实习医院是附近一栋大楼，困难的还是钱。工学院的希望是寄托在联总的物资接济。可是复原工程在十月停顿了起来，因为内战军费比文化建设重要些！

名家论鲁迅

　　鲁迅先生的《故乡》是一篇作为教材被人传诵的文字。常常有人援引的几句话："希望是本无所谓有，无所谓无的。这正如地上的路，其实地上本没有路，走的人多了，也便成了路。"出处就在这篇文章。

——孙起孟①

一、孙起孟研究鲁迅

　　提起孙起孟这个名字，人们印象最深刻的是他是一位著名的教育家和社会活动家。然而当笔者认真研读了孙起孟先生当年在《读书与出版》"国文班"专栏发表的10多篇讲解、研究鲁迅作品的文章后，不由得心中赞叹：孙起孟先生还是一位学术造诣极高的鲁迅研究大家。

（一）开栏说《呐喊》

　　1947年第9期《读书与出版》开始推出孙起孟先生主持的"国文班"专

---

　　①孙起孟：《故乡》，《读书与出版》1947年第12期。

《读书与出版》1947年第9期《有关呐喊自序的几点讨论》

栏,他在开栏的话中说,为了帮助青年读者学习国文,"一个是推荐几本作品,这些作品一要的确可以启发我们学到一点东西,二要大家容易弄到,以这样的作品作为我们研究的材料;……假定大家赞成上述的办法,我首先推荐鲁迅的《呐喊》,看过的一定不少,没有看过的也容易买到或借到,要买,花费也不会太多"。

《呐喊》是一个文集,除自序外有《狂人日记》《孔乙己》《药》《明天》《一件小事》《头发的故事》《风波》《故乡》《阿Q正传》《端午节》《白光》《兔和猫》《鸭的喜剧》《社戏》等共十四篇。一次只好研究一篇,多了,篇幅怕容纳不了。这样便要写成十五篇,再加上一篇综合的研究结论,一共十六篇。

请多多注意《呐喊》的文字技术,我们作的不是什么"鲁迅研究",而是"鲁迅国文"的研究。

在评点一个青年读者的习作后，孙起孟先生总结说："作文'要写的好，不能不先求写的对，严正谨确地写是我所认识的习作信条。我之所以推荐鲁迅的作品，也就是为了他的笔触自合规矩，他的作品的确是吾们学习的好榜样'。"

同年第10期"国文班"专栏讲解《〈呐喊〉自序》时，孙起孟先生说："在《呐喊》中，《自序》是一篇文体特别的文字，其他都是小说或近似小说的作品，唯独这一篇夹叙夹议，是普通的散文。这篇文字的主旨是在说明《呐喊》创作的动机和经过，让读者很深刻地了解作者为什么写下这些文章，很清楚地知道作者怎样开始写小说以及结集成为《呐喊》。"作者接着写道："我们学习国文，只是想法知道这篇文字中的意思，材料，鲁迅是怎样表达的。'怎样'的问题有两项：一是文章里的材料是'怎样'组织起来的；二是表情达意，字句之间，我们觉得对的好的是'怎样'的，觉得不对不好的是'怎样'的。"孙起孟先生通过对这篇《自序》的各个段落进行深入分析后认为：

> （作者）思绪的发展，解析大体如下：（一）原来的思想——预备医学专门学校毕业后救治人，战时便去当军医，一面促进了国人对于维新的信仰。（二）学习期间触发的问题——微生物课放映电影，有一回，竟映出一个体格强壮的中国人，因为替俄国做侦探，正要被日军斩首示众。（三）思想的改变——觉得医学并非一件紧要事，对于愚弱的国民，第一要著是改变他们的精神。（四）思想改变的后果——学年没有完毕就到了东京，既然志在改变民族精神，便想提倡文艺运动，筹出杂志，定名《新生》。

全篇的主旨是在说明作者何以有寂寞，何以又呐喊，他从"知道了日本维新是大半发端于西方医学的事实"到"学籍列在日本一个乡间的医学专门学校里"，其间一定有许多的事实，复杂的经过，然而作者把它省略了,一径说到他的求学志愿,怎样简化材料,怎样去芜存精,这样的写法都是我们极好的启示。

文章指出:

> 鲁迅是一个特出的讲究用词的作家,他的词汇特别丰富。一部分从过去的社会中接受了遗产,残简破片到了他笔下,由于内容充溢着新血液的关系,都发出新的光彩;另一部分则采自现实的生活和大众的口语。如他自己所指出的,他所更为熟谙繁用的是第一类词语,此所以,一个青年作者,假使没有鲁迅那样社会生活的经验和学养,学写鲁迅那样的文体,很难不流于晦涩暧昧的。例如,第一段中有句云:"所谓回忆者,虽说可以使人欢欣,有时也不免使人寂寞,使精神的丝缕还牵着已逝的寂寞的时光,又有什么意味呢。"句中的"牵着"是跟着"丝缕"用的,为什么用"精神的丝缕"而不说"精神"呢? 这是说这种精神也并不强固,有些藕断丝连的样子,观察这样的细微,用词才这样精确,这全不是绕笔头或者矫揉造作。

学习鲁迅作品的创作艺术,同时不为尊者讳,这是孙起孟先生研读鲁迅作品的一个可贵之处。

(二)《一件小事》剖析深

孙起孟先生在1947年第11期"国文班"发表的文章《一件小事》中说:

> 朋友们:这次要谈的是《呐喊》中的一篇短文章,《一件小事》这不能算是小说,短短一千多字中,可也写出了一个头尾完整的故事。
>
> 全文一共有十七段,头占两段,尾占两段,其余的十三段是叙述

故事的正文。头尾的密切照顾,使这篇文字给人完整的感觉越发鲜明,这是鲁迅先生文字的一个特点,例如他在头上说:"其间耳闻目见的所谓国家大事,算起来也很不少,但在我心里,都不留什么痕迹。"

在末尾他又说:"几年来的文治武力,在我早如幼小的时候所读过的'子曰诗云'一般,背不上半句了。"

他在头上说:"但有一件小事却与我有意义,将我从坏脾气里拖开,使我至今忘记不得。"在末尾又说:"独有这一件小事,却总是浮在我眼前,有时反更分明,教我惭愧,催我自新,并且增长我的勇气和希望。"

首尾照顾,可并不是无谓的重复,像末尾最后的说法,我们在看完这个故事的叙述之后,就会觉得比头上的说法更为深入,"教我惭愧,催我自新,并且增长我的勇气和希望"就比"将我从坏脾气里拖开"有更多的积极意义。

故事中出场的人物有三个,一个是老女人,一个是车夫,一个是作者自己。三个人之中,车夫是主角,老女人和作者是配角。因为故事是以第一人称的观点写的,在记叙的比重上,似乎作者反有成为主角的可能。真要写成这样呢,那么故事的重心便将失掉,而后文的一结便也无从说起。这三个人在舞台上部位的安排是很值得我们研究的,鲁迅先生显然是个出色的导演。

孙起孟先生认为:

细心读这篇短文的人,应该注意作者描划人物动作的精到。在第七段里,说"车夫毫不理会"之后,紧接有"却放下车子"五个字,这五个字是很重要的,要是不经心没有写上,那后文便有许多地方不可理解,如"扶那老妇人慢慢起来,搀着臂膊立定","仍然搀着伊的臂膊","直到看见分驻所里走出一个巡警,才下了车"这些句子,要不是先说车夫已经放下车子,那些动作便完全无法理解。自然,读者们中也许有人并看不出这样的好处,没有"却放下车子"还不是一样? 其实,所谓文字的工拙,区别就在这个地方"。

对《一件小事》逐段作了讲解分析后,孙起孟先生要求参加"国文班"学习的学员把《一件小事》中的"两段话换一个说法写出来:'我这时突然感到一种异样的感觉,觉得他满身灰尘的后影,刹时高大了,而且愈走愈大,须仰视才见。而且他对于我,渐渐的又几乎变成一种威压,甚而至于要榨出皮袍下面藏着的'小'来。"这篇文章的结尾注明"1947年10月21日,夜2时",从这个时间可以看出孙起孟先生为了办好《读书与出版》的"国文班"专栏宵衣旰食的辛勤劳作。

(三)解读《故乡》有新意

同年《读书与出版》第12期"国文班"专栏,孙起孟先生在讲解《故乡》时说:

鲁迅先生的《故乡》是一篇作为教材被人传诵的文字。常常有人援引的几句话:"希望是本无所谓有,无所谓无的。这正如地上的路,其实地上本没有路,走的人多了,也便成了路。"出处就在这篇文章。

这篇文章的主旨是写什么? 就在写艰涩的世道和凄苦的人情。这样的世道和人情正反映出一个经济濒于崩溃的农业社会。在这样的社会情况下,"多年聚族而居的老屋"便不免要被出卖,"紫色的圆脸,头戴一顶小毡帽,颈上套一个明晃晃的银项圈"的闰土不免要被"多子、饥荒、苛税、兵匪、官、绅""苦得他像一个木偶人",向称风俗淳厚的乡人中间也多了"有拿东西的,有送行兼拿东西的"来客。

他认为,从写作技巧的角度看,《故乡》"第一值得我们学习的是在布局和结构。整篇文字以叙述作者的回家到离家为主眼,它的自然顺序是前进的,但要插入三十年前作者和闰土过从那一段,便非把顺序扭转不可,扭得不好,便会弄得很不自然。……值得学习的第二点是善用形象表现。……值得学习的第三点是口语的表现。……一个人有一个人特殊的性格,也就有一个人特殊的口语。写一个人,作者就用这一个人的特殊口语,使读者闻其声如见其人"。

孙起孟先生说:

> 作者在那个时候(1921年)固然还觉得"愿望茫远",当他的深邃的观察已使他看定怎样实现希望的道路。此所以"故乡"是对人情的感慨而不是对贫乏无力的叹息,是对于世道的纠弹而不是个人主义的牢骚。它刺入相当广大的人民的感觉和情绪中……它要引导他们到为我们所未经生活过的生活理想中去。用"故乡"作题材的文章不知有多少,何以鲁迅先生的《故乡》传诵如此之广,如此之久,说来真切而不流俗(例如发发个人牢骚),有见解而并非教条,这也许是它的独到之处吧。

(四)《头发的故事》讲得透

孙起孟先生在《读书与出版》1948年第1期"国文班"专栏讲到《头发的故事》说:

> 鲁迅先生的贡献不仅在他写作方面辉煌的成就,也在写作方式的创造和发展。他创造"杂感",发展"杂感",于是"杂感"便成为文艺工作者从事斗争的普遍采用的手榴弹。在《鲁迅全集》中有好几本杂

感集,《头发的故事》是他早期的杂感文,给后来开示规模的,极值得我们的研究。

这篇杂感在形式上是很完整的:N先生怎样开始发议论,一直到"他戴上帽子说再见……",都交待得清清楚楚。除了极少几段叙事外,其余都用"引句",直白地告诉人家这些都是N先生的杂感。大概是其后作者所受现实的载刺越来越多、越来越深,作者对于世事的观察越来越精到,而发表文字的限制也越来越苛严,于是完整的形式变动了,改用简练压缩的文字来表达作者胸中的块垒,有时读者不明白作者感慨所由来,有时会有莫测高深之感。的确,有些人读鲁迅的杂感往往摸不清文章里面的思绪。其实,多从像《头发的故事》一类完整的体裁玩味到他的匕首似的火箭似的杂感,我们便可以明白鲁迅这种文体演变的轨迹。

他列举了鲁迅在《头发的故事》中的一段精练文字描写后指出:"这样将繁复的思绪、充沛的情感,表现在短小精悍的杂感文中,这是研究鲁迅文字极值得学习的部分。"写文章怎样做到短小精悍? 他接着引用鲁迅的原文为证:"他们忘却了纪念,纪念也忘却了他们。""我不知道有多少中国人只因为这不痛不痒的头发而吃苦,受难,灭亡。""啊,造物的皮鞭没有到中国的脊梁上时,中国永远是这样的中国,绝不肯改变自己一枝毫毛。""好在明天便不是双十节,我们统可以忘却了。"孙起孟先生接着写道:

这样的句子是短小精悍的杂文中的灵魂。不晓得要用多少话语都表达不周全的思绪或情绪,竟在这样的短句中表现得那么明白有力;杂感文字的功夫深浅就以这一点而断。要抨击中国人的麻痹消极,作者并没有多费词,更没有噜噜嗦嗦地诉说一大套,只是简要有力地说:"他们忘却了纪念,纪念也忘却了他们。"这两句把作者对于中国人麻痹的憎恨表现得酣畅淋漓。末了两句更把中国人那种没奈何的神情活生生地描绘出来。这样的句子正是杂感文的主眼，又短峭，又有回味。老实说，如果作者在本文中所表现出来的看法，我们未必全部赞同，过分低估了革命的意义，过分低估了中国人民改造社会的力量，这些观点，我们不会同意，但读到这篇文字，我们总觉得说来非常深刻警辟，那就是靠了作者运用文字巧妙所制造出来的吸引力量。

（五）发现《社戏》文字美

1948年第2期"国文班"专栏刊登了孙起孟先生对鲁迅先生《社戏》的点评。文章开头说：

《社戏》中有几段特别恬美的文字，为了兼带便于研讨起见，抄录在下边："……不多久，松柏林早在船后了，船行也并不慢，但周围的黑暗只是浓，又知已经到了深夜。他们一面议论着戏子，或骂，或笑，一面加紧地摇船。这一次船头的激水更加响亮了，那航船，就像一条大白鱼背着一群孩子在浪花里蹿，连夜渔的几个老渔父，也停了艇子看着喝起彩来。"

对于这样的文字，随便看过去读过去都是太可惜的，我们大可以借了这些符号的帮助，在眼前织造起一种景象来，仿佛我们就是文中的主人翁，闻到豆麦和水岸所发散出来的清香，看到远远向船尾跑去的连山，听到宛转悠扬的横笛……这样的设想着，体味着，正如文中所说，我们会"自失起来"，像坠入文字中去似的，读书的客体感慢慢消失了，文字和自己几乎成为一体。这样的文字不是诉诸我们的脑的，而是诉诸我们的心的；读起来不是"明白"它，而是"感觉"它。它虽是散文的形式,实已具诗的要素;它给了我们极高的静美的享受。

作者怎么会写得这样的好法呢? 他有了别人所不可能有的素材么? 不是的。我们中不也有许多人搭过夜航船么? 山啊,笛啊,戏台啊,浪花啊,凭你是生活经验怎样贫弱的人,也不会从没有看过听过。作者有了独得之秘的词藻或其他表现手段么? 没有。在上面四段中,我们找不到一点像都市女子搽脂抹粉那样矫揉造作的美。它们中有的是现实透过作者主观辨味精巧摄现的美,换言之,也就是这种美是用现实主义手法表现出来的。所谓现实主义的手法就是不仅不可以离开了现实凭空描写甚至捏造而是钻到现实中去,用艺术的触觉从表层深入到核心去。……

鲁迅写实主义的又一手法在本篇中可以看出的是写得曲折。"曲折有致",这四个字用做本篇的评语,那是可以全部承当毫无愧色的。

"一连写了好几篇了。你们读了有什么批评? 觉得还有兴趣么? 对你们还有一点助益么? 还该怎样改进? 都请多多来信提出意见!"由此可见孙起孟先生尊重和平等对待青年读者的谦谦君子之风。

(六)从《孔乙己》论"书生"

1948年第4期"国文班"专栏在讲解《〈孔乙己〉及其他》时,孙起孟先生说:

《孔乙己》是一篇小说,容易看可不容易懂。容易看是因为作者表现的技术非常高明,让我们看了如同真正看见了一个可怜的孔乙己一样。不容易懂是因为我们不容易把握到作者的题旨,也就是,作者用孔乙己这一段故事是要说出个什么意思呢。看《孔乙己》,怕有不同生活经验不同思想的人会有不同的想法。有一个中学生,一面看，一面笑逐颜开，问他有什么好笑，他只说孔乙己很滑稽，但到他看到孔乙己"脸上黑而且瘦，已经不成样子，穿一件破夹袄，盘着两腿，下面垫一个蒲包，用草绳在肩上挂住"，脸上的笑意马上消失了，再看到"他喝完酒，便又在旁人的说笑声中，坐着用这手慢慢走去了"，他竟眼睛红红地站了起来，问他为什么这样，他只说，"看到这里，心里难过"。孔乙己到底是一个滑稽的还是叫人难过的人物呢？在这个中学生的心目中，也成了问题。就笔者所了解的，《孔乙己》代表了鲁迅先生对于中国知识分子那一时期的分析与批判。中国知识分子的问题，今天谈的人很多，大家也已渐渐了解。在发表《孔乙己》那个时候，一般人对这个问题的感觉和理解还是比较模糊的。先知先觉的鲁迅先生，可就敏锐地感到这个问题，而且用艺术手腕提出来了。除掉《孔乙己》，阐发同一主题的还有完整的一篇，叫《白光》。《端午节》是从一种特定的社会身份和生活形态来分析知识分子的，此外，如《狂人日记》《一件小事》《阿Q正传》等篇也都涉及这个问题。

从《孔乙己》上看出来，鲁迅先生对于中国知识分子是看清了他们的缺点而重重地加以鞭挞的，他抨击他们的好吃懒做、虚荣……但他也深刻地理解他们，同情他们，发掘他们的优点。鲁迅先生绝对不昧于知识分子种种毛病，可是他也不全盘否定他们的长处。他用了现实主义的手法写他们，也用了现实主义的观点看他们。就在这样现实主义的基础上，他发展了对于中国知识分子的观察。

他继续说道："一向有人认为鲁迅先生对于中国知识分子是否定的，认为他们毫无前途。其实不是的，他一鞭一鞭地打在中国知识分子的头上，疼可疼在自己的心上。他一直是怀着热爱来督责他们。"

孙起孟先生关于鲁迅作品写作技巧的研究，还有在《读书与出版》1948年第3期发表的《有关呐喊自序的几点讨论》、1948年第5期《"是"与

"不是"——〈呐喊〉自序的研究》、1948年第6期《〈孔乙己〉研究》。

二、学习鲁迅有傲骨

提起孙起孟先生研究鲁迅的成果对后人的影响,有一篇文章是这样说的:"1947年《读书与出版》第12期,孙起孟以通信形式对《故乡》作了符合当时时代特征的阐述,指出:'(《故乡》)这篇文章的主旨是什么?就在写艰涩的世道和凄苦的人情。这样的世道和人情反映出一个经济濒于崩溃的农业社会……它融入相当广大的人民的感觉和情绪却又不陪伴他们老是沉湎在这样的感觉和情绪中,它要引导他们到为我们所未经生活过的生活理想中去。'文章中饱含着抗日战争胜利后在经济崩溃时期生活依然日益贫困的人们对建立新的民主政府的殷切期待。"

学习、研究鲁迅作品,同时不为尊者讳,勇敢大胆地指出其不足之处,这是孙起孟先生研读鲁迅作品的一个可贵之处。他在剖析《〈呐喊〉自序》文章的结尾,实事求是地写道:"全文只有一个地方是一个小毛病,那就出在'在我自己,本以为现在是已经并非一个切迫而不能于言的人了'的'是'字上(我根据的是鲁迅全集出版社本)。这个'是'字和下文的'非'字是重复的,尽可以删掉。我们研读前贤的文字,要虚心学习他们的好处,但同时也得留心可能有的毛病。一说到名家范作,便觉得无往而不是,这并不算很好的学习态度。"

笔者认为,孙起孟先生秉持的"一说到名家范作,便觉得无往而不是,这并不算很好的学习态度",这种实事求是的学习态度,应该是今天我们大力倡导的客观公正地对待名家范作的科学态度。

(一)人们尊敬的"起孟老"

孙起孟先生是安徽省休宁县人,中国民主建国会创始人之一,著名教育家、社会活动家、中国共产党优秀党员、全国人大原副委员长、民建中央原主席、中华职业教育社原理事长,民建组织内一般尊称他"起孟老"。

孙起孟先生当年在苏州女子师范任教期间,教学的科目是多样的,他治学态度极为严谨,对哲学、中西方文化史、文艺理论等学科都进行过认真的思考和探索。1933年5月,苏女师《校刊》曾登载了一篇孙起孟为自己编著的《哲学概论》写的《自序》。他针对当时某些所谓名家宣称哲学早就可以"寿终正寝",社会上出现正视哲学的人愈来愈少的倾向,阐述了学习哲学的深远意义。他说:"吾并不想为哲学怎样地捧场,但哲学能激起人的智慧之火,这是不可忽视的。"他又说:"吾以为智慧之真正活水源头只是怀疑而非他。只有在怀疑之火燃烧的时候,人才寻思分辨。要是人家所讲的尽已探得宇宙之秘,则吾们除做白痴外,实无一事可为。"作此文时,孙起孟还只是一位二十余岁的青年,文章的字里行间,既有对学术问题的探讨,也不乏对旧观念、旧传统的针砭。

1935年周恩来劝孙起孟先生留在党外作掩护为党工作,之后,他在白色恐怖下掩护共产党秘密电台;起草民建中央反驳美国关于中美关系白皮书的声明,得到毛泽东的高度赞誉;积极参加全国新政协的筹备,参与《共同纲领》起草工作;为我国多党合作事业鞠躬尽瘁,先后领导民建确立了"听毛主席的话,跟共产党走,走社会主义道路"和"坚定不移跟党走、尽心竭力为四化"的行动纲领。

(二)《悼起孟老》

原中共中央农村政策研究室副主任吴象先生在《炎黄春秋》2010年第6期发表的《悼起孟老》一文中回忆道:

> 记不清是1980年冬或是1981年春的一天……我与另外几位室务委员一起到政协去开会。会议是政协倡议的,主持人就是起孟叔。他当时是政协党组副书记,政协方面参加的人数相当,都是党组

成员,这次会议主要是商谈双方如何紧密合作,加强交流情况的渠道,对某些调研课题进行协作,供中央高层抉择。大家谈得很愉快,许多人都发了言。他在这个会上的两段话我至今未能忘却。

他说:"实事求是,说起来容易做起来难。现在许多事情太不实事求是了,完全走到了反面。现在最重要的问题是按现实情况办,按中国国情办,回归实事求是的传统。陶行知原来叫陶知行,他深知实践第一的重要,深知行的重要和困难,连自己的名字都改了。""下情上达,了解群众真正的困难和需要,很不容易。有些人认为,把意见反映到我们这里,就算'通天'了,就能够解决了。其实哪有这回事?从我们这里'通天'比从他们那里反映给我们,困难程度至少不相上下。所以,对各位我们真心诚意寻求帮助,多多拜托!"

这两段话,夹杂在许许多多的话里并不显什么特别,但我以为针对性、现实性很强,甚至有"刺"。"实事求是,说起来容易做起来难。现在许多事情太不实事求是了,完全走到了反面。现在最重要的问题是按现实情况办,按中国国情办,回归实事求是的传统。"如今,世事恍惚已经四十余年,联想中国坎坷前行的实践,再次重温孙起孟先生的这段"警世之言",确是真知灼见,颇有醍醐灌顶之感。

三、其他名家论鲁迅

除了孙起孟先生在《读书与出版》发表的以上研读鲁迅作品的文章外,1947年第6期的《读书与出版》还刊发了署名"勃"的作者推荐平心先生所著《人民文豪鲁迅》这本书的文章,文中说道:"研究鲁迅,不能单把他当做文艺作家。这话并不是说文艺作家的称号会缩小了鲁迅,也不是说文艺作家只有'艺术'而不表现思想。"文章进一步讲道:"鲁迅三十年的思想生涯里,'有流变,有增益,然而在其中却贯穿一根坚韧的赤线这就是战斗的现实主义'。"文章追溯了鲁迅战斗的现实主义根源说："'深刻体验现实、沉着迎战敌人、虚心改造自己、诚笃接待大家,这些就培植着他的战斗的现实主义精神。'而有了这种现实主义精神,然后才有他的'锋稜惊人的文艺成就'。"

这里还要提到的是周建人先生在《读书与出版》1947年第4期发表的《阿Q时候的风俗人物一斑》,文章的开头说:

> 《阿Q正传》的作者鲁迅先生,原住绍兴府城内,会稽县东昌坊口之东。东昌坊口为一十字街口,南去有都停桥,西去为秋官地,北去为塔子桥。塔子桥南首有长庆寺,即鲁迅的师父隆和尚做主持之处。寺的对面为穆神庙,正传中阿Q所住的土谷祠即指此地。

文章接着详细介绍了当时绍兴城乡各个阶层的各种人物陌生的职业及风俗。最后集中介绍了阿Q的人物原型——没落地主阶级很特别的阿贵,"他从典当里走到布店,再到药店里,总是弄不好。于是叫他做小生意,以至于卖大饼油条。开头总是勤俭的,过一个时候照例不愿意了;终于躺下来,起初把剩余的大饼油条吃了,以后直挺挺地饿着"。文章用细致的笔触叙述了阿贵这个人诸事不成、游手好闲、好吃懒做、成天喝酒、"骂山门":

> 他有时候有点"花脸",有点玩世。也有些脍炙人口的举动,但一时却记不详细了,只好从略。这里为什么把他提出来呢? 因为他名叫阿贵,"Q"字是贵字拼音的第一个字母,《阿Q正传》的作者借用了这"Q"字,他的性质却采取得不多;这是从没落的地主阶级分子里采取得多些,这是我的看法,不知对不对? 阿Q不是一个实实在在的个人照相,是观察了许多人之后,融合之后塑成功的形象,是创造过了

的;我以上所讲的是少数塑阿Q这像时的原料,但一时如何说的尽?

著名学者姜德明说,在《读书与出版》上,"周建人除写'笔谈'外,还写了科学小品《早春的野花》《阿Q时候的风俗人物一斑》,更是一篇被人忽略了的有关鲁迅研究的文章"。

需要补充的是,周建人先生在1948年第4期的《读书与出版》上发表的《悼许寿裳先生》也是研究鲁迅的一篇重要文章,文章写道:

> 我认识许寿裳先生早在前清末年,他来家里访鲁迅遂认识的。以后,通信与见面的次数亦不多。但我很感谢他,受有权力者攻击与压迫时,他替我排解。(事见鲁迅"一·二八"之次年八月一日给他的信中。)"一·二八"战事发生,我陷火线中,一时出不去,亦承他关心。他到台湾后,还曾写信与打电报来,叫我到他主持的编译馆去任事。但我坚决地辞去了。
>
> 许先生是一个富于正义感与同情心的人。当一九二九年北平女师大发生风潮时,鲁迅因反对校方压迫学生,致被教育总长章士钊免去教部科长职务,许先生便与齐寿山先生发表宣言,指斥章士钊(并女师大校长杨荫榆),并说明"章士钊一日不去,一日不到部"。许先生不仅自己有正义感、富有同情心,也喜欢别人有正义感、敢直言,鲁迅恰常常因此受打击与压迫,他在许多友人中特别关心鲁迅,是有原因的。但是这样一位"忠厚长者"(他死后,日报记者这样称他)真是意料不到的。
>
> 许先生做事负责的精神亦很可佩服。二卷二十一期的《时与文》上,景宋(许广平)先生曾讲起这一点,"《亡友鲁迅印象记》的稿子如果托人抄写,寄出之前,他一定要重校一遍,待到见于刊物上,遇有错字,总希望次期设法替他登刊误表"。……最近更有人从台湾来,说

当紧急时,许先生站在大门口,阻挡来人,说是"如果不满意,杀我好了,千万不要到里面扰乱"。这种牺牲小我来保存整个艰难缔造起来的文化事业、看事业重于生命的精神,即是失却理智控制的时候的人,也为之感动退去,岂不是真个"精神所至,金石为开"吗?

然而这样一位"忠厚长者"竟不料死于一个台湾工役之手,岂不是很费解的? 因此遇害的消息一传到上海,人家不约而同地联想到闻李之死,疑到是否处于同一种作风的根源? 这种推想当然不是没有理由的。

但是亦有少数人的推想系从台湾的特殊状况出发的,一看四九九期《国讯》上所翻译的密勒氏评论报上就有"二二八"事件发生到最近情形报道,摘抄几句如下:"陈仪似乎与日本人的残暴竞争,但是没有日本人科学的技巧。""台湾人痛苦地讽刺说:'像检疫与公共卫生等好法律被废止了,而战时税却继续征收着。'""警察老是寻找共产党,有时候假如证据不充足,就在嫌疑犯的天井里'放'一样武器,次日就'找'到了充足的证据。""乞丐、贼、妓女、擦鞋的小孩,现在是多了。"

与周建人这篇文章的内容有密切关联的是鲁迅夫人许广平(景宋先生)在《读书与出版》1947年第12期刊登的文章《介绍〈亡友鲁迅印象记〉》,她说:

《亡友鲁迅印象记》为许寿裳先生对鲁迅从年少时起的思想、学习、研究、观察都有很概括周到的介绍。因着作者三十五年的认识,接谈,发表成这五万余言的精炼描述,内容从日常生活、起居饮食,以至待人接物、学习趣向都提精挈要的给以恰当刻划,诚属近十年关于鲁迅研究的最佳著作。而说到鲁迅喜欢给人起绰号、作者叙述的风趣,以及整理古碑、鲁迅考证的邃密,都是平常人所难得见到的珍贵资料。我们对于作者的精心执笔,替读书界增一异彩,给研究者作一指标,都值得郑重说明的。近来颇有些热心人士,以为"鲁迅传记,现在要见到一部完美无缺的,恐尚非其时,因为鲁迅一生包罗广大,影响与时代的深切,必须先有多人作部分的传记,如鲁迅和他同时代的人、鲁迅的思想与艺术、鲁迅的写作生活之类,然后综合整理写出之,庶得表达鲁迅全貌"。这意见如果确当,则许寿裳先生这一册印象记,无疑是完美的传记中所不可缺的基石的珍贵资料,而内里精神,已可说得传记的轮廓,确能使人读后有深刻的印象的一本佳作。

笔者曾经拜读过许寿裳先生的《亡友鲁迅印象记》,恰如许广平先生所说,真是"使人读后有深刻的印象的一本佳作"。

顺便提及的还有一段珍贵的史料。20世纪30年代中期,鲁迅先生获悉瞿秋白不幸被国民党反动派抓捕的消息后,很是悲伤,曾经努力设法从各方面筹资营救。当他从"发小"好友许寿裳(当时担任蔡元培先生秘书)那里获悉,国民党的高级干部会议曾经专门讨论瞿秋白的问题,蔡元培先生提出在中国像瞿秋白这样有才气的文学家实为少有,应网开一面,不宜滥杀,却遭到戴季陶等反动派的坚决反对。至此,鲁迅深感无力回天,知道瞿秋白是必死无疑了。瞿秋白被害后,鲁迅在致萧军的信中无比惋惜地说:"中国人先自己把好人杀完,秋即其一。中文俄文都像他那样好的,我看中国现在少有。"后来他又愤怒地写道:"中国有许多妖魔鬼怪,专喜欢杀害有出息的人。"对挚友遇难的悲痛之情,对敌人的满腔愤怒,充溢在字里行间。通过这段重要的史实细节,人们足可以看到鲁迅先生和许寿裳先生从少年时代缔结的遇到大事彼此互相关照的特殊情谊。

科学小品文

培养科学兴趣问题,要把文字弄得有趣味些,出版有趣味的科学书,这是出版方面的,写作方面的人应该努力的一方面,当然需要的。此外还有读者一方面,这方面也须有"硬着头皮"读科学书的精神,有了根底,兴趣就来了。

——周建人[1]

科学小品作为一种书写方式发端于20世纪30年代,有关资料显示,"我国刊物上登载科学小品确实从《太白》半月刊开始。《太白》半月刊自始就以刊行科学性进步的小品文为自己的任务"。此后,科学小品作为一种书写方式,在现代期刊、著作中被不断使用,成为大众科学教育的先锋。

笔者认为,《读书与出版》继承了《太白》半月刊首设"科学小品"专栏的优良传统,专门为周建人先生开辟了"科学小品"专栏,几乎在每一期都推出周建人先生的一篇科学小品文,这样大篇幅地向人民大众普及宣传科学知识,在当时中国的众多刊物中是非常惹人注目的。

---

[1]周建人:《关于科学兴趣的培养》,《读书与出版》1948年第2期。

著名学者周慧梅在《科学小品、科学教育与知识图景——以周建人为考察中心》的文章中提到：1934年，在科学大众化和大众语运动的推动下，《太白》半月刊首设"科学小品"专栏，聚拢并形成了以周建人、顾均正、贾祖璋、刘薰宇等为代表的中国第一代科普作者群体。周建人的科学小品主要关注"花鸟虫鱼"自然领域，在文章中融入细致观察和日常生活经验，用文艺、生动有趣的细腻笔触搭建了一个不同于以往的科学教育知识图景。周建人的科学教育书写方式的形成，与其成长经历及工作经验密切相关，并得益于同时期《太白》科学小品作者群的朋辈效应，展现了一批浙籍知识分子科学想象的变化和集体追求，他们共同促进了科学小品的大热，成为科学教育大众化的鲜明典范。在以周建人为代表的第一代科普作者群的努力下，日常化、趣味化、通俗化的科学教育书写方式逐渐被世人认可。揆诸史实，在《太白》存续的1934—1935年期间，"科学小品"专栏共发表66篇文章，"真正称得上科学小品的，在《太白》科学小品栏目中共发表有42篇"，其中周建人以"克士"笔名发表19篇，占了45%之强。实际上，周建人作为商务印书馆编辑，除主编动植物教科书外，还在《东方杂志》《自然界》《中学生》等杂志上发表数百篇的科学小品，后几十年里，他一直坚持科普创作，发表、出版了大量科普著作或译作，晚年还呼吁思想革命，认为中国大众太缺乏科学素养，亟须普及科学、破除迷信、转变思想，搭建了一幅融合时代共性和个体特性于一体的科学教育知识图景，这些却甚少引起学界关注，不能不说是一种遗憾。

笔者完全赞同周慧梅先生的观点："周建人作为一名自学成才的本土知识分子，从最初传统读书人对'花鸟虫鱼'风雅偏好到作为出版人提倡'科学中国化'、开辟'趣味科学'专栏、撰写'科学小品'以及将其楔入商务版自然教科书、致力科学教育的大众普及等一系列努力，便具有了意味深长的历史意义。周建人作为近现代中国科学教育的先驱和开拓者之一，其对近现代科学教育影响、对大众科学普及的价值，值得学界进一步深入研究。"

一、科学小品文的开山人

> 宇宙是森罗万象的物体与物质的总体,地球是它的一部分,地球上有山川风雨,各种矿物,还生着各种不同的生物。人类是后起的一分子,他具有发达的脑髓,因脑的活动而有感情,智慧,与思想。宇宙广大无限,无始无终,是无限的永久的世界,不过是不断变化的。很早的过去,宇宙只是无生世界的发展,到了有昆虫以上的动物,地球才发生了生物的声音,有了进步的人类之后,又给宇宙增加了高级进化的物质的精神属性。

这些饱含唯物辩证法智慧的话语对于今天的人们依然具有深刻的启迪意义。这段娓娓道来的、生动形象的文字来自周建人先生发表在《读书与出版》1947年第7期的科学小品文《谈谈宇宙》。

周建人先生撰写的科学小品文,借助文学写作手法,将科学内容生动、形象地表达出来,融科学性、知识性、趣味性于一体,有短小精悍、通俗易懂、语言丰富多彩、形式生动活泼的特点,深受大众喜欢。他的作品不仅擅长描绘宏观世界宇宙之宏大,而且精于讲述微观世界物质之微小。

(一)从昆虫生活说观察

《昆虫生活一斑——兼讲法布尔的观察》是他发表在《读书与出版》1947年第11期的一篇讲述观察微观世界的科学小品文。文章首先讲道,当年自己在家乡绍兴农村对蝇蝇和胡蜂生活习性的仔细观察后,发现胡蜂捕捉用来喂养幼虫储存的食物(一些小生物),放了许多日子也不腐败,仍然具有保鲜的性质,就猜想可能是胡蜂在捕捉这些小生物时注射了毒汁,使其处于麻痹状态,但是生命仍在持续,所以能够处于保鲜状态。

周建人先生写道:"但是猜想是不够的,还须用实践来证明。于是昆虫学者就得用观察。关于这一方面,我记下法国自然科学者法布尔的观察法之一斑。法国有一种胡蜂,叫做大西西利斯胡蜂,她拿象虫喂饲她的幼虫的。法布尔决心去观察。"

文章讲述为了揭开法国这种胡蜂储藏"食物"的保鲜之谜,在长达数年的时间里,法布尔到森林里去捕捉象虫,把象虫放到胡蜂的巢穴引诱胡蜂的失败,直至最后采取了将他自己捕捉的象虫和胡蜂捕捉的象虫"调包"之后,终于发现了胡蜂对象虫"处置方法"的全过程:

> 这时候她拿出刺杀俘虏的手段来了。她即刻面对着象虫,用钳钳住象虫的鼻子。象虫就拱起背脊,六只脚高高的立起来。法布尔此时睁大眼睛凝神注意的看着。他看见胡蜂提起前脚,向象虫背上用力一踏,好像要把它的背脊踏下去,好使腹下的关节脱开些的样子。她便弯转腹部到象虫的腹下,伸出针来,去象虫的腹下第一及第二对脚的关节间刺了二下或三下。象虫立刻不动了,一切都服从了她。这是很明显的,胡蜂用针刺时,好像医生用注射针注射一般,她向象虫的体内注射了一些毒液,它遂麻痹了,不会动了。但是没有死,所以它仍然新鲜,可以安放不少日子,不会腐败的,法布尔用了种种方法,才观察到大型的胡蜂用怎样的方法刺杀她找到的象虫的。

讲述了法布尔观察胡蜂捕捉储藏象虫的艰难经过后,周建人先生说:

> 学科学很重观察。但是观察并不简单,并不是只要用眼睛从外表上看看就行了。必须想种种方法看出事实的真相来,内部的秘密来。如果想不出观察的方法,就不能够观察出真相。上面只举了法

布尔怎样观察的二个例子,此外法子尚多着,而且须"随机应变"的做去的。实验是观察的延长,复化。

这里所讲的只是自然科学里面,动物学里的昆虫学中一小部门里的一些观察法。学习其他的学科也无不需要观察。如关于国内时事,国际问题,都须用适当的方法去观察,近来更有"观察家"一个名称,是指老于考察,推测这等事实真相的人们,他们所用的观察方法自然异于观察自然现象的。

一般说起来,人不但要吃,要住,要穿衣裳;他还要求知,要尽可能的知道一切事实,事实的演变,经过。这种进取的思想是人类独有的,人类以外的动物没有的。

在引导人们正确地观察和认识宏观和微观客观世界的同时,周建人先生的科学小品文积极引导人们从关注自然科学转向关注社会科学,关注人类社会,关注人的命运。

(二)从武松打虎谈科学

周建人先生发表在《读书与出版》1947年第8期头条位置的《学习科学就是练习思想》开宗明义地说:

"科学"的意义,本可广可狭,这里是当狭义用的,指自然科学。本来学习自然科学的目的,一般总是说在寻求知识,或者在改进技术,达成管理自然,增加生产的目的。这里我说"学习科学就是练习思想",是把学习科学对于思想方向的影响强调起来,认为学习科学实有使思想进于正确的作用的(虽然单靠学习自然科学是不够的),不过这里只举出这一面的道理来讲讲,其实应兼学哲学及社会科学。

作者分析说,中国人由于长期受封建社会的影响,在思想方式上习惯"自说自话"。

> 这等自说自话,亦包括"以意会之"的事情,只要留心一看,到处皆是。比方《水浒传》上武松打虎是最有名的故事之一。但施耐庵描写的那种打法,实在不可靠。不但要一手按住老虎的项颈,把它直接按下去为不可能的。平常人试试要这样按住一只大猫也不十分容易,它不是即将身子滚转,四脚来踢,便是两只后脚翻上来踢,非常灵活的。虎猫属于同科。攻击,还击方法多有类似地方。武松气力无论怎样大,决不能按住一只老虎,也不可能拳打脚踢把它弄死的。

作者随后以熊猫这个猫科动物为例,说明人们不能简单地用食肉或不食肉就断定是不是食肉动物,强调说"科学教人不敢随便推测,必须详细调查之后才敢说话","这是警告人们,教人们不要不重调查事实,随便断定,否则就会陷于错误。人们从这些地方,可以学得论事客观的精神,即科学精神"。文章结语说道:

> 青年学习科学,不单是要记得学习过的事实(即求知识),尤其要学习科学精神,遇事力求客观的研究,客观的思想。客观地把握事实,训练自己成为一个进步者。社会根本是个人的集体,产生一个进步的人,社会便得到了一分进步,或改革了一分了。我听到过一句名言"在世界上所有一切可贵的资本里,最可贵最有决定性的资本是人"。所以养成进步的人是很重要的。

笔者认为,周建人先生在《学习科学就是练习思想》这篇科学小品文中的提出的"学习科学精神",把自己"养成进步的人"对于今天的人们依然堪称是人生品行修炼的座右铭。

《大众科学丛书介绍》是周建人先生发表在《读书与出版》1947年第10期上的一篇短文,他明确指出:

> 科学无疑是非常重要的东西。是物质文明与精神文明最重要的建设者之一。只是科学的发展比其他门类需要更多的条件,常常文艺尚可能发展或产生的情形下面,科学却不能发展。在个人的学习方面也是这样,非有一定的条件,不能有很多进步。因此中国的科学,比较起来,分明是更加落后的(如与文艺相比)。有些落后的国家常有这些情形,文艺方面比较进步,科学落后——虽然这一落后,亦多少限制了文艺的进步性的。

作者在称赞了当时苏联科学取得的巨大进步后指出:"科学虽然不可避免的带有专门性,但是培养大家对于科学的爱好总是十分重要的。因此我介绍到这一部《大众科学丛书》给读者,辑译者的辑译这部书大概也是这意思。"作者介绍《大众科学丛书》分为"宇宙的构造""地球的历史""生命的起源""人怎样征服自然""人怎样讲话""做母亲指南"等六个分册,告诉读者:"这是一部'通俗'的高级读物。这里所谓高级,不是指深浅的意思",是指普通所谓高级趣味与低级趣味中的高级。科学与文艺相似,亦有高级,低级之分的。"

《科学上怎样考察事实真相》是周建人先生刊登在《读书与出版》1947年第12期阐述考察事实真相重要性的科学小品文,他在讲述了关于人类发现疟疾病毒病源的故事后说:

> 研究科学的有一个关键是要查出原委来,查出究竟来,决不含糊。在这一点的追求真理上面,科学者曾尽过忠诚的。孟森医生自

己让吸过疟疾患者的虐蚊叮咬,试验会不会传染,不过是许多类似的例子中的一个;有些科学者毫不迟疑的吞食病菌,以证验他的学说;我知道有一个医生曾生吞薑片虫的幼虫,试验能否在他的肠内长大成虫。科学者对于别方面的见解尽管会不正确,不进步,真正的科学者对于这一点是忠实的。而这种探究是有进步性的。

社会上的许多事情,如果都像查考疟疾的病源及虐虫如何传染的态度去对付,那是旧社会里黑暗势力的维持者一定挡不住的。因为一切黑暗势力都靠迷信、欺骗、糊涂、愚蠢等等去支持,指出真实情形来,对于它都是有害的,古代西洋有若干科学家的遭杀害,原因就在这里。最广知的哲学家布鲁诺的被烧死无非为了祖述地动说。黑暗势力如此怕科学(狭义的)真理,我们不但要求阐明狭义的科学真理,还要求广大的科学化,政治、社会等等各方面,各事项,都加以科学地考察,加以曝露,加以判断。

(三)《节足动物里丈夫难做》

周建人先生发表在《读书与出版》1948年第4期上的科学小品文《节足动物里丈夫难做》开头写道:

脚分节的,如有触须,也分节的,这类动物统称节足动物,或节肢动物,如昆虫,虾蟹,蜘蛛等皆属之。在人类里,旧社会是男权社会,男子权力特别大,地位特别高。夫妻之间,丈夫享受好些。如遇冲突,丈夫杀老婆,办罪常轻,妻如杀夫,办罪必重。两者分别非常明显的。如三月十五日时代日报"新妇女"引前回《大公报》上胡适的谈话,其中有一段说"……以我来说,我的太太都是特别预备一小锅白米饭,她和家人都在吃杂粮"。这还算是学得美国式的"民主"之后的情形。

文章接着讲道,在昆虫类里却有着和人类相反的情形,"雄蟑螂是把腹部背方的分泌物去孝敬雌蟑螂的","有些例子,不是猎取食物喂雌者,也不是分泌出物质让雌的吃掉。这种办法里,螳螂是著名的例子"。"我幼时,小孩们常常把它捉来,叫它吃头发……好像很有滋味的吃着。小孩们知道头发是最没有味道的东西,螳螂为什么吃得津津有味呢?是很奇怪的。但是螳螂的惊人消息,不在于会吃头发,却在螳螂都要吃老公的。"

文章分析了雌螳螂之所以吃掉公螳螂是因为产卵后身体虚弱,急需补充营养,同时认为:"吃丈夫的不仅螳螂,昆虫以外,如蜘蛛,蝎子,也吃丈夫的。蜘蛛求婚时雄的常作跳舞状,交配后,如被雌的捉住,就毫不客气地被吃下去。蝎子求婚时手挽手的(钳同钳夹住)走着,交配后雄的也被新娘所吃掉。"文章最后说:

> 这里写的是一段漫谈。动物世界(人类以下的动物)与人类不同,下等动物是凭本能与生理要求生活的。没有阶级地位的分别亦没有观念体系(蜂群与蚁群普通称有类于阶级的分别,不过便利上这么说说,当然与人类社会完全不同),螳螂里没有家长制与男权制,雄的不但没有吃的格外好些的权利,而且她会不客气地弯过头去把他的尖嘴细项的丈夫一口一口的吃下去。人类社会里也多样的,决不固定于丈夫吃白米饭妻孥吃杂粮的形式。

(四)"现代优生学的荒谬"

关于科学的阶级性和政治性,周建人先生具有极为鲜明的立场和观点。他在《读书与出版》1948年第6期发表的《论科学的政治性和现行优生学的荒谬》这篇科学小品文中严肃地指出,"科学也有阶级性",认为"现行的优生学也是统治者的政治武器"。

> 最近北平司徒雷登号召起来的一个组织发表的三十二点主张，末了也提出优生学的主张。所以觉得优生学的政治性，必须说一说。人类一有了阶级，必定要发生阶级的歧视。压迫阶级把自己看得很高，把被压迫者看的很低。但最初，这种观念的"理论基础"倒是没有的。中国古时候有过神话式的阶级歧视说：说女娲造人的时候，富贵人是用纯黄泥做成的，贫贱人是用草绳拖上泥浆（黄泥）而成。这种话今日看起来太荒唐了，已被人们遗忘。"朝上有名，天上有星"的话也已成过去。西洋大概也有这种情形。现在的"优生学理论"就来填补这一个缺陷。用近代的非科学的迷信来代替了过去的迷信。因为优生学者用了片面的考察，去努力说明现在上层社会的人，遗传性的确优良些，有些下层人民，系统的确低劣些；把有一部分人骗进思想的迷宫，去做种种不科学的思考。

文章认为：

> 但把被压迫种族看作低等，与把被压迫阶级低等一样，本来是毫无理由的，完全出于与种族偏见。白种人的白人优秀，有色人种低劣的"种族理论"，是没有"理论基础"的理论，并非科学，只是目的便于实行压迫的一种工具。……压迫种族拿了片面的话来武断宣传，目的是为便于侵略与压迫。但中国是被压迫的民族，为什么有些人会去相信这一套？这种谬见必须纠正！

周建人先生在《读书与出版》1948年第8期发表的《论人口论中的欺骗作用》中说：

这篇短文里,我要告诉读者的话只是这一点点,便是把社会固定的看,用减少人口来适应环境是不对的;应当谋社会进步,增加生产才对。科学的进步性是不可限量的,生产量可能增加也不可限量,人类必须向进步一方面走去,是毫无疑义的。况且明明有广远的前途可走!

就在这一期刊物上,他还针对当时国民党反动派控制的新闻媒体肆意渲染的"四川杨妹九年不吃健康如常",以掩盖当时国统区人民大众遭受饥饿之苦的真相,发表了《不吃是否可以生存?》的答读者问,明确表示:

这宗事情是不可能的。这是米价贵到四千几百万元一石的时候对社会开玩笑。这个问题本是非常容易解决的,只要把她监视起来,几天不吃滋养物(只许喝清水),再磅一下,看她体重减轻几何。体质既要消耗,一定饿得死,而且时间不会很长的。怀疑固然于科学的探讨有帮助,但怀疑应当与把握原则并重。自古以来已早知道人要饿死,要饿死就是不吃不能生存。这一原则必须能够把握。如果不能把握它,三国演义上于吉说"日食千羊亦能尽,千年不食亦不妨"的话就会相信,一切神怪的迷信也就来了。在米比珠子还贵的上海,闹闹这些违背科学的问题恐怕会受一些人欢迎。

(五)《早春的野花》

周建人先生不仅对于科学家法布尔的观察力有十分独到的描述,而且他本人对科学观察的功力也是出类拔萃的。他在《读书与出版》1948年第2期发表的《早春的野花》就是一个生动的范例。他对家乡绍兴农村一种叫作"小鸡草"野花的描写就十分独具匠心,格外的细腻。他说在初

《读书与出版》1948 年第 2 期《早春的野花》

春的时节：

　　小孩们跑出去看看路旁，田野旁边，见春雪消解处已露出绿攸攸的嫩草。叶子长圆形，头是尖的。细长的茎，做偃卧的形势，但上部的苗是向上昂起的，已经滋长起来了。

　　故乡的妇女、小孩们全都认识它，叫它小鸡草。不约而同的，欧洲人也叫它相同的名(Chickweed)，乡下从前过年的时候常孵小鸡的，现在如何，我不知道。母鸡一批蛋生完后，生理就发生变化。女人怀孕时要不舒服叫做"发病人"，母鸡不相同，它发病是在一批蛋生出之后的。这时候身体发热，不愿行走，只愿匍在地上不动。如果叫它匍在蛋上面，好极了，它的高高的体温正可催促蛋内的胚长发。后来变成小鸡跑出来。主妇们便取白米拌些油菜籽油去喂它们，当选的就是这种小鸡草。

其实,只要在农村生活过的中国人,不管是南方或北方,都会看见过母鸡孵小鸡和类似小鸡草的小草、野花,和周建人先生相比,只是观察的细腻度存在很大差异而已。

(六)《关于科学兴趣的培养》

《关于昆虫及植物的"回光返照"》《关于人类进化疑点之答复》等都是周建人先生发表在《读书与出版》杂志上的科学小品文。笔者发现,《读书与出版》从1947年第1期刊登第1篇文章开始到1948年第9期被迫停刊为止,在21期刊物中共发表了14篇科学小品,他的"科学小品"专栏成为广大读者最欢迎的专栏之一。在这些科学小品文中,刊登在《读书与出版》1948年第2期"笔谈"专栏的《关于科学兴趣的培养》,人们现在读来依然感到非常切合实际:

> 我说科学兴趣的培养,是指应该怎样才能使人们爱好科学?照广义的说,喜欢研究社会科学等方面的人们都是爱好科学的,但如狭义的说,把科学指自然科学时,是指怎样培养自然科学的兴趣了。在一般的读书界里,差不多大家公认,对于这一项兴趣,比较的少些,这是从自然科学刊物出版数与销售数的多少可以窥见一二的。所以,于这一方面的兴趣比较少(是就目前一个时候的"读书界"情形来说的,大抵产业工人对于物理科学,农人的对于动植物学一般有兴趣,只是缺乏学习的条件),因为生活与这方面接触得少,自然发生不起兴趣,这是很明白的事情。
>
> 目前对于生活与自然科学隔离的一部分读书界,要培养起科学兴趣来,已想到的方法,多半是在这一方面,即编印发表较有趣味的科学书籍及文字。比方材料为读者所能了解而又较新颖的,文字也写得简单,轻松,专门术语少,看起来会有兴趣些。艰深,枯燥的,看

起来就没有趣味。可是,对于这一门科学比较专门的人,就是艰深枯燥的文字也觉得有趣味或更有兴趣。所以趣味或兴趣云云,一方面固然于刊物的客观内容如何有关,一方面也关于主观方面的情形怎么样而定。不看电影的人,对于电影不生兴趣,电影广告也不去翻看它;不会走棋的人,对棋也没有兴趣;如电影常常看,兴趣起来了,以后就想看;棋学会后也是这样。所以我想,培养科学兴趣问题,要把文字弄得有趣味些,出版有趣味的科学书,这是出版方面的,写作方面的人应该努力的一方面,当然需要的。此外还有读者一方面,这方面也须有"硬着头皮"读科学书的精神,有了根底,兴趣就来了,以后读到科学书时,觉得内容所载多少都是面善的朋友,不是太生疏的陌生人,也就便利地读下去了。——这自然是指对于内容不是过于艰深的著作。如果距离太遥远的,就是勉强也是做不到的。这里不过说要培养科学兴趣也须要克服厌倦感与不怕疲劳的。现在《大众科学》续出的六本也已出版了,对于有志于培养科学兴趣的读者是有用处的。

意味深长的是,《读书与出版》的编辑在周建人这篇科学小品文的末尾还"补白"了J.B.S.海登的一句名言:"如果对科学没有广泛的知识,民主是不能奏效的。"周建人先生身为著名的科学小品文写作人和出版人,终其一生都在努力践行着"培养科学兴趣问题,要把文字弄得有趣味些,出版有趣味的科学书",最后成了我国科学小品文的开山人和科技图书出版的领军人。

二、周建人小传

周建人,初名松寿,字乔峰,排行第三,上有周树人(鲁迅)、周作人两位胞兄。他因从小体弱,两位兄长笔下沉默严肃的祖父、父亲对他甚为宽容,而靠典当祖产过日、豢养大量"花鸟鱼虫"的十五曾叔祖、熊三叔祖在童年松寿眼中,都是"有趣的人",各种奇花异草、鸟兽虫鱼给他提供了直接观摩机会,留下了深刻的童年记忆。因两位兄长均在日本留学,周建人初级学堂毕业后没有再继续升学,留在母亲身边侍奉尽孝,先后担任修身、习字和博物学老师,做过小学堂校长,因勤勉敬业受到省视学"通令嘉奖"。

教书之余,周建人还长期坚持自学植物学、英文,他在担任塔子桥僧立小学堂校长的六年时光里,暑假的最大乐趣就是采集植物制作标本,绍兴城里的塔山、蕺山、附近的会稽山、吼山等,都成为他探索的宝地,不仅使得他对南方各种植物极为熟稔,而且原本瘦弱的身体也慢慢强健起来。大哥鲁迅经常从日本寄回英文版的植物类书籍,升叔辅导的英文派上大用场;鲁迅归国后,利用闲暇弟兄相伴采集标本:"我搞生物学研究,鲁迅给了我许多帮助。他在日本留学时,送给我解剖显微镜、解剖刀等解剖工具,还送给我一本当时德国著名植物学家合著的植物学教科书。到上海以后,又多次给我买动物学方面的书。当时,我常翻译一些有关科技的文章,在报刊上发表。这些文章,鲁迅每每阅读,而且在见面时加以评论,鼓励我坚持下去。译得多了,鲁迅就鼓励我编辑出版,以期对普及科学知识有所裨益。"[1]周建人先生生前回忆说。

鲁迅在教育部谋职之后,不断搜集新书,如《自然史》《物种变化论》《矿物学》等,支持周建人继续自修。应该说,家族家庭的文化氛围,青少年时期的刻苦自修以及大哥、升叔提携,均为仅有初级学堂学历的周建人提供了成长的力量,支持他用"书本里的知识"武装自己,自学成才。1919年12月底,时年31岁的周建人离开故乡,踏入一个有别于绍兴的外部世界。经大哥推荐,周建人于1920年进入北京大学旁听科学总论、哲学等

---

① 周建人:《回忆鲁迅》,上海人民出版社,1976年,第54页。

课程。1921年10月,他受同乡章锡琛邀约,赴上海进入商务印书馆工作,担任《妇女杂志》助理编辑。1925年,因"新性道德号"风波,周建人转至编译所,编辑中小学动植物教科书、自然科学小丛书。

1926年,他兼任《自然界》主编,以"松山""高山""乔峰""克士"等笔名,在这些杂志上发表文章600余篇,提倡妇女教育、现代婚恋及儿童教育,普及科学常识。作为《自然界》主编,从第五卷开始,周建人力主开辟"趣味科学"栏目,专门刊载生物方面的科普文章,并亲自撰稿158篇(以编者名义撰写的不计入),代表性的有《柞蚕和府绸》《说竹》《常见的显花植物》《中国的食肉鸟类》《蝗虫习性的新观察》等,"'趣味科学'可以说是'科学小品'或'科普文章'的原始名称"。

换言之,在周建人成为"科学小品"专栏主要撰稿人之前,他已经发表了大量类似风格的文章,为科普教育书写方式的多面相做了充分铺垫。从20世纪30年代开始,周建人利用他掌握的生物、植物学知识,开始为一些报刊撰写科普文章,传播科学文化。他的科普文章中,有普及自然科学知识的,如《熊猫是怎样的一种动物》《遗传和变异》《谈谈龙和蛟》;更多的是宣传科学思想、科学意识的,如《战争·科学与民主》《论人民应该多说话》《科学信仰与迷信》等。这些科学小品文章属于那种看起来简单、写起来复杂的东西,它要求作者既要有专业知识,又要有精练通俗的文笔。一般来讲,所谓大家不屑为,而小家又为不了。因而,这些文章一亮相,就受到社会各界的好评,人们把它亲切地称为"科学小品"。

抗战胜利后,周建人任生活书店、新知识书店编辑,投身爱国民主运动,撰文抨击当局卖国、独裁、内战的政策,力主"科学中国化,中国科学化,社会民主化"。此外,他还撰写了大量有关鲁迅的文章,为研究鲁迅、弘扬鲁迅的战斗精神起了积极作用。北平解放后,华北人民政府成立,周建人任华北人民政府教育部教科书编审委员会副主任。中华人民共和国成立后,他被任命为中央人民政府出版总署副署长,是中共第九、十、十一届中央委员；第一、二届全国人民代表大会常务委员会委员，第三、四、五届全国人大常委会副委员长。

著名学者廖太燕说：

> 现代写作史上首倡科学小品的是《太白》杂志，它设有"科学小品"专栏，第一期就刊登了周建人、贾祖璋等人的作品。周建人对科学小品的兴起起到了关键的推促作用，据贾祖璋言："周建人在商务印书馆主编《自然界》杂志时，就开辟'趣味科学'栏，专载内容比较生动的生物方面的文章。"①

笔者认为，周建人先生的科学小品文具有两重意义：一是具有科普文本的创新意义——创造了"周氏"科学小品文写作新体裁，在体裁、语体、价值取向等方面有别于纯文学，具有科学小品的鲜明个性，奠定了一种具有自身个性特征的杂交文体，它对传播科学思想、普及科学知识、丰富我国文学作品创作和推进我国文化事业发展发挥了特殊作用。二是周建人先生的科学小品文不仅在科普文艺、现代文学发展史上具有重要地位、重大作用和独特价值，而且对于今天中国提高国民科学素养具有极其宝贵的借鉴意义。科普工作者和出版工作者应该像周建人等老一代科普工作者和出版工作者那样，继续撰写和出版更多深入浅出、活泼有趣的科学小品，引导青少年和广大人民群众上好科学素质"第一课"。恰如周建人先生当年在《读书与出版》发表的科学小品文发出的呼吁那样："要学习科学精神！"因为一个人的科学素质（科学精神）是运用科学知识，确定问题和作出具有证据的结论，以便对自然世界和通过人类活动对自然世界的改

---

① 廖太燕：《周建人与现代科学观念的传播：以〈自然界〉杂志为中心的研究》，《关东学刊》2017年第7期。

变进行理解和作出决定的智慧和能力。

数据显示，2018年，我国公民具备科学素养比例达到8.47%，这个比例远远低于美国2000年公布的28%，由此可知，我国公民的科学素养水准与我国居世界第二大经济体的大国地位极不相称。

在科学技术正日益深刻影响我们生活的今天，一个人的科学素养的高低，直接影响到现代社会中每一人的生活质量。2003年发生的"非典"疫情已经给国人敲响了第一个警钟："非典"病毒的宿主直指果子狸，人们一定要爱护果子狸等野生动物。可是，在2015年某出版社出版的《动物小百科》还赫然写道："果子狸全身是都是宝，它们的肉可以吃，是我国的稀有'山珍'。"还有所谓的"网红"美女大炫烤吃蝙蝠的视频疯传。这些事例说明，我国公民的科学素质水平亟待提升，急需"补课"。

2020年初新冠肺炎疫情的暴发又给我们敲响了第二个警钟：如果不具备基本的科学素养就不能及时果断地处理好突然暴发的公共卫生事件。正是钟南山院士等一批医学专家凭着过硬的科学素养果断做出新冠肺炎病毒"人传人"的科学结论，为国家采取正确决策战胜疫情提供了具有战略性的意见和建议，全民抗疫才能取得决定性的胜利。

由此可见，每个人，特别是每一个科学家科学素质的水平高低对一个国家的社会生活影响力度有多大。无数事实证明，一个国家只有崇尚科学，高度重视公民科学素养的培养提高，形成良好的科学沃土和创新氛围，培养出国际一流的科学家，才能推动科学技术的突飞猛进，才能促进综合国力的提升，才能创造和保障人们的幸福生活。这是国际社会的普遍共识，也是新冠肺炎疫情暴发给国人的一个非常深刻的警示。

从这个角度来看，周建人先生创造和撰写的科学小品文对提升我国国民科学素养所产生的巨大历史作用不可小觑，笔者同时也由衷敬佩他70多年前在《读书与出版》发出的呐喊之声："要学习科学精神！"

杂志回顾录

　　民国以来,出版事业日盛……国人始渐了然人生之意义,求一根本解决之道,而知运命之不足恃。故讨论此种问题之杂志,风起云涌,其着眼在将盘根错节之复杂事汇,加以彻底之判断,如国家政治,家族制度,婚姻,迷信等等思想上之问题,举数千年来之积习而推翻之,诚我国思想界之一大变迁也。

——戈公振①

　　"举数千年来之积习而推翻之,诚我国思想界之一大变迁也。"戈公振先生认为,中国社会出现的这种新变化、新气象,民国以来出现的各种进步杂志功不可没。为了回顾借鉴这些进步杂志的办刊经验,让人们从这些进步杂志中汲取精神营养,《读书与出版》颇有远见地专门推出了"杂志回顾"专栏,着重对民国以来创办的具有进步意义的和发生重大社会影响的期刊的办刊特色进行了回顾。

---

　　①戈公振:《中国报学史》,商务印书馆,1935年,第188—189页。

一、田汉忆《南国》

第一篇文章是田汉先生在《读书与出版》1946年第6期发表的回忆当年创办《南国》月刊坎坷经历的文章。他写道："若不是编者几次嘱托,我很难有机会再想到《南国》月刊的事。即便是被逼着'回顾'一下吧。"他叙述了当年拍电影资金不足,拍到一半没了胶片;演戏剧时演员比观众多……乃至后来他领导的文艺运动有了新发展和新转机,现代书局老板洪雪帆先生不仅支持他办《南国》月刊,而且赞助他创办一个《南国》周刊。

> 搞刊物的兴趣我是发生得颇早的。最初自然是《少年中国月刊》和《创造月刊》,但都是我参加团体的机关刊物,自己不曾直接负过编辑责任。直到我和亡妻漱瑜创刊了一种名为《南国》的小型周报,这才感到自编刊物的兴奋。那是启智书局张先生(他的名字我一时记不上来了)替我们印刷的,编排校对都是我自己经手。用道林纸精印,第一次介绍了 BeardsIay 的沙乐美插画等。漱瑜写的几篇散文诗似的东西很引起了朋友们的欣赏。日本恶魔派作家谷崎润一郎来上海这上面也有反映,仿佛译登过他一篇《上海交游记》。
>
> 《南国》月刊的出现在一九二五大革命后的第二三年。那时上海社会科学的研究热和新戏剧新文艺运动旳急激展开是蔚为壮观的。小布尔乔出身的作家们有的从民族任务颠落,露出本来面目。而大部正义感较强的从彷徨到呐喊,进行向新阶级的转变。《南国》月刊的创刊似乎在我由广州怅然归沪,找俞珊来代替唐叔明在上海南京上演《沙乐美》各剧以后。因此我记得创刊号上载有我们在黄花岗拍的照片,还有俞珊女士扮的沙乐美抱着一颗约翰的头,而扮约翰的便是陈凝秋即今日在陕北做参议员的"塞克"。
>
> 那时大家对戏剧理论及其史的考察都有一种雄图,洪深先生写

的戏剧论文,记得从宇宙的构成,各行星的距离关系等等写起,照那个来势,《南国》月刊纵会一直出到今天,洪深先生的论文许还写不到地球上的戏剧问题。黄素先生的中国戏剧史也是如此,譬如长江大河他只做了一点点探本追源的工作。不过他分论旧戏的生旦净丑一文就在今天也还是非常优秀的论文。我在这月刊上也发表过《黄花岗》史剧的第一二幕。至今将近二十年了,这史剧也还是"未完成的杰作"。

此外我们也介绍了安娥(当时名苏尼亚)的《莫斯科》,康白珊的《狱中记》。还有和一位曾作舞女后来抗战中做游击队员的黄小姐的通讯。这在当时的读者中颇引起了一些有趣的反应。然而时局变了,一切更紧张更残酷了,不容许我们长久低徊在革命的罗曼蒂克当中。整个南国社的同志们开始一种转变。从最初纯感情的结合走向更目的意识的结合,和当时整个进步文化运动合流。我在《南国》月刊上便来了一篇《我们的自我批判》,写得很长,把南国社发展到当时的道路做了一个分析。文章扯得太宽,我想是不怎么好的,但颇有热情,也保存了一点材料。现代书局推波助澜又替我们来了一个动人的封面,镰刀斧头都上去了。不用说《南国》月刊就那么被禁了,南国社的戏剧运动也转入另一时期了。

我的藏书和当时保存的刊物都因历次的事变或被没收,或被烧掉,或被我丢弃了。我身边差不多一本旧日的东西也没有。前年湘桂大撤退的时候,我由独山到都匀。在那么一个荒僻乱离的山城的地摊上意外地发现了几册《南国》月刊。有的经过雨水,俞珊女士抱着约翰头的那页插图给胶住了,凭怎样细心慎重地撕也撕不开,但我当做宝贝似的都给买回来了。接着桂柳沦陷,南丹失守,我那时又回了独山,四维剧校从都匀仓皇退到贵阳,什么贵重的东西也丢了,那几本破烂的《南国》月刊自然不会被他们重视,和我寄存在他们那儿的其他书籍衣履一道被委诸道路,垫了马足车轮了。

　　虽然编的不好,这刊物也毕竟耗过我们一些精力,起过一些社会影响。什么时候很想再搜罗到一整套,抱抱这失去了很久的孩子。

田汉先生对这份刊物的特殊感情还体现在他撰写的《南国》半月刊重刊之词中:

　　《南国》半月刊第一次与社会相见,是我还住在哈同路民厚里某号的事。那时吾妻易漱瑜女士还健在。我们只等由印刷所把印好的整张的纸几大捆地一搬回来,一家人便忙着折叠,忙着贴邮花。那种忙中的乐趣,至今不能忘记。发行到四期,正好有些眉目了。因着漱瑜由武林归后忽染重病,我的心力和物力都不能集中,于是这新生的《南国》半月刊只好停整下来。①

　　他说,随着"南国艺术学院"的创立,"现在又觉得单办学校而无杂志以为喉舌,吾党精神无由表现,吾人创作欲无由得到刺戟,于是《南国》半月刊又与吾新兴之社会相见了。因为五年前出到第四期,所以我们现在出的是第五期,以与五年前遥接,虽说第四期的《南国》连我们这里也没有了"②。

　　在《〈南国〉周刊月订本》第一册的序言中,田汉先生说道:

　　我们久想出一种周刊,随时传达我们的消息,发表我们的意见。

------

①田汉:《〈南国〉半月刊重刊之词》,《田汉文集》第14卷,中国戏剧出版社,1987年,第176页。

②田汉:《〈南国〉半月刊重刊之词》,《田汉文集》第14卷,中国戏剧出版社,1987年,第177页。

因为月刊太久了,不定期刊更是"太不定期"了。……

但这真是何等高兴的事啊,在此次——第二次本社(南国戏剧社)上海公演之后,《南国》周刊又出版了,而且是有计划的,安排持久战的出版了。在关于印刷方面有过痛苦经验的我们不能不说很可自慰。

问题只在以后如何了,以后我对本刊的希望:

(1)竭力藉本刊研究我们究竟应该怎样去做艺术运动;那种运动究竟于时代有何种意义? 特别是关于艺术与民众底问题,得下极深刻之探讨;因为在我们作戏剧运动的时候常接触这种问题。我们若不十分精密地分析他们,将来在我们艺术运动的各部门是不能正确地听出他们的呼声,因而勇猛地拥抱他们的。

……

(3)现在的中国在许多方面还是启蒙时代,社会对于艺术运动多不肯用"心眼"去接受,而好用"偏见"去曲解,甚至一点不去理解、不能理解,而偏爱说些"有关世道人心"的话。结果,爱听他们的话的把自己的锋芒都收敛了,或是被他们引到另一条路上去了;不爱听他们的话的,甚至又要激起他们回到他们的象牙之塔里面去。这实在太损失了。

我们对于自己的运动既有明确的意识,应该不受人家无谓的恭维,更不应该受人家无理的诬蔑! 我们应该把我们的态度宣示给人家知道,更应该把人家的态度分析给自己知道。于是我们用得着战斗了。本刊就是我们的武器。①

在田汉先生这段文字里有两句话极为发人深省:一句话是"现在的中

---

①田汉:《序〈南国周刊〉》,《田汉文集》第14卷,中国戏剧出版社,1987年,第228页。

国在许多方面还是启蒙时代,社会对于艺术运动多不肯用'心眼'去接受,而好用'偏见'去曲解,甚至一点不去理解、不能理解,而偏爱说些'有关世道人心'的话"。另一句话是"我们对于自己的运动既有明确的意识,应该不受人家无谓的恭维,更不应该受人家无理的诬蔑!我们应该把我们的态度宣示给人家知道,更应该把人家的态度分析给自己知道。于是我们用得着战斗了。本刊就是我们的武器"。

笔者还要提醒各位读者注意,田汉先生的这篇文章是在1929年9月发表的,距今已经接近百年了,看看百年之后的今天的中国现状,我们从内心由衷地感叹田汉先生真正是中国现代戏剧运动的一代巨擘,真正是积极倡导中国文化走向人民大众的一代先驱。一份刊物"就是我们的武器",这句话充分昭示了田汉先生对《南国》周刊的一往情深和《南国》周刊当年所发挥的战斗作用。

二、《世界知识》回顾录

张章甫先生在《读书与出版》1946年第7期"杂志回顾"专栏介绍了《世界知识》。

《世界知识》是民国二十三年创刊的。当时正当中日关系微妙的时候,人民抗日的情绪正在高涨,而政府却处处以日本人的意志为意志,对于一切抗日言论,多方加以压抑,甚至如杜重远先生编的《新生周刊》,因为发表了一篇《闲话皇帝》的文章,日本人认为侮辱,要求政府查究,结果杜先生竟因此坐了好多时牢。

在这种言论不自由的情形下,中国出版界的贫乏可以想见,而在另一方面,被压抑的读书界对于精神食粮的要求却又是非凡之迫切。这时候,胡愈之先生恰在上海,一面任职哈瓦斯,一面主持生活书店的出版计划。有一天,他和几个朋友谈起,觉得在现实情形下,不妨出个专谈国际问题的刊物,也许能够满足读书界一部分的要求。

他的理想,从设计、筹备到出版,不到一个月工夫,二十三年九月一日,《世界知识》便呱呱坠地了。毕云程先生被推为编辑兼发行人,实际主持一切。文章由几位熟悉的朋友轮流写,当时写的最多的当推胡愈之、邹韬奋、钱亦石、金仲华、张明养、章乃器、胡仲持、思慕先生等几位。《世界知识》一出版,立刻受到了极大的欢迎,销路蒸蒸日上,最高会达三万之数,这在贫乏的中国出版界确是一件难能的事情。

后来,大概因为毕先生另有事情,未能专心工作,便改由钱亦石先生编了一个时期。中间又曾由张仲实、钱俊瑞先生先后负责。到了民国二十五年,改由金仲华先生主编。

二十六年八月,全面抗战爆发,《世界知识》停刊。中间曾与文学妇女生活等合出联合旬刊,不久亦停。国军自上海撤退后,文化人纷纷到内地,《世界知识》亦随之流亡,于二十七年春在汉口复刊,不久,武汉撤退,又告停顿。二十八年,胡愈之、金仲华先生等到香港,又设法把它复了刊,这时期,经常投稿的作家还有乔木、郑森禹、张铁生以及邵宗汉、宋斐如先生等,虽旅处国外,在国内仍拥有广大的读者。三十年太平洋战争爆发前后,文化人纷纷离香港,《世界知识》又无法继续了。

去年日本投降后,上海又成了文化出版的中心。十二月,《世界知识》又得重行与读者见面了,编辑由金仲华、冯宾符两先生负责,发行则归之王德鹏先生。今年十月起,为应读者要求,迅速反映现实起见,又改为周刊。

总结《世界知识》在民族的苦难中成长,随着抗战流亡,又迎着"胜利"复活。这个小生命所饱含的无限酸辛,也正是今天中国人民的酸辛。现在,全面内战又复爆发了,言论自由受到了压抑,这个小小刊物还在摇曳不定的风中残存。回念过去短短几年的历史,真是说不尽的沧桑。钱亦石先生已为民族牺牲了他的生命,毕云程、张仲实、钱俊瑞先生都远迢迢的天各一方,而《世界知识》的母亲——胡愈之先生,则至今远处异国,赋归无期。最后,让我替这个小刊物祝福爱护它的远方的朋友吧:"但愿人长久,千里共婵娟。"

三、《五四以前的文艺杂志》

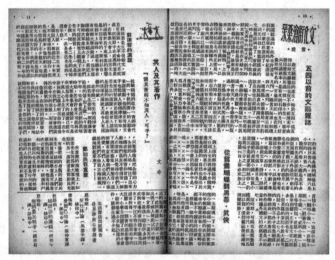

《读书与出版》1946年第7期《五四以前的文艺杂志》

在《读书与出版》1946年第7期上,萧聪先生发表了《五四以前的文艺杂志》,文章写道:

新文艺杂志的产生,始于五四,但五四以前文艺杂志也很不少。前清末年商务印书馆出版过一种《新小说》,笔者只见过几本,是有光纸石印的月刊,好像那部有名的《官场现形记》也在那上面连载过的。此外也许还有别的,但笔者那时年纪还很小,印象已经很淡了。

民元以后,鸳鸯蝴蝶派的文艺杂志兴起了,曾经盛极一时。商务印书馆的《小说月报》是其中的老大哥(创刊时期其实恐怕是在光绪年间),编辑者起初是后来改行的做中医的恽铁樵,后来是王西神(名蕴章,精于词章,后来做过新闻报编辑,上海沦陷后听说做了汉奸)。以精印碑帖出名的有正书局(在山东路四马路转角上,与时报同属一个老板——狄楚青,现在已经让位给一家刻字店了)出版过《眉语》(月刊),编辑是工于旧诗词的高剑华女士和她的丈夫(名已忘)。中华图书馆(店址在河南路靠近五马路,大约是现在百新书店总店的地位)出版过《游戏杂志》(月刊),编者王纯根;和《礼拜六》(周刊),编者王纯根、周瘦鹃。国华书局(大约在四马路靠山西路西首现在该店原址已经开了一家洋货店了)出版过《小说新闻》,编者李容夷。文明书局(商务印书馆南隔壁)出版过《小说大观》(季刊),编者包天笑。中华书局出版过《中华小说界》(月刊),好像也是包天笑主编的。

这些杂志的形式,大都是十六开本,两百面左右,五彩石印美女封面,四号字排印,只有比较不重要的短文和长篇连载间或用五号字。但《礼拜六》是卅二开本,《中华小说界》是二十五开本。售价大部分是四角,《小说月报》和《中华小说界》因为出版者资力雄厚,广告收入较多,所以廉价倾销,只售三角,《小说大观》篇幅多,约有其他各种的两倍以上,记得只售八角。《礼拜六》是小型的,只售一角。

说到内容,大概是差不多的:首先是铜版纸彩色印的铜版插图,不外是些平剧名伶和文明戏巨子的剧照,著名长三堂子妓女的相片,名胜和书画的摄影,有时也有几张作家的照片。以后便是短篇小说,笔记,平剧,传奇,昆曲(石印,有工尺谱),游戏文章,诗词,诗钟,谜语,杂俎,最后是二三种连载的长篇小说。短篇小说似乎是最重要的部分,约占篇幅三分之一到二分之一,每篇回目上面必定加上"言情小说""写情小说""艳情小说""社会小说""侦探小说""武侠小说"等等类别。长篇小说大都是章回体。文字是文言的居多,白话的偶然也有一二篇,但长篇的章回小说大都用白话。作品十之七八是创作的,写的不外乎鸳鸯蝴蝶,卿卿我我一类的东西。翻译的作品比较少,大概是由于当时懂外国文的投稿者不多吧。

这时期,可称为是鸳鸯蝴蝶派的黄金时代,但一到五四以后,这些杂志便逐渐地销声匿迹了。

文章还对当时的鸳鸯蝴蝶、黑幕、武侠小说的创作出版及产生的社会影响作了分析。

四、《〈新月〉上的政论》

在这一期刊物上还有一篇署名"存文"写的文章《〈新月〉上的政论》,其中讲述胡适先生当年对国民党执政理念的批判非常令人深思,令人警醒。文章说:

> 《新月》是在民国十六年创刊的一个杂志,由梁实秋、潘光旦、叶公超、饶孟侃、徐志摩五位合编(后期由梁实秋先生一人编)。这并不是一个专刊诗的杂志,虽然其中常常刊载徐志摩,闻一多,陈梦家的诗而行成一个诗派。老读者也许还记得这刊物的形式很别致,开本是方形的,封面别无装潢,在灰暗色的封面纸上另黏上一张比较鲜艳的小纸,上写"新月"二字。
>
> 从民国十八年四月出版的二卷二期开始,《新月》里面忽然出现了政治论文。在二卷六七期合刊中还特别插入一附页,"敬告读者",其中说:"读者诸君大概可以看得出,自从第二卷第二期起,新月月刊的面目和从前不同了。我们接连登了胡适、梁实秋、罗隆基几位先生的文章,于是许多人都异口同声说,《新月》谈政治了! 不错,我们是谈政治了,我们以后还要继续的谈。……如今这个时局是真沉闷,但

是这沉闷不是安静的意思,是在酝酿更大的不安,我们没有法子使我们不感到这个时局的严重。我们有几个人便觉着忍无可忍,便说出话来了。说出与现在时局有关的话来了。"

我们知道,民国十八年是国共分家,国民党当政后两年,是九一八事变的前两年,那时政治局势的严重,从《新月》忽然谈政治这一件事上就可以看出。

文章特地摘引了胡适先生在《新月》二卷二期和二卷四期发表的《人权与约法》《我们什么时候才可有宪法》中的两段话:"现在中国的政治行为根本上从没有法律规定的权限,人民的权力自由也从没有法律规定的保障。在这种状态下,说什么保障人权!说什么确立法治基础!"(《人权与约法》)"人民需要的训练是宪法之下的公民生活,政府与党部诸公需要的训练是宪法之下的法治生活。'先知先觉'的政府诸公必须自己先用宪法来训练自己,裁制自己,然后可以训练国民走上共和大道。不然,则口口声声谈'训政',而自己所行所为皆不足为训,小民虽愚,岂易欺哉?……以此训政,别说六年,六十年有何益哉?(《我们什么时候才可有宪法》)"作者认为,"十七年前的这几位学者的言论在今日来看,固然有许多值得批评之处,但是至今我们仍在喊着人权保障这一类老调,岂不可痛!"

文章接着又摘引了胡适先生在《新月》杂志二卷六、七期发表的文章《新文化运动与国民党》,胡适先生措词率直,一开始就指名道姓地严厉批评当时的国民党中宣部部长叶楚伧:"我们从新文化运动的立场不能不宣告叶楚伧部长在思想上是一个反动分子,他所代表的思想是反动的思想。接着可进一步说'我们看了叶部长的言论以后,不能不进一步质问,叶部长所代表的反动思想究竟有几分可以代表国民党?国民党时时打起"铲除封建势力,打倒封建思想"的旗帜,何以国民党中的重要人物会发表这样维护传统文化的反动思想呢？究竟国民党对这个新旧文化的问题抱什么态度呢？在近年的新文化运动史上国民党占什么地位呢？'"

文章进一步写道：

> 胡适先生是五四新文化运动的元勋，他在国民党当政以后严正地提出这个问题，实在不能目为小事。其（胡适）全文结论如下："我们要明白指出国民党里面有许多思想在我们新文化运动者的眼里是反动的。如果国民党的青年人们不能自觉地纠正这种反动思想，那么，国民党将来只能变成一个反时代的集团，决不能做时代的领导者，决不能担负建立中国新文化的责任。……今日的国民党到处念诵'革命尚未成功'，却全不想促进'思想之变化'，所以他们天天摧残思想自由，压迫言论自由，妄想做到思想的统一。殊不知统一的思想只是思想的僵化，不是谋思想的变化。用一个人的言论思想来统一思想，只可以供给一些不思想的人的党义考试夹带品，只可以供给一些党八股的教材，决不能变化思想，决不能靠此收'革命之成功'。……'现在国民党之所以大失人心，一半固然是因为政治上的措施不能满人民的期望，一半却是因为思想的僵化不能吸引前进思想界的同情。前进的思想界的同情完全失掉之日，便是国民党油干草尽之时。"

> "国民党对我这篇历史的研究，一定是很生气的，其实生气是损人不利己的坏脾气。国民党的忠实同志，如果不愿意自居于反动之名，应该做点真实不反动的事业来给我们看看。至少至少，应该做到这几件事：（一）废止一切鬼话文的公文法令，改用国语。（二）通令全国日报，新闻论说一律改用白话。（三）废止一切钳制思想言论自由的命令制度机关。（四）取消统一思想与党化教育的迷梦。（五）至少至少，学学专制帝王，时时下个求直言的诏令！如果这几件最低限度的

改革还不能做到——那么,我的骨头烧成灰,将来总有人替国民党上'反动'的谥号的。"

在《新月》上与胡适之先生这一篇《新文化运动与国民党》同一期发表的还有罗隆基先生的《告压迫言论自由者》。因为手边恰恰有这几本《新月》月刊,故撷录若干于此,也算是一点文化史料,为注重历史考据的胡适之先生所赞许的吧?

五、《记〈文艺新闻〉》

《读书与出版》1947年第1期的"杂志回顾"专栏刊登了楼适夷先生的文章《记〈文艺新闻〉》:

《文艺新闻》是一张八开四版型的小周刊,创刊于一九三一年的春季,内容以文化艺术的批判和报导为主体,偶也有些短小的作品,从出刊到被上海租界当局勒令停刊,约摸出了一百二十多期,正确的期数已经记不起来了。

《读书与出版》的编者要我为"杂志回顾"栏写一点稿子,我就想起了这个刊物,这不仅因为我自己曾经长期地,几乎是自始至终地参加了这个刊物的编辑工作,同时也以为这个刊物在当时实有相当广大的作用,而且对后来的新闻杂志界也有不少的影响,的确值得把它回顾一下的。

创办这刊物的是一位留日专攻新闻学的无名的青年,虽然因为他的后来的行动,使我不愿意在这里提出他的名字,但他实在是一位天才的新闻人,仅在这张小小的周刊上,就露出了他的不平凡的头角。他在日本,因为无钱继续读书了,回国来筹款,筹到了一笔款来,忽然改变了念头,不愿再去日本,就留在了上海办这张《文艺新闻》。

这在当时完全是创造性的一种刊物,不仅在中国从未有同性质的刊物,而且一开始就有相当的胆识。那时候,国内正弥漫着严重的白色恐怖,进步刊物正经过疾风骤雨的扫荡,新兴文坛统治着死的寂寞,因为左联五作家的惨遭残害,这寂寞中正蕴积着无限的沉郁。《文艺新闻》的出现,给这沉郁的寂寞掀起了有力的震荡,首先,它就报导被新闻界的铁锁紧紧锁住的五位作家死难的消息,发表了照片、事迹和追悼的文字。因此,它就立刻受到文化界和进步青年的关注和爱护。

楼适夷先生接着介绍了《文艺新闻》四个版面的特色和发表过的产生重大社会影响的文章,指出第一版的社论和时评"虽然不直接谈论政治时事,但每篇文章都紧紧的和当时当地外围环境及一般需要密切配合起来;同时也不单是应时的点缀文章,其中也颇有锋利的思想批判,例如对当时自称'自由人'的胡秋原之类的抨击,以及所谓'民族文学'的揭发"。

这些论文大部分由编辑人执笔不用署名的,有时也请社外人正式署名发表,像鲁迅先生,雪峰先生就都写过几篇。第二版是国内的文化艺术报道,现在盛行于报纸刊物的文化动态,艺文报道,可以说就是从《文艺新闻》开始的,不过那时却不是零断消息,大都倒是自成系统的独立的新闻,通讯,同时也决不涉及个人的私务,没有现在那种某作家有了新爱人,某作家养儿子那样无聊的起居注。在这一版里另一个主要的特色,便是对于重要时事活动的文艺性的特写,速写,当时这一些术语在中国还都是首创的,在别的报纸刊物上还没有这类的文字。而且《文艺新闻》所报导的时事,大都是被当时别的报纸所封锁或忽视的,例如示威游行,罢工斗争等。记得九一八之后有一次十余万人市民大会的速写,曾得一位前辈作家大为激赏,他说,读了这篇速写,好似重新参加了一次大会。

文章作者认为，《文艺新闻》最显著的特色是战斗性和集纳性，并且集纳性这个字眼"记得就是由《文艺新闻》首创的"。

它对环境和时间有敏锐的感觉，富于变化和多样性，能随时随地抓住时机来适应读者的需要，而本身立场则是始终站在进步的战斗方面。例如在九一八事变发生的第二天，《文艺新闻》的记者立即走访全上海知名的作家，要每个人写出几行对于这事变的观感和意见，立刻就出了一个特辑。编辑者指定一个题目要许多作家写文章，这样的作风在中国好像这也是第一次。在一·二八淞沪战争爆发后，《文艺新闻》以一文化艺术的周刊发行了报导战事新闻及一切抗战运动的每日号外，更显明的表露了战斗姿态，除了迅速正确的反映军事行动以外，又刊载了许多战地的报告文学，前线通讯和工厂通讯等等。这一张八开大小的号外在战氛浓郁的上海街头，和许多大报纸取得相等的地位，特别是被学生工人群众所欢迎。

作者十分欣喜地写道：

（《文艺新闻》）销路推广到西南西北的边陲和海外的华侨之间，读者的信件像雪片似的涌到，不仅来稿，还有许多鼓励和贡献意见、询问问题、甚至委托代办事务的通信，为着这需要，便在本埠成立了许多分别组织的读者会，经常举行学术讲演会、联欢会等的全体大会，对外埠成立了通信代办部，代办书籍和文化用品，后来这代办部就发展成为文新书店。

《文艺新闻》的许多读者在抗日战争和解放战争中成为"优秀的斗争

的战士"：

> 这些战士至今还活跃时代的最前线,在抗战时期敌后战场上,我遇到到许多不相识的优秀的干部,互相闲谈起来,才知道他们都是过去"文新"的读者,心里真有说不出的愉快。

楼适夷先生的结语说：

> 文新当时一面鼓舞了许多年轻的读者,受到他们热烈的爱护,一面也因此遭受当局的嫉视,外边谣传这是左联的机关刊。上海租界当局不断的找麻烦,屡次想加以封闭,都由发行人巧妙的利用了人事关系掩护过去,渡过了难关,外埠各地也常常有被扣被禁的事情发生,但因为进步文化商人的热心的推销和直接读者的普遍,这种威胁就变得不甚严重,而最后的终于被迫停刊,与其由于外的压力,主要的还在主持者不能始终一贯于这个小小的事业。

六、《香港杂志巡礼》

说起当年香港的杂志界状况,周哲先生在《读书与出版》1948年第7期发表的《香港杂志巡礼》是这样介绍的："国内局势的变化,直接影响到许多杂志的生存,因而也造成了香港定期刊物的'繁荣'现象。"究其原因,一是香港当局还维持着一定程度的言论自由,二是香港的杂志几乎全部不能在内地发行,除了香港这座"孤岛",只能面向南洋华侨发行,所以"今天香港的杂志销数一般说来都不很高,印行最多的《群众》,也不过一万份而已"。

《群众》所刊载的各种文件,差不多都能先在华商报上看到。汪老吉的"茶亭杂话",是非常辛辣的杂文,读《群众》者几无人不喜欢它。与《群众》同性质的刊物有《正报》,《正报》和《群众》不同的地方,是具有地方色彩,对于华南的报道甚详,社评亦每多针对广东情形而发,学习性文字较多。

其他政派的代表刊物,有民盟的《光明报》,国民党革命委员会及国民党民主促进会的《自由》,以及民社党伍宪子等所办的《人道》。《光明报》现由陆诒等人在编,经常有沈志远,黄药眠等的作品,民盟的对外文件也在此发表。《自由》经常写稿的人是蔡廷锴,李济琛等。《人道》的内容中间偏右。这三个刊物,销路都平平,说不上好,《自由》比《光明报》差,《人道》比《自由》又差了。

周鲸文是民盟一分子,他所主编的《时代批评》,也是中间的、有自由主义色彩的刊物。替它写稿的人不限于某一方面,最近所出的一〇一期,有冯玉祥,周新民,曾昭伦,千家驹等。这个刊物因为兼包并容,读者对它的批评也就不很一致,在香港说来,销路不算是坏的。

销路在香港刊物中算是数一数二的当推《星期日》,这是介于报纸与杂志形式之间的刊物,套一个流行的说法,就是所谓"报纸杂志化,杂志报纸化"的东西,和储安平在重庆编的《客观》相似,但封面要漂亮得多。这个刊物可以已经做到相当的综合性,每期都有相当数量的漫画发表。现在的印数是六千份,这在香港说来是不容易的。

此外,文章还提到了香港经济类的杂志《经济导报》《青年知识》等。

文艺方面的杂志有《文艺生活》。读者大多在南洋方面,因此,关于马华方面的创作及其他反映马华生活的稿子,也发表得很多,最近第三十九期有一个《马来亚人民抗敌记》专辑,主编司马文森,经常写稿的有黄宁婴、周刚鸣,陈残云等人。附在《文艺生活》一起的有一个"文艺生活副刊",也是司马文森在主持的,这个刊物主要是给"文生"的读者看的。

除了正式出版的杂志以外,香港还出版有一批丛刊。

这些丛刊里面,学术方面的有《理实丛刊》。这丛刊的前身就是《理论与现实》,主编人仍为沈志远,最近一辑是中国土地问题专辑,听说在筹划中的是新民主主义专辑。前身为《自由世界》的《自由丛刊》,现已出至十五辑,所讨论的都是现实性的问题,内容非常充实,在思想战线上很起作用。

文艺方面自然首推《大众文艺丛刊》了,特别着重文艺批评,在读者中的影响是巨大的。但一个可悲的事实是,第二期的国内读者有三分之一不能收到。它所发表的《实在的故事》,是文艺上的一个新形式,这个形式现在已经被人普遍地加以注意和运用了。

此外还有专门发表杂文的《野草》丛刊,秦似、绀弩等编,最近一辑名为《论白俄》;中国诗坛丛刊,第一辑名《最前哨》,黄宁婴等编,有郭沫若,冯乃超,力扬等的作品;海燕文丛,达德学院师生合编,及新青年文艺丛刊等。

妇女方面有香港妇女丛刊,儿童方面有新儿童丛刊,工人方面有工人文化社出版的中国工人丛刊,都是内容比较进步的,销数尚可。

国内的杂志此地大都可以看到。《观察》的销路最好,一般读者对它的立言观点容有不同意之处,大都喜欢读它的通讯版和读者投书,因为这里面往往能够暴露出许多事实。其次,中学生,开明少年,读书与出版,世界知识,时与文,时代,经济报导等都还受欢迎。销路最坏的恐怕是《新路》吧!

七、《上海的几个政论杂志》

孙璧如先生撰写的《上海的几个政论杂志》和《上海杂志巡礼》系列文章是发表在《读书与出版》的两篇重头文章。发表在1948年第8期的《上海杂志巡礼》开头说道：

> 我也曾经逛逛书店，看看报摊，单看所谓杂志之类，的确五光十色，花样繁多，令人有"山阴道上，应接不暇"之感。假使有人问，现在上海出版的所谓杂志究竟有多少？恐怕谁亦说不出一个确数来。因为严格地说，究竟怎样才是杂志，谁亦不能确切地说得上来。现在假使随便找哪一天的报纸，看看杂志的广告，譬如，我手头一份五月四日的大公报，登着上海书报杂志联合发行所的广告，照数点算竟有一百八十七种之多，然而再仔细看一下，有的并非定期出版的，有的只是机关的官报；还有一部分是属于专业的，技术的，其所拥的读者群，当然为其内容所限制。所以一般地说，常逛书店看报摊的读者所注意的杂志，恐怕至多不会超出二十种。我亦偶曾和书报摊贩或书店店员闲谈，从他们的经验中可以知道，所谓最热销的杂志事实上不会超过半打之数。

文章接着说道：

> 这年头本是历史上未见的古怪的年头，在杂志界便可以见出来的。物价高不可攀，文网密不通风；编者与读者之间，有咫尺天涯之感；读者要听的话，编者不敢说，即使说出三言两语，也是那么吞吞吐吐，七折八扣；一边是站在闷葫芦外，一边是封在闷葫芦里，大家闷得慌。然而有什么办法呢？

《上海的几个政论杂志》发表在1948年第9期,文章中写道:

> 目下上海出版的政论期刊虽不下十余种之多,仔细看若干期刊的论调与主持的人物,便不难推知其赔蚀金钱虚耗精力的目的,所以书店报摊上虽摆的五光十色,为人注意者,究属寥寥可数。因为言论界虽如鲁迅所说,像石头底下长出的小草,不免屈曲孱弱得可怜,但读者却比十年前乃至五年前进步得多;这进步真可谓一日千里,眼光确如燃犀,一切真伪曲直,到眼分明,毫不含糊,写文章的和出版的休想蒙混得过。这是前所未有的好现象。所以今天评介政论的期刊自不宜应有尽有地凡见于市场者一一加以评介。不过必须预先指出的是:期刊之受读者欢迎,假使以该刊印刷的数量甚至以该刊卖出的数量来做衡量的标准,并不一定正确的。

文章接着例举有些官方刊物,似乎发行数量很大,因为廉价推销,实际真正阅读的读者寥寥无几,有的刊物常常是免费赠送,也是没有多少人阅读。

> 可是假使另一种刊物,实销亦许只有一万,可是它的读者大多数为学生,店员或工人,那么这一万销数至少可以代表五万个读者。因为这些读者大都购买力薄弱,而且一向具有集体生活的习惯,五人乃至十数人合读一书,是极为普通的。所以对刊物予以衡量,最好撇却势力眼光,而朴素地从它的内容上着眼。

文章尖锐地批评了当时某些政论刊物标榜的所谓无鲜明政治倾向的"中间路线",直接指明"世间既没有无立场的政论,也没有无立场的政论刊物"。文章首先点评了《观察》和《时与文》两个政论刊物。指出《观察》的一条办刊原则是"民主、自由、进步、理性四个基本原则",附带说明刊发的文章观点"并不表示为编者所同意者"。同时指出另一条办刊原则是："不刊载不署真姓名的任何论文。"文章批评了《观察》杂志的主办人储安平先生因为鉴于当时文网太密而不得不采取的这种"一炁化三清"的办刊"智慧"。

《时与文》这个政论期刊,我将不客气地说,是目前上海杂志界的一颗"惑星",令人有"莫名其妙"之感。说不够政论的水准吧,当然不对的;因为像三卷四期第一篇短论《贺李宗仁》以及九期中宦乡先生的论司徒雷登声明那样文章,的确跻于当前第一流的政论可以毫无逊色。然而是否经常保持这个水准呢?却大谬不然。譬如,三卷十期的那篇《由〈新闻怨〉望〈新闻怨〉》,固然本身原非政论,但即以文意的水准而论,实在低的可以,作者似乎连电影都看不懂。从采用这一类的稿子看,似乎编者对于办这刊物的态度是随便的,不甚严肃的。

文章接着提到了《展望》周刊。

这个刊物虽没有长篇大论,但其内容所触及的方面比较地多。而且非常现实;这是它的特色。即以篇数而论,与《时与文》的篇幅相等,而项目之多常及《时与文》的一倍。而且国内,国际,军事,经济,从工商界,学生乃至工人各界的问题,华侨的问题,都经常反映接触到的,就其通体的精神看可说完全致力于民主这一课题的。

除了上述三周刊之外,还有两个期刊,似乎不应该不提;那就是《中国建设》月刊与《新中华》半月刊。这两个期刊虽然时间性较差,而且都偏重于学术研究方面的。可是由于两者的篇幅较多,可以容纳较长的文章,因此,其中的政论文章,对于所涉及的问题,常能以较丰富的资料,从学理上作较为深入的研究与阐发。假使关于同一问题,将这两个刊物的较为学术性的长文和其他周刊的论文比较研究,亦许可以收获较多。

文章的结语说:"最后想把《新路》作为一个特别类型提出来说几句。这个周刊及其主持人物的'自由主义'的价格早已有不少人加以估定了,这里毋应细说。"文章指出《新路》周刊的"辩论"专栏"先辩论美国,再辩论苏联,再辩论社会主义。其预定的结论是:美国是好的,苏联是坏的,社会主义是能用和平方法实现,换言之,毋须革命的。这简直像粉墨登场,预定脚本,预定角色,按幕扮演出来"。文章十分严肃的揭露说:"这个'戏法'便是'自由主义'的戏法。公开辩论总算'自由'之至了;但可惜这圈套布置的并不怎样高明;这种'路'数并不怎么'新'奇,上海马路边上多的是。这类东西,现在虽并不热销,但能不惜工本,层出不穷,如《改造评论》《中国论坛》《主流》《申论》《再造》等等,一时也记不清多少,无暇在此一一论列了。"

八、《新生》周刊故事多

在"杂志回顾"录这个章节,笔者认为,《读书与出版》1947年第1期萧风先生的《新生周刊》和1946年8期刊登的寒松先生的《生活周刊》二文更应该引起今天读者的关注。关于《新生》周刊,萧风先生讲道:

> 曾轰动全国的"新生事件",虽然"俯仰之间,已成陈迹"(发生于一九三五年七月间,距今已有十年以上了);但无疑问的,这件事已成为中国人民抗日运动的重要历史资料之一,今天我们来回忆一下,不是没有意义的。不过要回忆"新生事件",我们还得要谈谈《新生》周

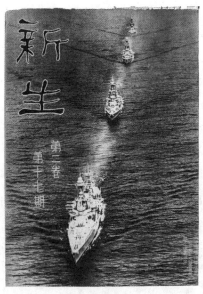

《新生》周刊

刊上面一篇文章所引起,这两者是分不开的。《新生》周刊是怎样办起来的?

　　大家总还记得:在《新生》周刊上曾写着"编辑发行人"都是杜重远先生,杜先生是个办实业的人,那里会有功夫编杂志和写文章呢?这当中也还有一段曲折。原来杜重远先生是邹韬奋先生的好朋友,当杜先生还在东北辽宁创办瓷厂的时候,他已是一个《生活》周刊的热心读者,很敬仰韬奋先生的为人。等到"九一八"事变后,杜先生被迫回关内,到了上海,便和韬奋先生一见如故,因为声应气求,志同道合,不久,杜先生便也参与了"生活书店"的出版事业,被选为该店理事会理事,因此杜先生得有机会接近文化界,渐渐对出版事业发生了兴趣。

　　一九三三年七月间,韬奋先生首途,赴欧游历考察,将生活周刊编务(这时《生活》周刊已在全国被停止邮寄了)交由胡愈之、艾寒松两先生负责,是年十一月间,十九路军于陈铭枢先生领导之下,在福建组织人民政府,这一来,上海的进步文化事业更受到反动势力残酷的压迫,十二月间《生活》周刊刚出版至八卷的最后一期(五十二期)便遭到以"莫须有"的罪名而被查封了。

《生活》停刊自然是文化上的大损失,同时也是那时候政治局势最恶劣的标志。这时杜重远先生激于义愤,挺身而出,认为数十万读者的精神粮食不能中断,乃不顾一切,一面公开向上海国民党当局声言:说他要办刊物;一面筹措资金,与文化界友人商量编辑刊物事宜,于是另一姿态出现的《新生月刊》就在一九三四年一月间诞生了,那时杜重远先生是中华国货全国产销合作协会的总干事,该会会址在圆明园路,所以最初《新生周刊》的编辑部与发行部也设在圆明园路,这就是《新生周刊》创办的由来。

文章谈到《新生》周刊的特点和当时所处环境时说:

当《新生》周刊一出版,大家认为这是《生活》的替身。这因为:第一,杜重远先生是韬奋先生的朋友,乃为人所共知;第二,韬奋先生的海外通讯《萍踪寄语》照样的转移在这《新生》上发表(本来是在《生活》上发表的)。记得《生活》停刊不久,就听说有人要办一个代替《生活》的刊物,目的是为了生意经,那时有一个以幽默著名的某刊物很讽刺而又得意地写道:"生活死"。却谁也料不到,在距离《生活》停刊不到一个月之后,又《新生》了,这就是《新生周刊》。因为这样,《新生》出版后,立即受到全国青年读者的欢迎,它的销数不在《生活周刊》之下。其实《新生》并不等于《生活》,各有各的特点,就形式和内容来说,《新生》在各方面都较《生活》要进步些。

文章说,除了保持《生活》周刊的大部分特点外,《新生》周刊又增加了职业生活、各种科学常识讲话等专栏,这样就更加增强了对青年的教育性。此外,由于杜重远先生是东北人,他写的每期一篇的《老实话》专栏,充满了愤激与爱国言论,更博得广大国人的同情。但进入这一时期,国民党当局在上海设立了一个图书杂志审查委员会,任何杂志都必须将所有稿件审查通过后才能刊登,"由此可见那时的编辑和写文章的人是多末的痛苦。记得那时候写文章有许多词句是必须忌讳的,如'抗日''民主''反法西斯'等都不能讲,马克思写作卡尔,列宁写作伊里基,斯大林写作约瑟夫等等,总之,要想种种方法来避免审查老爷的注意,然而就是这样,还是发生了众所周知的'新生事件'"。

所谓"新生事件"的起因是艾寒松先生用"易水"的笔名在《新生》周刊第二卷第十五期(1935年5月4日出版)上发表了《闲话皇帝》,泛论古今中外的君主制度。文中谈及日本天皇时说:"日本的天皇,是个生物学家,对于做皇帝,因为世袭的关系,他不得不做。一切的事,虽也奉天皇之名义而行,其实早就作不得主……日本的军部、资产阶级,是日本的真正统治者。上面已经说过:现在日本的天皇,是一位喜欢研究生物学的,假如他不是做皇帝,常有许多不相干的事来寻着他,他的生物学上的成就,也许比现在还要多些。"

这本来是很正常的说法,编者也是按照国民党中央图书杂志审查委员会规定,先将原稿送审后才发表的。可是日本驻上海总领事借机挑起事端,煽动日本浪人游行示威;又以"侮辱日本天皇"为借口向上海市政府提出"严重抗议",要求"国民党及国民政府向日谢罪","处《新生》作者、编者徒刑"等,国民党政府一一允诺。上海法院判处《新生》周刊主编、发行人杜重远一年二个月徒刑,勒令《新生》周刊停刊,并在暗中不断追查作者"易水"。艾寒松先生处境危险,上海无法存身,当年9月被迫出国。

萧风先生在文章中说:"这件事如果发生在美国,可以说一点也不会有问题的。因为在与'新生事件'的同时,美国某报上曾有张漫画,画着

'日本天皇'拉黄包车,日本方面一点没有反响。而在中国却小题大做起来,这自然是看准了中国的弱点,知道中国政府必然不敢违抗它的任何抗议,这无非是那时的日本帝国主义要藉此来打击中国人民的抗日运动,以为它的新的侵略行动的藉口而已。"文章接着说:

> 据那时几位有名的律师如沈钧儒先生及王造时先生表示,都认为在法律上不应处分《新生周刊》(封闭)及编者(判徒刑十四个月)那样的严重;何况当时《新生》上的一切文字都是经过官方审查的,责任上更应减轻。但在当时犯有恐日病的情形下,政府当局一切只求宁人息事,那敢在外交上主持正义,据理力争,所以结果不但牺牲了《新生周刊》(被查封),而且在外交上再一次屈服,除向日方道歉以外,还颁布了一道"敦睦邦交令";而所谓"图书审察机关"也与此悄悄的结束了。这并不是忽然"开放言论",而是为了害怕日方之故。

> 但在中国人民方面,适得其反,却因而更激起全国人民的抗日情绪。记得在杜重远先生判刑的那一天,法庭上秩序大乱,几千个旁听的群众拥挤着,听到这无理的审判,不禁大哗,但见传单满天飞,高喊打倒之声不绝,充分表现了人民的愤怒! 也可以说,"新生事件"是北平"一二·九"学生运动的前奏,在那时全国不甘愿做亡国奴的青年们的内心中,埋下了一颗炸弹,隐忍着,直到"一二·九"爆发了起来!

> 《新生》从创刊到停刊共有一年半的出版历史,它在推动全国人民抗日上,已尽了光荣的职责;接下去便是韬奋先生返国,创办《大众生活》,由《大众生活》代替了《新生》,在另一历史阶段完成了更伟大的任务,起了更伟大的作用!

杜重远先生被反动当局判处一年零二个月徒刑,成为轰动中外的"新生事件"。他被关押到上海漕河泾第二监狱后,各界爱国人士纷纷探监。

舆论界纷纷指责日方小题大做,借机挑衅,痛斥国民政府懦弱妥协。鲁迅也为此向当局提出抗议,鼓舞杜重远先生继续在狱中进行抗日救国活动。1936年春,国民党当局慑于舆论压力,将他移至虹桥疗养院软禁。9月获释后,杜重远先生立即前往西安与张学良、杨虎城晤谈,推动了"西安事变"的发生。事变爆发的第三天,杜重远在江西遭到软禁,并被押送到南京,直到蒋介石获释后他才出狱。

为此,邹韬奋先生专门写了《欢迎杜重远先生出狱》的文章:"杜重远先生最近出狱了。我知道,努力民族解放运动的全国同胞,对他都要表示万分热烈的欢迎和慰勉。"他接着在文章中说:"我由美回国的途程中,每念到狱里的杜先生,就想痛哭。到上海的时候,船一靠岸,我的第一件事便是奔往漕河泾监狱去看他。见面的时候我紧握他的手,感到呜咽说不出话来,但看到他虽处患难中而却十分镇定的态度,反而自觉惭愧,赶紧把涌到眼眶的泪水抑制着向里流。我知道,我们的友谊是有着赤诚救国的共同意志做坚强的维系。我并且深信,全国同胞直接或间接和杜先生的友谊,也是有着赤诚救国的共同意志做坚强的维系。"[1]这段情真意切的文字充分表达了这两位著名抗战救国志士的惺惺相惜之情和诚挚深厚的战友情谊。

1939年,杜重远先生被邀请去新疆创办新疆学院并任院长。他为此竭尽全力,聘请茅盾、萨空了、张仲实等人任教,还延请赵丹、高滔、于村、王为一等人从事文艺宣传活动,并在内地购买了被称为"文化列车"的3卡车书籍。与此同时,他在新疆学院开讲中国共产党的统一战线课,组织"新疆学生暑期工作队"进行抗日宣传,并经常在《反帝战线》上发表宣传进步思想的文章,因此遭到新疆边防督办盛世才的嫉恨。1940年5月18日,盛世才先捏造"汉奸""托派"的罪名将他逮捕,后又施以30多种酷刑,

---

[1]邹韬奋:《欢迎杜重远先生出狱》,《韬奋新闻工作文集》,新华出版社,1985年,第235—236页。

逼其承认是"苏联间谍""秘密共产党员",但他始终坚贞不屈。1944年6月,盛世才派人在食物中下毒,使他肠肺烂穿,大量呕血便血。之后又令人给他注射两支烈性毒针,将其运至东花园数丈高墙上,从墙头推下杀害,并毁尸灭迹。中华人民共和国成立后,中共中央曾专门派出考察团到新疆寻找其遗骨,没有找到。其遗著有《杜重远文集》。

九、《生活》周刊分量重

1931年第18期《生活》周刊

应当说,除了"新生事件"外,《读书与出版》"杂志回顾"专栏中分量最重的是《读书与出版》1946年第8期艾寒松先生撰写的关于《生活》周刊的介绍,文章分为三个部分。他在"一个奇迹"部分写道:

　　二十年前,(民国十四年)有一张四开型的周刊出版,最初的销数不过几千份,不久因销数增加,改为十六开本、十六面的本子,这样,一年年出下去,到了第四五个年头时候,销数竟激增到十万份以上,最多时,销到十五万份,这是什么刊物呢? 这就是由邹韬奋先生主编的、风行国内外、拥有数十万读者的《生活》周刊。这个刊物,我亲自看见它的壮大,以至夭折,抚今追昔,刊物既不在,编的人也亡了,真是不胜今昔之感!

《生活》最初的编者是现任新华银行行长王志莘先生,王先生编了将近一年,因事离开,第二年(民国十五年),才由韬奋先生接续编下去。

该刊是由中华职业教育社出资创办的。创办该刊的用意,原为教育一般在职青年,着重在工作与生活上的修养,目的如是而已。但在韬奋先生主编该刊之后,《生活》就渐渐在杂志界露头角,终至脱颖而出,驾一切期刊的销路而上之,那时虽也有几个刊物如潘光旦先生主编的《华年周刊》及《礼拜六》,想与《生活》竞争,然终于望尘莫及,《生活》销数始终为全国杂志之冠,读者遍穷乡僻壤,以至海外华侨,无不热烈欢迎。所以黄炎培先生说:"始则青年欢迎之,继而中年老年人亦欢迎之,与我年龄相若之朋友,莫不人手《生活》一编。我尝戏问君等乃亦中'生活毒'乎? 皆答:只觉《生活》痛快,吾所欲说者,都代我说出,只觉非读不可,最高峰达十五万份时之景象如此。"

可惜《生活》如同一般进步杂志的命运一样,出版到第七年的时候,始也遭邮局局部查扣,有时寄不出去,继而明令邮局,禁止全部《生活》邮寄,然而这还算客气的,因为上海本埠仍可销,而最后,到《生活》出版至第八卷刚已终了(那时韬奋先生已出国考察),就因时局越来越反动,站在时代前面的《生活》,终于被迫停刊。

这已是十多年前的事了,直到现在,人们尚怀着对《生活》的留恋,如同对韬奋先生的留恋,一提到韬奋,就会叫人联想到他主编的《生活》周刊。《生活》最初由一个小小刊物,竟逐渐深入人心,而在全国发生如是大的销路与影响,这简直是一个奇迹!

在绘声绘色地讲述了《生活》周刊创办过程、在海内外读者中产生的巨大影响,惊叹其为中国文化界的"一个奇迹"后,艾寒松先生接着又以亲历者的身份深入总结了《生活》周刊的六大特点:

可是,世界上果真有"奇迹"的么? 如若我们仔细研究一下,《生活》周刊所以办的很成功,得到广大读者的欢迎,是并非偶然的。我认为《生活》具有如下的几个特点:

第一个特点是得人,就是得有韬奋先生这样的人来主持这个刊物。《生活》与韬奋是分不开的,也可以说,如果《生活》不是韬奋主编,可能《生活》日后不会有那样大的发展。韬奋先生的工作精神,可用"认真"二字来概括,他认真选稿,认真写作,认真校对,认真为读者服务,替读者细心和热心解决各种问题,认真工作,始终如一不懈。他是怎样认真法,如他自己所说:"我的工作当然偏重于编辑和著述方面,我不愿有一字或一句为我所不懂的,或为我所不称心的,就随便付排,校样亦完全由我一人看。看校样的聚精会神,就和写作时候一样,因为我的目的,要使它没有一个错字。"关于选稿,他说:"我只知道周刊的内容应该怎样有精彩,不知道叫做情面,不知道什么叫做恩怨,不知道他的一切。"

第二个特点是得自由,这话怎说,就是《生活》的创办者中华职业教育社当局对该刊言论,绝不干涉。当韬奋先生接编《生活》时,曾与职教社当局有约,即由韬奋先生全权主持该刊,不受任何干涉,否则,情愿不干。职教社当局始终信任韬奋,尊重他的意见,这是该刊内容在韬奋主持之下,得以与时俱进的重要条件之一,因为后期的《生活》周刊,日益接近广大群众与真理,所有主张,不一定与职教社当局相合。

　　第三个特点是内容精彩、丰富有趣。一本刊物内有小言论、国际评述、专论、名词解释、青年修养、人物介绍、国内外通讯、信箱、小说、漫画、画报等等，一个周刊，具有这些内容，这全出自韬奋先生的创造，因为这样取材不单调，故能为各种人所爱好，它的读者的主要对象为：职业青年、学生、中小学教师，属于中国的最大多数小资产阶级层。韬奋先生对材料的搜集与选择是非常用心的，据他自己说："我接办之后，变换内容，注重短小精悍的评论和有趣味、有价值的材料，对于编制方式的新颖和相片插图的动目也很注意。""我对于搜集材料，选择文稿，撰述评论，解答问题，都感到极深刻浓厚的兴趣。我的全副精神已和我的工作融为一体了。"

　　第四个特点是与读者联系密切。"信箱"和与广大读者保持经常通讯联系。为《生活》的重要特点之一，就是说，信箱不限于公开发表的，而没有发表的信却比发表的要多好几倍。每天该刊收到读者来信至少在三十封以上，在全盛时期，该刊编辑部专门有三四个人在做复信和抄信的工作，积年累月，该刊就读者来信出版的《读者信箱外集》有三集之多。而最值得我们注意的，就是这几百封甚至几千封信的答复，都须经过韬奋先生看过和签字才能发出。在这些来信中可谓无所不问，有求学、读书、工作、就业、恋爱、法律、医药、疾病等等诸问题。韬奋先生对这些来信，可谓有问必答，自己不能答的，就去请教别人，如关于法律、医药之类。韬奋先生这种为读者服务的精神，始终如一，从不惮烦。

　　第五个特点是与实际运动的联系。它不仅为读者服务，而且为社会、为人民、为民族国家服务。当一九三一年，全国发生大水灾，特别是黄河水灾严重，该刊号召全国人民捐款救灾，曾募得巨款救济灾民；"九·一八"事变未久，马占山将军在黑龙江奋起抗日，该刊又号召捐款慰劳,鼓励士气;继有号召捐款援助东北义勇军;"一·二八"事变,在韬奋先生领导之下,该刊又独立出资出版《生活伤兵医院》,凡这种种,都博得全国人民的同情与拥护。

第六个特点是与时俱进。从第一卷到第八卷的《生活》内容上的特点,就是它能跟着时代前进,我们应当从发展中来看《生活》。一般的说,从第一卷到第四卷的《生活》,内容中心以人生修养为主,从第五卷起,就逐渐在转变,注意谈时事,在政治上提出意见;到第七卷,立场更明确,方向更清楚。

韬奋先生于第七卷第一期在《我们最近的思想和态度》一文内说:"本刊最近已成为新闻评述性质的周报,故有所论述,多以当前事实为对象。但于就事论事之中,亦自有其核心标准。此种核心标准,简言之可曰:'正义'……我们所信守的正义,是反对少数特殊阶级剥削大多数劳苦民众的不平行为;换言之,即无论何种政策与行为,必须顾到大多数民众的福利,而不得为少数人假借做特殊享用的工具。""本刊愿本此信心,就民众的立场,对政府,对社会,都以其客观的无所偏私的态度,做诚恳的批评或建议,论事论人,一以正义为依归;正义所在,全力奔赴,生死不论。"

到了后期,韬奋先生更倾向于社会主义,并赞同在不得已时,虽采流血革命手段,亦所不惜。这大概是那时候的韬奋先生对现政府已失望了吧,同时那时候还没有看到中国应当经由新民主主义道路才能达到社会主义。然而这是《生活周刊》的进步,也是韬奋先生的进步,正因为这样,《生活》获得更广大的群众,而却与压迫和剥削集团走向更尖锐的对立,最后,《生活》被反动派宣告了死刑——查封了!

《生活》已离开我们十几年了,韬奋先生也离开我们有两年多了,现状是比《生活》时代更坏了,我们还有什么话说!

十、韬奋先生论《生活》

笔者接着艾寒松先生对《生活》周刊故事绘声绘色的生动讲述,顺便将当年邹韬奋先生为《生活》周刊撰写的创刊词和《本刊与民众》的精彩段落稍作摘录,以使今天的读者一窥它的当年风采一斑。创刊词的段落写道:

> 世界一切问题的中心,是人类;人类一切问题的中心,是生活。……人与人相处而有社会问题焉,究之,则人与人之间之生活问题而已矣;国与国的相处而有国际问题焉,究之,则国与国间之生活问题而已矣。武人也;政客也;游民也;土匪也;街头之乞丐也;狱中之罪犯也;乃至青楼之红粉;沙场之白骨也;凡人世间公认为可恨而可怜者,无非此问题所构成而已矣。
>
> 吾鉴夫此问题意味之日益严重,与其范围之日益扩大也。欲使有耳,耳此;有目,目此;有口,口此;合力以谋此问题之渐解,作"生活"。①

《本刊与民众》的段落写道:

> 农人的苦生活,工人的苦生活,学徒的苦生活,乃至工役的苦生活,女仆的苦生活……都是本刊已载过的材料,也就是本刊替民众里面最苦的部分,对于社会的呼吁。生活本包括物质与精神两方面;物质不能满意,精神当然不能满意;但我们以为群策群力的向前奋斗,

---

① 邹韬奋:《生活》周刊创刊词,《生活第一卷汇刊》,中华职业教育社,1929年,第1页。

仍要养成兴致淋漓,对于奋斗有乐此不疲的精神,换句话说:一面要与恶环境奋斗,同时自己又须保存其浓厚兴趣,才继续不断地向前干去,所以我们困苦奋斗之际,仍宜提倡愉快的精神。这种愉快的精神是积极的,不是消极的;是进步的,不是保守的。也就是本刊上期所载孙中山先生革命失败数十次,仍本其兴会淋漓的精神向前干去,不存着"想当年"的悲观念头。[①]

他在《生活周刊究竟是谁的?》一文中坦言:

> 一个人光溜溜的到这个世界来,最后光溜溜的离开这个世界而去,彻底想起来,名利都是身外物,只有尽一个人的心力,使社会上的人多得他工作的裨益,是人生最愉快的事情。讲到编者的个人,不想做什么大人物,不想做什么名人,但望竭其毕生的精力,奋勉淬砺,把这个小小的周刊,弄得精益求精,成为社会上人人的一个好朋友,时时在那里进步的一个好朋友。[②]

看到邹韬奋先生以上文字,笔者遥想,在90多年前其对人类的"生活"问题分析得如此之透彻! 对人们趋之若鹜的"名利"二字看得如此之淡泊! 笔者不禁从内心发出感叹:可谓高瞻远瞩! 真是高风亮节!

十一、张仲实先生忆《生活》

曾经在《生活》周刊工作过的张仲实先生回忆说:

---

①邹韬奋:《本刊与民众》,《韬奋新闻工作文集》,新华出版社,1985年,第67页。
②邹韬奋:《〈生后周刊〉究竟是谁的?》,《韬奋文集》第一卷,生活·读书·新知三联书店,1978年,第13—14页。

韬奋在接办《生活》周刊以后，非常重视读者来信，特设"读者信箱"栏，用"信箱"方式给读者解答各种问题。读者来信的内容都是一些现实问题，如求学问题、家庭问题、婚姻问题、职业问题，各式各样无所不有。韬奋对读者来信都认真予以答复。他对于处理读者来信，从来不认为是麻烦事情，而且感到是莫大乐趣。他自己说："做编辑最快乐的一件事就是读者的来信，尽自己的心力，替读者解决或商讨种种问题。把读者的事看做自己的事，与读者的悲欢离合、甜酸苦辣打成一片。"他还说："当时对我们的答复（读者来信）的热情不亚于写情书，一点不肯马虎，鞠躬尽瘁，写而后已。"这样，《生活》周刊就同广大的读者建立了密切关系，从而获得了千百万读者的同情和支持。

那时，生活周刊社每年收到的读者来信总在三万封以上，到1932年间每天收到的来信最多时达千封以上，生活书店继承了这个优良传统设立了邮购科，专为读者服务。国内外读者来信托买书报、托买衣服、鞋子、药品等等，这个科就尽力去做，不怕麻烦，不避辛苦，诚心诚意地去办，有时买的东西不大令人满意或不合用时，还要包换。这种竭诚服务的精神也获得了千百万读者的信任、同情和支持。许多读者甚至把生活书店当作他们的"家"。①

他还说：

一九三五年到一九三六年初，邹韬奋主编的《大众生活》（那时我和金仲华、柳湜等都是《大众生活》编辑组成员）热烈地支持党领导的"一二·九"运动，热烈地拥护党的"停止内战，一致抗日"的主张，刊物

---

①张仲实：《回忆三十年代的生活书店》，《我与三联：生活·读书·新知三联书店成立六十年纪念集》，生活·读书·新知三联书店，2008年，第235页。

的销售额因而增加到二十多万份,创造了了当时报刊销数的最高纪录。于是,国民党对邹韬奋大加迫害,邹被迫逃亡香港,他临走时对生活书店作了一番安排,让我担任该店总编辑。我主持生活书店的编辑工作以后,为了宣传抗日救亡,为了宣传革命理论,曾把该店出版的范围扩大,有计划地出版了"青年自学丛书""黑白丛书""救亡丛书""世界文库"和"世界名著译丛"等等。凡生活书店出版的马列主义著作,均属"世界名著译丛"(或"世界学术名著译丛")之列。①

著名老报人彭子冈先生讲述的一个小故事也异常地感人:"邹韬奋先生在躲警报时也首先要抱着作者的稿件。"②

十二、陈原先生忆《生活》

陈原先生在《张元济和邹韬奋》一文中写道:

韬奋主编的《生活》周刊原来也只是在个人修养和个人奋斗上着笔,此时它也随着时代的脚步,跨过"个人"圈子,大力宣传抗日救亡匹夫有责的真理。为此,这个小小的刊物受到南京当局百般阻挠扣压。对此,那时的知识界也有绝然不同的两种态度,一种是胡适的态度,一种是张元济的态度。

胡适看不起《生活》周刊,他说过:"例如邹韬奋,他有什么势力!你说他有'群众数十万',未免被他们的广告给欺骗了。"他认为,《生活》周刊"当日极盛时,不过两万份!"他说他总"觉得这一班人成不了什么气候"(见胡适1936年12月14日致苏雪林信)。

---

① 张仲实:《我的编译生活》,《出版史料》第2辑,学林出版社,1983年,第63页。
② 彭子冈:《给范用的信》,《存牍辑览》,生活·读书·新知三联书店,2015年,第326页。

张元济却与他相反。他在《生活》周刊受到当局种种非法禁压时，居然面对蒋介石提出温和委婉的"抗议"，请求蒋介石主持公道。这是1933年发生在庐山的事。试问在那样的气氛下，有谁敢这样做？也许人们说这是徒劳，甚至讥笑说这是"与虎谋皮"——但后人理应明白，像这样一个毕生忧国忧民的"学贯中西，博古通今"（茅盾语）的老学者，他相信公道自在人心，他笃信真理与正义必胜，他确认民族危亡是中华国民的天职，他对当局无索无求，却也不怕杀头（他有过因百日维新案被清廷革职"永不叙用"的政治经历，才敢于"与虎谋皮"）。明知其不可为而为之，非大智大勇的爱国者是不敢也不能做的。

3个月后（1933年12月）《生活》周刊终于因宣传抗日救亡被查封，这是蒋介石对张元济为此刊求情的真正答复——不过出于某种礼貌，蒋介石还是一本正经地给张老去了一封复信。张老当即将蒋信转给黄炎培（此时韬奋为避开南京特务的可能迫害已到欧洲考察去了）；而黄炎培为《生活》周刊事早已受到蒋介石的斥责，黄炎培接到张信后，于1934年1月18日复了一函，其中说道："蒋笺奉缴。吾公高义，前者邹君道及，感泐勿谖。所告一切无从说起，只有长叹耳。"[1]

在另一文章中，陈原先生说：

我同生活、读书、新知三家书店的关系，也是从杂志开始的。《生活》周刊从创刊到改版的过程，就是从"修身"到救国救民的过程，我

<hr/>

[1]陈原：《张元济和邹韬奋》，《陈原出版文集》，中国书籍出版社，1995年，第384—385页。

可以说是在这个过程中成长的,因为我从念初中时代开始,就是《生活》周刊忠实的读者。我也爱读《中国农村》,因为它开阔了我的视野;我是在城市中长大的,他给少年的我打开了一个新天地。《读书生活》教会我怎样思考,诱导我去正确认识我自己和周围的世界。……回想起来,三家书店的杂志都是按着时代的脉搏办的,它们同广大读者一起前进,所以受人欢迎,自然而然起到宣传政策、传播知识、团结读者、培养读者的作用。最初作为读者,后来被培养为作者,这许多杂志都是我的指路人,我感谢他们。①

可以说,当年邹韬奋先生亲自主编的《生活》周刊对青少年的影响极大,著名华人学者董鼎山在《忆旧与琐记》中说,除了鲁迅、巴金和艾思奇,"另一个对我少年思想有影响的人物是邹韬奋。我把在上海的哥哥所积集的《生活》周刊(后来改名为《新生》)看得津津有味,甚至对杜重远与盛世才在新疆的一段纠葛也发生了兴趣。"董鼎山先生说:"试问近日读者中有多少还记得这些(刊物和主编者)名字呢?"②

十三、向华树先生忆《生活》

向华树先生回忆说:

抗日战争胜利前后,我在湘西的一个偏僻小镇茶洞读师范,很喜欢看课外书。一个偶然的机会,我读到了一些抗战前出的《生活》周刊。刊物的内容,特别是"信箱"栏里的文章,把我吸引住了。听国文老师说,编《生活》周刊的韬奋是个名记者,写了好几本书,内容很好,

①陈原:《生活·读书·新知三家出版社的杂志和我》,《陈原出版文集》,中国书籍出版社,1995年,第451页。
②董鼎山:《忆旧与琐记》,百花文艺出版社,2012年,第12页。

都是生活书店出版的。我就下决心,一定要把韬奋先生的书找来读一读。我把省下的零用钱寄给重庆生活书店,说是要买韬奋先生的书。不久我就收到了书店寄来的书,还有一封鼓励我好好读书求学的信。我非常高兴。不久,学校放了暑假,我决定家也不回了(也为了怕回家时在路上遇到土匪),就留在学校读书。在假期中,我贪婪地读着《萍踪忆语》《萍踪寄语》等韬奋著作,我像跟着先生一道漂洋过海,游历各国,增加了好多知识;读了《经历》《患难余生记》,先生那种刻苦学习、努力服务以及遭受种种迫害绝不屈服的精神,更是深深地感动着我。……慢慢地,幼小的心灵里似乎对自己的未来有了一个设想:像韬奋先生那样,做一个进步的新闻工作者。①

值得一提的是,在《生活》周刊和韬奋先生著作的指引下,向华树先生后来真的投身革命事业,成为一位优秀的新闻工作者。

当年参加《读书与出版》和孙起孟先生合办的"持恒函授学校"的学员、后来成为生活·读书·新知三联书店店员的蓝真先生说:邹韬奋先生"编译的《革命文豪高尔基》是我启蒙读物,他主编的《大众生活》周刊,提高我的思想觉悟和爱国热情。为了追求知识,我经常向'生活'邮购书刊,成为它亲密的读者。后期它的《读书与出版》月刊,是我必读刊物,一九四七年秋我得知'持恒'开办的讯息,而参加'持恒'。最后成为'持恒''生活''三联'的工作人员直至现在,这是我人生道路最好的抉择"②。

---

①向华树:《真正的良师益友》,《读书》1981年第3期。

②蓝真:《走上"为读者服务"的道路》,《我与三联:生活·读书·新知三联书店成立六十年纪念集》,生活·读书·新知三联书店,2008年,第267页。

图书馆掠影

我心里一直都在暗暗设想：天堂应该是图书馆的模样。

——阿根廷诗人博尔赫斯[1]

一、《上海的图书馆》

解放战争时期复刊的《读书与出版》还十分关注图书馆建设，从1946
年第6期开始刊发署名"逊"先生的《上海的图书馆》系列访谈。开篇
写道：

上海的图书馆，包括公立的和私立的，虽不及其他国际大都市的
多，在中国也许要算首位了。兹将现对公众开放的各图书馆介绍于
下，如有遗漏错误，尚望读者指正。

（1）市立公共图书馆——在福州路五六七号三楼（前公共租界
图书馆原址）。馆中藏书十五万册，其中三分之二为中文，多线装书；

---

[1]［阿］博尔赫斯：《关于天赐的诗》，《博尔赫斯全集》，浙江文艺出版社，1999年。

三分之一为西文,多文学作品,除尚未编目部分外,均可借阅。阅览室三大间,可容二百人。开放时间为上午八时至下午八时,全年不休假。藏书免费借阅,但借出阅读,须备铺保或交保证金。该馆在南市民众教育馆内设有第一分馆;在胶州路市立民众教育实验学校及浦东塘桥市立民众教育馆设有图书流动站,多为民众读物。

(2)青年会图书馆——在八仙桥青年会二楼。馆中藏书近四万册,其中四分之三为中文,社会科学,文学书较多。阅览室可容数十人。开放时间上午八时半至十二时,下午一时半至六时,星期一及纪念日之次日休假。加入青年会为会员者免费借阅,否则须纳阅览费,并须有会员为介绍;借出阅读须另缴保证金。

(3)中华业余图书馆——在中正路浦东大厦七楼。馆中藏书二万册,皆中文,以史地及文学书为多。开放时间上午九时至十一时半,下午二时至五时,星期一休假。借阅须纳阅览费,借出另缴保证金。

(4)明复图书馆——在亚尔培路五三三号(中国科学社附设,纪念物理学家胡明复氏)。藏书五万册,大多为西文的自然科学书。科学杂志收藏甚富,且有几十年不缺的。阅览室容五十人。开放时间下午一时至五时,星期日则上午八时至十二时,星期一休假。中国科学社社员可借出阅读,非社员仅可纳阅览费后在馆阅读。

《读书与出版》1946年第7期刊登了《上海的图书馆》系列访谈的第二篇:

(5)亚洲文会图书馆——在博物院路二十号三楼。战前藏书刊十二万册,大多为英文的史地资料。战时被日人劫去西文旧杂志八万册,至今未能全数追回。阅览室容五十多人。开放时间:除星期日外,每日上午九时至十二时,下午一至四时。

（6）海关图书馆——在新闻路一七〇八号，藏书十万多册，财政经济商务方面的书居多，中英文均有。而百年来海关全部档案为其特色，是研究中国对外贸易史的宝库。阅览室容五十多人。开放时间，除星期日及海关休假日外，每日上午八时半至十二时，下午一时至五时。入内阅览者限于大学生及机关职员，并须经负责人介绍，领取入门证。

《读书与出版》1946年第8期刊登了《上海的图书馆》系列访谈的第三篇：

（7）天主堂藏书楼——在徐家汇天主堂修道院内。藏西文书二十万册，中文书二十四万多册。西文书中大部分为拉丁文和法文的宗教哲学书籍，英德文占少数。各国所出重要百科全书几乎全备，最为可贵。中文书有各地方志二千七百多种。中文的报纸杂志，收藏亦极富，恐非其他图书馆可比，对于搜求清末民初史料者殊有帮助。阅览室可容一百多人。现虽公开免费供人阅览，但女性尚不能入内。

（8）震旦图书馆——在吕班路震旦大学新舍二楼。上海各大学虽都有图书馆，但对校外向不公开，只有震旦大学的图书馆是也供公众阅览的。藏书约十万多册，多数是法文。外宾入内阅览的须纳阅览费。

（9）新亚图书馆——在南京路慈淑大楼三楼。说起来，这是一个极可纪念的图书馆，它的前身是李公朴先生所创始主持的申报流通图书馆，后来申报史量才先生遇害，为纪念这位扶植者，改名为史量才图书馆，在这两个时期，职业青年的借书者很多。上海沦陷，由量才图书馆改名为丁香图书馆，最后由新亚药厂接办，虽已大改昔日面目，仍为职业青年所常去的图书馆。藏书三万多册，全部是中文。去年十一月以后停办，至今未能继续开放。但为中区的职业青年设想,这个图书馆是亟应整理开放,并且扩大和改进的。

二、《记上海通信图书馆》

《读书与出版》在推出《上海的图书馆》系列访谈后,又在1947年第3期刊登了楼适夷先生撰写的长篇纪实散文《记上海通信图书馆》,围绕一个民办图书馆从建立、兴旺至消亡的故事进行了生动的叙述:

上海通信图书馆,是青年人自动组织起来的一个小小的读书团体,自被上海警察局(那时叫公安)封闭,市党部没收,至今也快近二十年了。然而全国各地和这图书馆发生过关系的人,一提起它来的时候,都还怀着一种像回忆青春美梦似的感情。首先就是我自己,从小被投入市侩的环境,一天到晚让算盘和银元的声音腐蚀青春的岁月,假如没有这个图书馆,也许我还不会变成现在的样子。虽然现在这样子并无出息,但我还是衷心感激着它。

这个图书馆创办于一九二三年的五月一日,初名为"共进图书馆",是几个在钱庄,银行,公司里服务的职业青年,为满足自己迫切的求知欲,决定把各人自己所有的书全部捐助出来,集中在一个地方,以便互相流通阅览,同时每人每月从收入中分出一部分买书的钱,给图书馆作添购新书之用。这样地,一个小规模的图书馆就慢慢的成立了。当时主要的创办人是沈白梅,应修人,许元启,谢旦如,杨井眉,戚涣埙,卞绍会等十余个人。沈是一位钱庄经理的儿子,就在那钱庄里借得一个小小的房间,作为图书馆的馆址。

成立以后,闻名加入的职业青年一天一天的多起来,书也慢慢的多了,起初只有加入的人可以有借书的权力,后来决定对外开放,任何人都可以来借,不收报酬,也不要保证金可以自由借书出外。原来的馆址不够用了,便在隔壁的纸号楼上(天津路四十四号),借了一个楼面。主持者和借书者都是职业青年,白天都有职务,图书馆只能在晚上办公。没有职员,事务都由主持者在业余来做。书一天天多起来,借书人也一天天多起来,为了支持这日益扩展的图书馆,就成立了一个组织,同时将借书的范围扩大到外埠,本埠道远的和外埠的读者,可以不必到馆,以通信的方式来借,因此名字也就改成"上海通信图书馆",而将内部的组织定名为"上海通信图书馆共进会",凡是加入共进会的,每月有纳费的义务,费额一元至十元,自动认纳,并不因纳费多少而分等次。这会费全部作为图书馆的用途,会员并无任何特殊权利,他在图书馆所享受的,完全和一个普通免费的借书人一样。

楼适夷先生回忆:

我担任的是买书科,我就偷盗了职业的时间,每天跑四马路,那时候正是五四以后新文化运动欣欣向荣的时期,亚东图书馆,群益图书社有很多北京新潮社新青年社的出版物,民智书局出版广东国民党方面的新书刊,后来泰东书局,光华书局都有大量的新文艺书印出来,北新书局也从北京到上海来开分店了,开明书店开起来了,这些新书店大半对我们很同情,给我们特别的折扣,有的还赠送,后来连商务中华也承认了我们的资格,给我们图书馆一个折扣。我每天很吃力的把大包新书送到图书馆去,图书馆充实起来,自己也就海绵吸水一样,贪婪的吸收着新的精神食粮。

后来这个图书馆因为内部管理人员分歧迁到了清净的北四川路横滨桥天寿里:

天寿里时期可说是上通图的黄金时期,那时不但馆务蒸蒸日上,我们内部团结一致,而且许多人开始走上实际运动的道路,好多人加入了孙中山先生的国民党,馆内成立了一个支部,杨贤江先生、沈雁冰先生等经常出席来指导我们。我们有自己的时事讨论会,读书会,经常研究时事,讨论问题,并动员行动。共进会的干事会,开起会来完全依照《民权初步》所指示的方式,会务的决定和进行,完全是民主方式,没有过去的家长作风。

这时候经常的借书人已经有了两三千,普及全国各地和海外华侨之间,开放时间更挤满了阅览人,地方已不够用,便和上海世界语学会合租了闸北宝山路三德里的一所小洋房。但是五卅运动以后蓬勃起来的实际斗争,把我们许多重要干部吸引去了,我们的兴趣已要求为更大多数的人民,而不仅仅为几千借书人服务了,图书馆也到了低潮时期。这低潮一直经过一九二七年的大革命,此年四月十六日的清党风潮,就在这图书馆的面前,展开了新军阀屠杀武装工人的血的斗争。我那时在外埠,接到一位馆友的信说,"三德里弄口,血流成河!"

一九二八年五月一日,是图书馆成立的五周年纪念,馆中正在举行纪念式,忽然来了闸北公安局局长,参加了仪式,参观了图书,主持人向他介绍这图书馆的历史,内容和性质,他点点头走了。五月四日的上午,突然来了大批警察和上海市党部人员,把正在办公的干事楼××,杨××,胡××三人逮捕而去,图书馆也就封闭了。

三个人在公安局关了二十九天,案子判决了,图书馆全部没收充公。罪名是什么呢,不要人家的钱,借书给人家回家去看,这不是实行共产么?于是"共产者"被人共,充公的二万多卷自五四以来,几乎全部的新文化出版物,辛苦积累五年的完整的期刊,和一部分人家捐赠的善本书,还有个别会员寄存的私人图书,一位研究音乐的朋友寄存的大批的西洋音乐唱片,都归市党部接收去了。

楼适夷先生在文章的最后用讽刺的语气写道：

过去的接收大员也许比今天的还高明些，不久在南市城隍庙内成立了一个官立的民众图书馆，陈列的就是那些被充公的书。不过，不知道什么原因，这些书，后来一本本的在旧书摊上出现，我们这些老会员，便如获至宝一般，见了就收。那民众图书馆呢，似乎不久也就空了，垮了！同样的青年人的组织，在抗战前，有一个蚁社的蚂蚁图书馆，其内容性质似乎完全承继上通图的，这蚁社也发展的很大，后来随国军西移，到了武汉，正当武汉大会战前，又不知用什么罪名被武汉卫戍司令部封闭了！

关于上海通信图书馆，郑超麟先生在《记谢澹如》一文中提道：

上海有一部分革命青年在闸北组织了一个"通信图书馆"，一面求知识，一面进行革命活动。谢澹如参加了这个"图书馆"。他和馆内负责的人都很熟，其中有楼建南（即楼适夷）和他的族弟楼少垣（即楼子春），他们都是馆内中共支部的负责人。"大革命"失败后，一九二八—二九年，这个支部发生内部争论，一部分人站在斯大林方面，另一部分人站在托洛斯基（托洛茨基）方面。楼适夷和楼子春兄弟分别站在不同的方面。两人在政治上分开了，但兄弟的感情始终保持着。谢澹如并未入党，并未参加这个中共支部，但支部内部的理论争论及以后的组织分化，他是完全清楚的。在分化中，他的政治立场是站在楼适夷方面的，但他始终同楼子春保持友谊。[1]

---

①郑超麟：《记谢澹如》，《怀旧集》，东方出版社，1995年，第249页。

三、《北京图书馆》

《读书与出版》1947年第1期还发表了绍荃先生采写的通讯《北京图书馆》。文章说：

北京图书馆很早就听见过它的大名，直到今年托复员的福，才能够和它见面，不可谓非生平幸事之一。这个图书馆，在北平中部北海之滨，一座纯中国风的高贵建筑，既典雅，又华丽。一见就使你有种异常高尚的感觉。从正中大厦的一角看出去，可以见到碧波漪涟的北海，衬着琼岛的一簇浓阴和高逸遐举的白塔，天是蓝的，云是轻飘飘的，这一切无论就轮廓色彩、和感受上说都是极为艺术的。

北京图书馆的前身系旧京师图书馆，馆址在方家胡同。其中书籍多来自内阁大库，所以拥有许多名贵版本。民国十八年中华教育基金委员会与教育部拟合办北京图书馆，于是新建房屋，合中海居仁堂与北海庆霄楼所藏之书，于民国二十年六月二十五日正式开幕。当时每年以三万美金购买西书，以十万大洋购买中国书，渐渐积累，至今藏书五十余万册，蔚然为文化大观。

设备方面，阅览者可以得到许多方便和舒服。普通阅览室内自然明窗净几，不消多叙。还有专供研究的小型精室，通常人是不大能进去的，门外有存车的地方，存衣帽的地方，饮水的地方，在以前还有平价食堂把吃饭问题也解决了，现在因为经济窘迫没有继续。以前还有设过用电力传书的机器，因为耗电过多，现在也停用了。

书籍的编目方法，在以前线装书是分经史子集四类，现在是改用美国国会图书馆的方法分为十五大类；平装书则用金陵大学一位姓刘的先生的分类法，分为十大类。每书一册仍用"书名""著者""分类"卡片三张,中文则按笔画之多少排列次序,西文则按 a、b、c、d 排列次序。所有卡片都是从美国印好拿回来的,非常整齐漂亮。

借书的方法除在馆内按照通常手续借书外,还有馆外借书。馆外借书分机关与个人两种,机关借书则凭机关正式公函,如图书馆间之互借等;个人借书须有二正当职业之保人,须有电话者。馆外个人借书发生的流弊很大,曾一度改用押金法也不行,现在已干脆停止,只图书馆间之互借尚在保持。

被视为镇馆之宝的四库全书放在馆的下层,共三万六千三百本,绫面精装,宣纸朱格,完全翰林监生辈手写。分装在檀木盒子中,列于一百二十具木架上,外面放着四本,经史子集各一,是专供来观光的人翻看的。这间四库室通常不让人进去,借阅规则也特殊,据说须有学术机关之正式公函证明有参考此书之必要,前来请求,准许后才能借出,于楼上特设的精室中阅览。

藏书的内容方面,据其中人说是"专门"的多,"普通"的少,而且在买书时比较偏重自然科学,有关党派主义的书很少。若与南京中央图书馆比较,则中央图书馆可利用呈缴法使出版界缴纳所出之新书,故新书很多;此则善本线装书与外国书居多数。藏文书,梵文书及中亚细亚各小国的书皆有,若与北平之市立图书馆比较,则市立图书馆目的在教育之普及,而此则专供学术之研究。

这个图书馆本身的组织方面也有值得一谈的地方。组织中有一部分叫做"采访",是聘请中西名流学者担任,司介绍采购有价值书籍的任务,曾出版许多定期刊物,如图书季刊,图书馆学季刊,图书馆馆刊,读书月刊,现在只图书季刊尚继续出版。有一部分叫做"善本",下分"金石""写经""考订"三部分。有一部分叫"编纂"负责图书馆编目的事,在一九三一年他们会编了北平市各大图书馆的联合目录,把北大、清华、燕京的书都编进去了。这样一来,只要你需要某种书在联合目录上一查,属于哪个图书馆的就可设法到哪个图书馆去借。后来他们曾想编全国各大图书馆的联合目录,没有成功。

抗战初期,在敌人手中,图书馆仍然继续,直到太平洋战事爆发,十二月八号才被封锁,四个月之后又开放,书籍没有受到损失。现在图书馆本身有职员六十余人,按照公务员标准待遇。看书者每天有五百多人,青年占多数。有一点进步,即看科学书者较以前增加。目前大概经费很成问题,图书馆已没有再往进步的方向走。甚至报纸只有一夹文汇报,也是过时好久的了。不久以前有人在报上替图书馆呼吁,我想是非常必要的。

四、《莫斯科中央儿童图书馆巡礼》

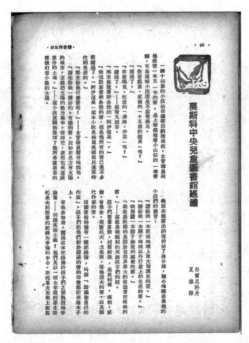

《读书与出版》1947年第8期《莫斯科中央儿童图书馆巡礼》

在介绍京沪各主要图书馆的同时,《读书与出版》还在1947年第8期刊登了夏维先生翻译苏联作家绍尔尼科夫的文章《莫斯科中央儿童图书馆巡礼》:

"那么给你什么书呢!"——女管理员惊奇地问他。"请你给我一种好的,有趣的书。比如在北方有太阳的城市,怎样把太阳的热力集中,保持它,并用它来温暖寒冷的土地。"——这小孩就开始发挥了他所希望要看的那种幻想小说的主题。

我就在图书馆出纳柜前站了几分钟,细心地听着其他的小孩们的发言:"请给我一本记述地理上伟大发现史的书""请给我一本关于地球以外行星上的生活的书。""我想读一本关于海底的秘密的书。""我最感兴趣的是关于自然界伟大的改造者米邱林的书。——这就是我听到的周围孩子们的话。

作者讲,这个图书馆特备有一种记录簿,叫作"认识你自己的作家",孩子们把他们读过的书的印象都记在这本记录簿上。为了方便孩子们阅读,图书馆的管理人员每星期将一些有名的儿童作家作品专门集中在一起陈列。

这里的管理员都是经验丰富的教育学者。他们给孩子们讲解各种他们所难解决的问题,介绍他们读些什么书,并教他们怎样去读。星期日,在阅览室举行童话,故事的朗诵会,并放映有声的故事电影。应邀参加这种朗诵会的有作家和演员。依照图书馆教育学者的授意,在图书馆给小孩子们置了一份装潢极艺术性的"我们敬爱的作家"的图书目录。孩子们只要依照彩色描绘的目录卡片和简略的内容介绍,就能够很容易的选择自己所喜爱读的书了。

有一种杂志叫做《我自己会做》,是小孩们最喜欢看的。这本杂志是给孩子们讲解怎样能够自己做飞机、滑翔机、小船、风磨、照相机,怎样钉牢纽扣,怎样织补衣服,怎样学绘画,怎样剪贴,以及学习其他许多有用的事物,这就是鼓励孩子们独立劳动,激发他们的发明天才和幻想。

作者接着写道:

我查看了好些读者的借书单,孩子们读的书都是普希金的,托尔斯泰的,卡达耶夫的,A·托尔斯泰的,以及科学幻想和冒险故事的书籍,如笛福的《鲁宾逊漂流记》,斯威夫特的《格莱佛游记》,威伦的、大仲马的、狄更斯的、马英利得的、杰克伦敦的、爱德卡波的等,以及苏维埃作家的幻想和冒险的书籍,如阿达莫夫的《两个洋的秘密》,贝勒叶夫的《27号驱逐舰》,沃耶沃基和莱斯合著的《盲客人》。

定期出版的报纸和杂志是孩子们最喜欢的。他们注意自己国内和国外的一切事件和人民的生活。关于伟大爱国战争英雄的故事,以及世界各国优秀人物的故事,都是被他们崇敬的。

文章作者最后以欣喜的笔调写道:

年青的读者一个跟着一个走到图书出纳柜前。他们带回的书,有果戈里的《死魂灵》,高尔基的《我的大学》,屠格涅夫的《父与子》,朵斯托益夫斯基的《卡拉玛佐夫兄弟》,托尔斯泰的《复活》,伏尔泰的《蠢货》,普列俄的《马罗列斯科》,福禄贝尔的《波瓦利夫人》,狄德罗的《拉摩侄儿》,歌德的《浮士德》,席勒的《狡猾与爱情》,雪莱的《被解放了的普罗米修斯》,巴尔扎克的《农夫》,司当达尔(司汤达)的《红与黑》,狄更斯的《匹克威克俱乐部》等。……每天进儿童图书馆的人数平均是八百五十到九百人。这里藏书有八万五千册,有了这些丰富的图书,可以满足年青的读者们的一切希望了。

五、《上图书馆的烦恼》

在刊登介绍中外图书馆文章的同时,《读书与出版》1947年第1期还发表了陈原先生署名"栢园"写的《上图书馆的烦恼》,文章第一个小节题目是"被当做小偷":

中国的图书馆本来不多,而多数的公立图书馆却比衙门还要森严,我是爱上图书馆去逛的,因此常常感到威胁。

在重庆有一个早上我上中央图书馆阅览室去看西文杂志,其时一位穿西装的馆员就是常在我左右梭巡(看书的人本不多,加以清早,好像只有我一个人似的),我已经满肚子气,不多久我就走了。出了正楼,拐了个弯,在两边长着大树的小径上坡时,猛然从后面追来三条大汉,包括一个穿长衣,一个拿长枪,还有一个,就是刚才在梭巡的那个西装客。我知道不对了。幸亏对付图书馆员,我倒还有三分经验。于是大喝一声:"做什么?"那个穿长衣的,似乎是三人中最高级的,满脸的凶相,说是"检查!"我当时立即反驳,说他们没有检查人身的权利。然后指明他们这种威胁,是不合法的。并且掏出了我的一张名片——那时我身边总带着一张印了一个不大不小的衔头的名片——然后问他们从哪里得来在路上检查行人的权利?那个长衣汉子看了名片,满脸凶相早已消失,但还很怀疑。据他说:得到杂志管理员的报告,说我偷去西文杂志。我才恍然大悟,原来那个梭巡不去的西装客,就是这幕戏剧的导演。我于是板起面来,把他们臭骂了一顿。我恰巧带着一只公事皮包,便问他们要看不要看,那个长衣汉说不看不看,我把他一把扯住,说:可以看看,假如没你们的杂志,这种威胁我是要取赔偿的。硬性开皮包要他看,好让他们心息。

后来我去杂志室总会不着那个西装汉子,否则我还想跟他开玩笑呢。

公立图书馆往往开了门却不放心让人家进去——把所有看书的人先就当作小偷,无怪乎不大有人爱上图书馆了。

陈原先生这篇文章的第二小节题目是"被当作不识字":

三个月前去四马路的(上海)市立图书馆。进门有一个穿蓝长衣的中年人,隔着一张桌子坐在那里,桌子上面摆了一本簿子,一些竹签。凭经验我知道必须在此留名了。往簿子上签了一个名字,后面还有住址之类,还看见比我先来的人签了些数目字,大抵是五十,三十,二十一,上面又没指明要填什么,我心想大约是填年龄了,略略迟疑之后,也随便填上个三十。一边从那中年人手里接过竹签,不提防那个中年人满面横肉,趁势把那尚未缩回去的手向我指着,口里大骂:"你这个家伙——不认得字的!"我心里一惊,非同小可,俯视签名,一无错处——只好听他骂下去罢:原来那个我写上了三十的位置应该填上竹签的号数,一看,又不是依次序的,上一回明明才二十一,我这一枝却是一百四十。阿弥陀佛!我只好自认不识字,把数目字改了一下,不料那汉子骂油了嘴,硬是不肯停。这样一来,可叫我火起来了。幸亏那位先生讲的是北平话,否则我不会讲上海话,骂他,他还是听不懂。经我大叫一阵,有好事的人自来排解,那位先生也无话可说,涨红了脸孔坐着不动——其时如果有爱开玩笑的人,把书带走了他也不知道的。

上公立图书馆的第一课,是:必须肝火盛,随时准备骂;骂过一关,你就可以"入门"了。

陈原先生在这篇文章的第三小节还严厉批评了当时公共图书馆对待读者的"冷面孔":

入了门,出纳员那张冷面孔,简直像人欠他多还他少似的。或者递上一张借书单,好久好久未蒙青睐。或者催他一两声,就嗖的伸出手来将书单一抢,往里边随便一塞——呜呼,等得更久啦! 或者他们谈笑风生,旁若无人,简直不理会;我往往在那样的情形下,看出了笑容后面的一张铁冷面孔。

一九三九到四〇年桂林省立图书馆二楼出纳部的那位青年小姐,是有名的冰冷面孔。问她什么,从来不回答的。问上两次,那冰冷上面又加上一重不耐烦来,使你自然走开。不幸那时我必须天天去借查旧报纸,这就等于天天受罪,递上借报单,往往十分钟她不睬你,她自己不知道埋头在做什么。后来算是幸运,有一个朋友自告奋勇,说和这位小姐很熟,可以介绍相识,或者不致于以后太花时间。果然这一介绍发生了力量,以后当我战战兢兢递上借单,小姐就马上接了去,有时还微微的想笑一笑,但立刻又收住了。

后来据这位小姐说:是不得不如此,假如逢问必答,或稍见殷勤,那就会整天有几十人围在出纳处的,云云。不知道可真不真?

于是:上公立图书馆的第二课是受得气,并且不看时钟。要等,就等。否则——不如回家睡觉去。

此外,在《上图书馆的烦恼》这篇"游记"里,陈原先生还对当时图书馆借书的"书库制""杂志关在橱子里"以及作家参与图书编制目录的实名制等不尽合理的做法逐一进行了批评。

陈原先生在这篇文章中曾经感叹:中国的图书馆本来不多,而且服务态度恶劣。的确陈原先生这篇文章发表两年后的1949年,全国公共图书馆才只有55个,总藏书量1676万册。"萧瑟秋风今又是,换了人间",截至2017年末,全国共有公共图书馆3166个,总藏书量4亿册(2004年数据),全国公共图书馆流通总人次7.45亿。在70年后的今天,新中国的图书馆事业呈现出一派蓬勃发展、欣欣向荣的喜人景象。

六、北京图书馆新貌

《读书与出版》当年报道过的北京图书馆,即现在的中国国家图书馆,是国家总书库,国家书目中心,国家古籍保护中心;是世界最大、最先进的国家图书馆之一。建筑规模和藏书总量已非当年旧馆所能比拟。据2018年10月的信息显示,中国国家图书馆总建筑面积28万平方米,馆藏文献3768.62万册,其中古籍文献近200万册,数字资源总量超过1000TB,是亚洲规模最大的图书馆,居世界国家图书馆第三位。图书馆共设有阅览室25个、阅览座位5000余个。馆藏继承了南宋以来历代皇家藏书以及明清以来众多名家私藏,最早的馆藏可远溯到3000多年前的殷墟甲骨。珍品特藏包含敦煌遗书、西域文献、善本古籍、金石拓片、古代舆图、少数民族文字古籍、名家手稿等280余万册件。"敦煌遗书""赵城金藏"、《永乐大典》、文津阁《四库全书》被誉为中国国家图书馆"四大专藏"。

七、上海图书馆新貌

当年《读书与出版》报道的上海市立图书馆,如今也是"旧貌换新颜"——截至2015年底,上海图书馆建筑面积12.7万平方米,拥有各类阅览室36个。馆藏图书有中外文献5500余万册(件),其中中文古籍线装书约170万余册,善本2.5万种17万册,属国家一、二级藏品2256种13526

册。中文期刊 19915 种,上海地方文献 8454 册,上海历史图片 21429 张。据周德明、林峻主编的《上海市公共图书馆行业发展报告(2017)》显示,依托 238 家公共图书馆组成的上海市中心图书馆,打破了各区各自为政的业务格局,构筑起一个全市性的、分布式的"大流通书库",在"一卡通"架构的基础上,各区根据自身公共文化建设的实际情况和读者需求,通过居(村)、社区图书室、农家书屋、24 小时街区智慧图书馆、城市书房、流动车、电子图书借阅机等建设,逐步构建起多种形态并存、方便快捷的市级总馆——区级总馆——街道(乡镇)分馆——居(村)、城市书房基层服务点构架的图书馆总分馆服务体系。2017 年,上海市市民持证率已近20%,显示了多年来公共图书馆在引导全民阅读方面所做出的努力和成效。

八、图书馆是推动全民阅读的"大课堂"

在结束本书这个章节的时候,我想起了 19 世纪英国著名历史学家和散文家卡莱尔的一段话:"一个大学或最高学府所能为我们做的一切,仍不过是初级学校开始做的事情——教给我们阅读。我们学习用各种语言在各门科学上阅读,我们学习各种书籍的字母和文字。但我们应获得知识,甚至理论知识的地方,是书本身!……今天,真正的大学是书的汇集地。"[1]

是的,"真正的大学是书的汇集地",学校和老师的职责是"教给我们阅读"。我们可以十分自豪地说:如今遍布全国各地的各种各样的图书馆就是名副其实的"书的汇集地"。特别是"改革开放 40 年,我们有了每年出版几十万种读物的生产规模,我们有了大量有着读书能力的和读书兴

---

[1][英]卡莱尔:《英雄和英雄崇拜——卡莱尔讲演集》,张峰、吕霞译,上海三联书店,1988 年,第 266 页。

趣的读者,我们有了各种各样以阅读推广为理想的个体和组织,我们有了
遍布城市乡村的公共阅读设施和商业阅读空间,公共图书馆,少儿图书
馆,社区图书室,农家书屋,草原书屋,军营书屋,职工书屋……'安得广厦
千万间,大庇天下寒士俱欢颜',广厦不仅物化于外,更内存于心,全民阅
读,正在成为今天和未来建筑一座心灵和梦想的殿堂"①。

　　笔者认为,这样一座座"心灵和梦想的殿堂"就是吸引人们获得知识、
认识真理、走向崇高的一座"天堂",也是"教给我们阅读"的"大课堂"。

---

　　①张文彦:《改革开放40年的全民阅读》,范军、李晓晔主编:《中国新闻出版业改
革开放40年》,中国书籍出版社,2018年,第222页。

一流办刊人

《读书与出版》前期和后期的编者,大多是邹韬奋创办的生活书店和《生活》系列报刊的骨干,中国出版界元老级的人物。

——何宝民①

伟大的人民解放战争是中国近代史上一个特殊时代,可以说,《读书与出版》是这个伟大的特殊时代造就的一份特殊的红色刊物。《读书与出版》之所以能够成为这样一个特殊的红色刊物,除了特殊的时代背景外,还应当归功于这个刊物的主编者和撰稿者,他们是当时全国一流的办刊人,也是中国文化界元老级的人物。

陈原先生这样回忆当年《读书与出版》编委会的成立背景:

大约是一九四七年徐伯昕、胡绳、史枚先后去了香港才成立的……编委会一共五个人,除我(陈原)以外,就是杜国庠(即杜守素,

---

① 何宝民:《〈读书与出版〉的创刊、停刊、复刊与终刊》,《刊影流年》,大象出版社,2018年,第238页。

三十年代写译过不少社会科学书的林伯修,就是他的笔名),周建人(笔名克士),戈宝权,陈翰伯。杜老和周老比较年长,但他们不辞劳苦,每月一次的例会从不缺席。会议在我住处开,那时我住在苏州河畔一个仓库的六楼,杜周两老都得爬六层楼梯。五个人碰头时,不只议定下一期的选题和对上一期作出检讨,而且纵谈时局,交换信息,有时也对生活书店出书提出意见。这样的会议开了一年有余,风雨无阻,合作得非常好。①

在另一篇回忆文章中他还说:

　　抗日战争胜利后,我回到上海。生活书店把原来一个宣传推广的刊物《读书与出版》改成一个以书籍为中心的思想评论的综合性杂志,由史枚主编,1947年春史枚调香港,由我接办。编委会有周建人,杜国庠(守素),戈宝权,陈翰伯和我五人,我们每个月聚会一次,定选题,分任务,一直出到1948年冬,因政治环境恶化而停刊。回头一望,这个杂志在那"黎明前最黑暗的时刻,起了我们预想不到的作用,特别是第一线刊物《民主》《消息》《文萃》相继被迫停刊,这个小刊物对国统区广大读者还是起到一定作用的"。②

他在《不是杂志的杂志》的回忆录中提道:

　　《读书与出版》虽是个小杂志,但寄稿的作家却是很广的,比如搞科学的夏康农,黄宗甄,搞教育的孙起孟,搞文学的蒋天佐,杨晦等等

---

①陈原:《不是杂志的杂志》,《读书》1990年第9期。
②陈原:《陈原出版文集》,中国书籍出版社,1995年,第464页。

都"有求必应"。这份杂志先后有几个连载,后来都出了单行本,算是《读书与出版》的副产品。其中包括胡绳的《从人物看近代中国》——就是后来作者改写为《帝国主义与中国政治》的。杜老写的关于先秦诸子哲学思想的连载,后来辑成《先秦诸子思想》一书,收在生活书店的青年自学丛书里。戈宝权的《苏联文学讲话》一书也是青年自学丛书的一种,原来也在这个杂志上连续发表。[①]

一、史枚先生小传

史枚先生作为解放战争时期出版的《读书与出版》的首任主编,陈原先生作为该杂志后期的主编,以及参加该杂志编委会的周建人、杜国庠、戈宝权、陈翰伯和胡绳先生,他们既是编刊人又是撰稿人,可以说为打造《读书与出版》这个"红色刊物"品牌,殚精竭虑,呕心沥血,做出了杰出的贡献。他们都是中国共产党培养,经历革命斗争锻炼的优秀知识分子,每个人的故事都充满了传奇。

史枚,原名佘增涛,另一笔名子起。江苏苏州人。1931年在苏州中学读书时加入共产主义青年团,1934年在上海先后任共青团沪西区委宣传部长和沪东区委书记,1937年起开始从事进步文化活动。曾于1936年和1939年两度入狱。

他1939年时就是生活书店总管理处编审委员会委员,编辑《新学识》《救中国》《读书月报》等杂志。1946年在上海主持复刊的《读书与出版》,1947年按照上级组织部署南下香港,离开前把《读书与出版》编务交给陈原先生。

在1946年复刊后的《读书与出版》上,史枚撰写发表了许多篇脍炙人

---

① 陈原:《不是杂志的杂志》,《读书》1990年第9期。

口的文章,其中以"子起"为笔名发表的《中国土地问题》和"书市散步"专栏介绍书籍出版的消息最为惹人注目。

史枚先生在20世纪三四十年代即享有文名,在生活书店创办的定期刊物如《全民抗战》《妇女生活》《读书月报》《理论与现实》《国民公论》上发表很多文章,诸如时政、国际形势分析,社会科学问题研究等,都显示了他的广博学识和独到见解。邹韬奋、柳湜先生主编的《全民抗战》每一期都连载史枚撰写的关于武汉保卫战的专栏文章。1939年史枚在《妇女生活》发表"时事笔谈"系列短论,在与徐步合办的《新学识》杂志撰写关于"政治的新动向,经济的新发展,哲学的新方法,艺术的新趋势,科学的新发明,生活的新态度"的笔谈,在《读书与出版》撰写"研习大纲""书市散步"。他在《国民公论》第二号发表的《摇笔杆的生活》自述:"两年来我的工作就是摇笔杆。如果我的笔对于抗战曾经有过一些帮助的话,也算是参加了抗战的工作。"

他1939年因革命工作需要调到兰州、新疆后,首先关注的是"西北青年的读书问题"。《现代评坛》1939年刊登一则"文化动态"介绍说,"作家史枚及剧人赵丹、王为一等十余人,由渝莅兰,本市爱好戏剧青年特举行茶话会表示欢迎",从一个侧面反映了他当时的文名。生活书店1940年出版史枚修订的田禽著《怎样写剧》,可见他与赵丹的名字连在一起是有依据的。

据夏其言先生回忆,史枚先生和民国时期著名作家马骥良曾经共同使用"唐纳"的笔名,成为我国现代文学史上一段佳话。当年,夏其言家多了一位青年"房客"。那青年"房客"跟夏其言住一间小屋。他跟马骥良、夏其言同庚,所以很谈得来。此人足不出户,终日闭门幽居,邻居从不知马家有"房客"。所谓"房客",只不过夏其言对亲友的遮掩之词罢了。"房客"叫小琳,常用的笔名为史枚,真名佘其越、佘增涛。此人跟马骥良是同乡、同学,马骥良用"总角之交"来形容。所谓"总角之交",即少年朋友。

总角,少时所梳之小髻也。

余其越擅长写作。在隐居中,写了不少文章,署名唐纳,由马骥良送出去发表。马骥良自己写的文章,也署名唐纳。于是,唐纳成了余其越和马骥良合用的笔名。马骥良本来以"罗平"为笔名,在常用"唐纳"之后,渐渐地,人们以"唐纳"相称,以致后来变成"唐纳=马骥良"。余其越隐居夏家,唯一的常客是马骥良。以下按照人们现今的习惯,称马骥良为"唐纳",而称余其越为"史枚",因为他的真名已被国民党政府上海警察局记录在案,他改名史枚,直至解放后一直用史枚为名。①

史枚先生回忆1946年在上海主持《读书与出版》工作时说:

第一年的稿子,相当大的部分是生活书店编辑部同人写的(当时戈宝权、陈原也曾是书店的特约编辑)。改版前稍稍扩大了稿源。到第二年,情况才有了较显著的改变。大约从这年的7月起,邀请周建人、陈翰伯每月到陈原寓所开一次编辑会,商量下一期的内容。这对改进很起作用。由于时局的急剧变动(2月末,中共驻南京等地的代表被强迫撤退;3月中,解放军撤出延安),书店领导机构转移到了香港。半年后,我也去香港。上海的编务,请陈原主持。香港也提供一部分稿件。②

陈原先生对史枚先生痴情般几乎忘我地投入《读书与出版》的编辑和

①夏其言:《唐纳与我》,《国际新闻界》1994年第1期。
②史枚:《记〈读书与出版〉和〈读书月报〉》,《读书》2003年第5期。

撰稿精神印象非常深刻,他充满深情地回忆:

　　在那灼热的年代,当他在上海主持《读书与出版》的编务时,他给青年读者写下了一篇又一篇的研习提纲,他带引读者注视现实问题。《春天——时局的关键》,《新中国宪法问题》,《中国土地问题》……一篇接着一篇。例如在土地问题一篇提纲中,他信心十足地预言:"中国的土地问题必须由耕者有其田而走向完全、彻底的解决,这是无可怀疑的。"这引导读者去想怎样经过土改走向社会主义。

　　他是勤奋的。他从来不知道工作八小时之后就应当休息。他把醒着的每一分钟埋在书堆里,埋在稿件里,埋在信件里(要不,他从前怎能为杂志写《书市散步》的专栏,材料那样丰富而观点又那样鲜明的报道?)。他总是夜以继日,没有休息,没有中断,没有早,没有晚。当人家谈论东家长西家短的时候,他工作;当人家适当玩乐消除疲劳的时候,他工作;当人家进入睡乡时,他工作。他什么时候休息过呢?甚至从牢里一出来,他就奔向工作。

　　他正直。绝不随风倒。近乎固执,有点犟。虽则他很少发脾气,但他那副锲而不舍的犟脾气也是少见的。他是个甘心做无名英雄的"一砖一瓦",他默默地工作了一辈子,他不求名利,只要工作,他不追求世俗的桂冠,可是他永不停息地,愉快地(有时是气愤地)奋斗了一生,追求着共产主义的理想,多半是"为人作嫁衣裳",为别人的稿子修修补补,多半是从马群中发现千里马,哺育千里马,因此他真可说是文化出版界的"战士"——这样的战士如今又少了一个,对我们的事业自然是一种损失,但这样的战士会多起来的,一定会。他没有想通的问题,决不随声附和。他争论,他用不甚抑扬的(绝非演说家的语调)平淡的陈述句,没完没了的争论。

　　所有以上这一些,加起来就是一个十足的无名英雄。他却乐此不疲,数十年如一日。这是难能可贵的品格啊。……我说,他是个战士,是出版战线的战士;凡是接触过他,读过他编的杂志,看过他写的东西的,都会说他是认真的,严肃的,虽然时时会发生僵硬情景甚至发生错误,但他毕竟是个可爱的战士。他将活在我们后死者的心中,他将作为无名英雄活在万千读者心中。[①]

1949年史枚先生调往北京三联书店总管理处负责图书编辑部门,1951年6月三联书店并入人民出版社后他任第三编辑室主任。陈原先生与他工作多有交集,相知日深,更重要的是思想契合,在《读书》杂志编务上相互支持。史枚从《读书》杂志筹划起就竭尽全力,有时甚至独力支撑,"尽自己一切才能为读者,为作者,为信念,为理想,奋斗到最后一息"。

谈到史枚先生对《读书》杂志创刊的贡献,陈原先生认为,《读书》的设想,假如没有他这位实践家为之实现,理想不见得能够转化为一种力量,精神变物质,史枚是把这些设想"物化"了的人物。他对史枚先生的贡献铭记于心:"在最初的两年里,是史枚塑造了《读书》的体型和品格;没有他,这个新办的杂志要形成自己的特殊风格,可能需要更长的时间。他以渊博的知识,丰富的办刊经验,以及对我们的事业特有的那种热情和毅力,驾轻就熟地迅速使《读书》成型。"

史枚先生在《读书》创刊号以"子起"的笔名发表《政治经济学教科书应当改革》,提出教科书应当百家争鸣。在另一篇《读书应当无禁区》一文中回顾"读书无禁区"的讨论缘起,明确提出"读书应当无禁区,这才是正路!"

笔者翻阅1939年2月1日在重庆出版,由史枚先生和艾寒松先生主编的《读书月报》创刊号推出的"读书问答"专栏发现,其中的"通问简则"

[①]陈原:《记史枚》,《读书》1981年第6期。

第一条就向读者说明："凡有关读书、研究、学习生活中的疑问都可写信向本刊提出。"最为难能可贵的是，这两位先生对读者的提问总是不厌其烦，亲自作答。在这一期刊物上，读者马先生一连提出了抗战与读书、学文科还是学理科、怎样研究社会科学、如何学写作等七个问题，史枚先生逐一作答，总字数有3000字之多。笔者在这里摘录这封史枚先生回复马先生信函中关于如何写作的部分：

> 开始写作时自然有许多困难，但是这些困难的感觉，确是从一种要求进步的心理发生的。我们希望马君始终保持这种求进步的热忱，丰富你的实际生活，接触各种各样的人物，多读有内容的书，再要注意学习创作方法，练习写作，这里说的学习创作方法，是跟多读书有关联的，你要从别人的书里看他怎样描写，怎样布置结构，怎样安排中心题旨，等等。内容的空洞，总是生活内容贫乏，思想不明确，不会抓住材料这许多条件造成的。因为你不知道有什么可写，你才写不出充实的内容，所以你应当去"知道"，就是说，应当从丰富的生活中体会复杂的社会，而怎样写是第二步的问题。在这里，我们特别介绍——《高尔基给文学青年的信》（以群译），《我的文学修养》（高尔基著，楼逸夫译）两书。①

史枚先生接着回复说：

> 所谓初学写作的人不要这样或不要那样，是因这些错误会使得文艺作品不成为文艺作品，而变作论文，新闻式的记事。本来，议论，推理，平铺直叙，都是文艺作品的大忌，而初学者特别容易犯。文艺

_____

① 《答马庆凯先生》，《读书月报》1939年2月1日创刊号。

作品应当用具体的,读来好像在眼前活动着的,所谓"形象"的描写来体现人生——社会现实,发抒写作者的感情思想。①

笔者以近半个世纪的文学写作经验深刻感悟:史枚先生在80多年前对初学写作者的"答复",迄今依然是所有文学写作人的圭臬"良言"。

二、陈原先生小传

陈原,原名陈洪泰。广东新会人。1938年毕业于中山大学土木经济系。曾在新知书店、生活书店、三联书店任编辑。1949年后,先后任职人民出版社、国际书店、国家出版局以及商务印书馆。1953年参加中国共产党。

学者于淑敏在《刊和人·和我——陈原出版研究之二》中说,陈原先生在《读书与出版》撰写的专栏文章,评介国外出版物及文化动态。陈原在该刊常撰文的专栏有"广播""国际文化风景线""书堆里的漫步"等:

> 他在介绍国外进步报刊时,大都是全景式介绍刊物特色与个性,关注的重点与他编辑的刊物有着某种联系。如《华莱士当编辑的第一天》(1947年第3期)中说:"华莱士接编后的《新共和》,面目一新,封面改了,篇幅由原来的20页(连封面)增至32页,插图也大量的增加。"《梭斯达可维支自我批判》(1948年第3期)题下,介绍了苏联的《儿童真理报》(1925年创办)、《科学与社会》《劳动月刊》和《群众与主流》等。
> 本栏上期报道过《新群众》停刊,与《主流》合出月刊。新的刊物叫做《群众与主流》,一卷一期三月出版、封面及版式跟本刊差不多。

①《答马庆凯先生》,《读书月报》1939年2月1日创刊号。

陈原在《一个严重的缺乏》（1947年第12期）中认为，"经过八年的抗战和两年激烈的战争，广大群众要求更清楚地了解自己的命运。因此，各方面非常迫切需要初级通俗读物，为着目前和为了未来，出版家和作家似乎必须分一部分精力，去做普及的工作"，承担起教育读者、诱导读者的重任。①

《读书与出版》所处的时代：

> 上海的出版事业面临着很大的危机：纸价天天涨，排印工天天涨，可是购买力却天天跌，能够发行的地区天天狭（陈原《不要文化》，该刊1948年第8期）。虽然这篇短论发表不久，该刊被迫停刊，但他"相信黑夜关不住太阳，到了天亮，太阳还是爬起来的"。在这一背景下，《读书与出版》注定与时代风云、社会生活息息相关。陈原作为一个读者从进步的、革命的杂志中及创办者们身上学到的精神，在办刊过程中，又把这些收获传给更多的读者，这样就具有文化积累和文化传播的双重意义。因此，从社会文化的继承和传播层面上说，作为读者和作为办刊者的陈原，在中国现代出版史上都具有典型意义。②

陈原先生具有丰富的办刊经验。1936年在中山大学读书时就编辑世界语杂志，此后参与编辑《新军》《新战线》《民主世界》《国际英文选》《读书与出版》等杂志。改革开放之后又主编了《读书》杂志。《读书》是1979年由陈原先生创刊的，作为《读书与出版》的延续。但是主编《读书》绝非易事，因为要全面贯彻编委会达成的共识：把杂志当作一个讲真话的园

---

①②于淑敏：《刊和人·和我——陈原出版研究之二》，《出版广角》1999年第11期。

地,一个破除迷信、破除偶像崇拜,有着"独立之人格"和"自由之思想"的园地,一个开启民智的理想主义实验场。

他长期办刊形成的理念是,杂志要有性格、有棱角、有风趣,做到立场鲜明、态度温和、面貌亲切,才能吸引读者。所以创刊伊始,出题目、联系作者、规划栏目、审定重要稿件、审读校样甚至开办读书讲座,成为其工作常态。他提出"读书无禁区"的命题,并请人来写,显示其远见卓识,打响了杂志初创的第一炮,《读书》以其"思想评论"迅速在读书界和知识界竖起一面旗帜,产生极大影响力。香港作家吴羊璧认为:"《读书》的路子,我投赞成一票。《书林》已看到,我还是喜欢《读书》,也正是喜欢其评论部分。评论要有见解才是好评论。"

为示范文风,陈原先生以不同笔名在《读书》开专栏,1984至1985年的"人和书"、1988年的"在语词的密林里"、1992年"不是回忆录的回忆录"、1994年的"黄昏人语",叙事抒情,各尽其妙。吕叔湘、叶至善不约而同地称赞陈原的《记宾符》(1984年第6期)"是这一期最能感动人的","好得很"。有读者赞许陈原"有诱人的上乘文字,望开更多的专栏"。

1999年《读书》创刊二十周年,陈原写就《读书起步那几年——深层记忆里抹不去的人和事》,终于畅快地表达心头始终挥之不去的思绪,长埋在深层记忆中的人和事也喷薄而出,他引用《文心雕龙·知音》的名句抒发深藏的情感,"知音其难哉!音实难知,知实难逢"。一同创办《读书》的旧友史枚、陈翰伯都已逝去,伯牙弹琴,弦断有谁听?他沉痛地回忆往事,"没有翰伯,《读书》是办不成的,即使办成,也早就夭折了",他称颂史枚是真正的知识分子,够得上高尔基定义的那种知识分子——"在生命的每一分钟都在准备挺身而出的不惜以生命为代价捍卫真理的人"。陈原关于《读书》的回忆,不仅是他个人、主编的记忆,也是属于时代的和历史的《读书》记忆。①

笔者在《陈原出版文集》中发现他在《总编辑断想——演讲备忘札记》中有一段关于出版人和编辑人必须修炼成为一个"书迷"的精彩论述：

> 有志之士一旦变成书迷，这说明他已将自己的一生奉献给这个事业——各种各样的奉献，倒也不一定成为出版家或名编辑，虽然也许他从事另外的职业，但成为书迷，则他已将自己献给书的行业了——他甚至变成收藏家、鉴赏家、书评家或者诸如此类的人物，甚至不是"人物"，而只是成为有高尚情操、有教养的文明公民，但这仍然是书迷。反过来说，把自己奉献给出版事业者，无一不是书迷，迷上了书，即迷上了这事业，百折不回头。局外人有耻笑者，管他呢——因为迷上了书。局外人有打击者，管他呢——水来土挡，因为迷上了书，钻入书林，迷上了书。然后知书味，知了书味，则什么闲言碎语，什么风险，什么打击，什么挫折，什么什么，都不怕了。
>
> ……所有伟大的出版家（或者自己愿望成为一个伟大的出版家）都自幼就"嫁"给或"娶"了书这个行当。他不是天主教神父，他也结婚，但他确实将灵魂嫁或娶了书这事业。他爱书胜过一切。他为书而生，他为书而受难，甚至为书而死。这种人是十足的书迷。没有这种痴情，成不了气候。打开中国近代出版文化史，举凡张元济、夏粹方、高梦旦、胡愈之、叶圣陶、徐伯昕、黄洛峰、华应申以及章锡琛、陆费伯鸿、汪原放，张静庐，无不是书迷。为书奋斗终身！②

在陈原先生这段精彩论述的结尾，笔者忍不住怀着十分崇敬的心情，

---

① 于淑敏：《〈读书〉的前辈们》，《中华读书报》2020年3月24日。
② 陈原：《总编辑断想想——演讲备忘札记》，《陈原出版文集》，中国书籍出版社，1995年，第497页。

补充上这样一行字句:"陈原先生,您和您开列的上述中国近代著名出版家一样,就是一位为书奋斗终身的著名出版家和伟大的'书迷'!"

由陈原先生生前大声疾呼人们,特别是从事新闻出版职业的人们要勇于和善于当"书迷",笔者想到,今天虽然已经进入网络时代,但出版人的案头功夫依然重要,案头功力就是出版人的笔力。要有在别人浮躁时能伏案工作、为社会创造精神产品的神圣感,在书稿中融入出版人的工匠精神,把作品编、校、审、加工润色好,让作品更平实,更鲜活,更严谨,更规范,打造精品力作,彰显出版人的笔力。

出版人的这种笔力功夫一是体现在创意策划,与作者一道共同创作,才能更好地体现出版意图,推出内容与形式融为一体的好作品;二是出版人要能动笔写文章、写书评、写序、写跋和写书。一句话,出版人首先得喜欢买书、读书,当"书迷",然后做书,最后能写书。陈原先生就是中国出版界当年最著名的"书迷"和学问大家,是值得出版人永远学习的楷模。

三、陈翰伯先生小传

陈翰伯先生,出生于天津,祖籍江苏苏州。中共党员,新闻家、编辑出版家、国际问题评论家,笔名梅碧华、王孝风等。青年时代就读于燕京大学新闻系,后参加"一二·九"运动,自此投身于中国人民的解放事业,在党领导下在白区从事报纸新闻工作,宣传共产党的主张。新中国成立后曾任中宣部理论宣传处副处长,主管理论刊物《学习》的编辑工作,后任商务印书馆总编辑兼总经理、人民出版社领导小组组长、文化部出版局局长、国家出版事业管理局代局长、中国出版工作者协会主席等职务。

1937年4月下旬,美国女记者海伦·福斯特·斯诺在黄敬和王福时陪同下,悄然离开北平,乘平汉路火车到郑州转陇海路赴西安。在西安的接头人就是原燕京大学学生陈翰伯。到西安后,国民党派了7名特工人员严密监视她的行动,但她机智地摆脱了特工人员,历尽艰险,乘坐红军运货卡车最终于5月2日到达延安。在延安期间,她采访了毛泽东、朱德、周恩来、张闻天等中国共产党领导人,广泛接触了陕甘宁边区的战士、工人、农民、文艺工作者、妇女和学生,她与他们长谈,时常提出问题,详细做笔记。她采访了不下65位有名有姓的人物,还为其中的34人写了小传,特别是同毛泽东进行了5次难忘的长谈。她根据采访写成了《续西行漫记》一书。海伦·福斯特·斯诺赴延安及在延安的采访过程中,由王福时和陈翰伯陪同,并担任翻译。

1946年3月陈翰伯到了上海,由党的上级负责人潘梓年传达了周恩来的指示,要办一份以非党面目出现的、群众性的报纸,要尽可能灰色,争取长期出版下去,这份报纸就叫《联合晚报》。

陈翰伯绞尽脑汁,采用各种保护色来掩盖这张报纸的真面目,比如设法搞来国民党元老于右任的题字发表在头版;又办了五花八门的副刊,选登官方通讯社的一些稿子;自己发的新闻、通讯以至标题都一再推敲,尽量保持民间色彩,而实际上则报道了大量工人运动、学生运动的消息。当时,上海米价一日数涨,《联合晚报》在头版头条以《米价突破百万大关》为题目作了突出报道(每石法币100万元)。第二天,时任上海市市长吴国桢就把各报负责人叫去开记者招待会,气得大骂,说米价才95万,没有到100万。还说:"《联合晚报》是唯恐天下不乱!你们要是不愿意在上海呆着,可以回延安嘛。你们没有旅费,我吴国桢给你们掏!"其实,当吴国桢回到办公室时,米价就已经突破120万了。

1947年春天,国共和谈破裂,中共代表团撤离京沪,往延安撤退。特务经常到报社敲碎玻璃,恐吓记者。陈翰伯(总编辑)和王纪华(社长)收到署名"国魂特务驻沪办公室"的恐吓信,内容是:"查贵报近来态度大变,论调强硬,完全受了中共和少数民盟分子利用,对国民党一切施政大权肆意攻击,极尽诋毁之能事,目无法纪,谋乱造反。本团职责所在,奉命扫荡叛逆,不容坐视。为此先函警告,如执迷不悟,不变更论调,本团当以最严厉之手段对付,或将对李(公朴)闻(一多)同样处置也未可知。尚有贵报一切机器生财设备,亦当玉石俱焚全部消灭,无论戒备森严,本团亦可按序实施,勿谓言之不预也!"

5月24日警察终于闯进报社把报纸封掉了。6月底,党组织派姚臻和陈翰伯联系,说党中央对你们表示嘉奖,对你们受国民党压迫表示慰问。

《读书》杂志1979年创刊时,陈翰伯先生已65岁。作为国家出版局代局长、党组书记,为使《读书》顺利出版,他设计了一个特殊的制度安排——国家出版局领导下的编委会负责制。有关资料显示,《读书》的筹备是从1978年第三季度开始酝酿。国家出版局1978年11月16日和12月14日开了两次党组会,决定了刊物的性质、任务、对象、编委会名单、编辑部负责人。编委会成员共14人,由文化界和出版界两部分组成。1979年2月17日,陈翰伯作为编委会召集人主持召开编委会,讨论编辑方针;1981年10月,编委会改为编辑顾问委员会,另组织编委会,由陈翰伯、许力以、陈原、范用、沈昌文等十一人组成,陈翰伯仍是编委会召集人。

陈翰伯先生长期从事新闻出版工作,自述一贯坚持"在小事上不纠缠,在重大立场问题上不让步"的原则。1980年8月16日,他主持召开第三次编委会,听取杂志一年多来的工作汇报,确定如何继续办好《读书》,并根据会议意见写成《两周年告读者》。《两周年告读者》以"本刊编辑部"名义发表,借读者之口对《读书》的性格作了恰如其分的描述:一是解放思想,二是平等待人,三是提供知识,四是文风可喜。他把《读书》的"文化思想评论"当作探索真理的工作,对《读书》寄予希望:开阔眼界,多介绍一些中外新思想与新成就。文章提出的"树立读书之风,思考之风,探讨之风和平等待人之风"成为《读书》的标志,也是后人理解《读书》的标签。

著名学者姜德明先生认为,"翰伯同志最早提议办《读书》杂志,为这个影响至远的刊物奠下了最初的方针大计";陈原先生在《记陈翰伯》一文说,他"把自己的全部生命力都倾注在这个杂志上了",从主持研究刊物方针大计，出题目，联系作者，再到改革文风问题，都在他考虑之列。创刊之初，陈翰伯为《读书》出了十个题目，既体现了高屋建瓴的宏观视野，也有具体的易操作的选题关切。从作家、翻译家楼适夷致范用的信可知，陈翰伯曾约楼适夷为《读书》写稿，并"出了题目"，即创刊号发表的《〈天平之甍〉重译记》。

陈翰伯先生1980年秋患病后，留下半身不遂的后遗症，自言"我已告老，但尚未返乡，在中国出版工作者协会看看摊子"，但他无时不关心出版界的动向，《读书》有关的活动也都尽可能参加。据1986年12月进入编辑部的扬之水记载，陈翰伯1988年8月17日出席《读书》编委会，"从下午两点半一直到七点半。陈翰伯已是半身瘫痪，举步维艰，由吴彬搀扶着来了"①。最后一次出席《读书》的活动，是1988年8月25日，陈翰伯与陈原、范用、冯亦代等一同参加欧美同学会举办的"服务日"活动，是浙江文艺出版社《学术小品丛书》座谈会。

姜德明先生在怀念文章中说："在会上看到冯亦代一直热情地照应着行动不便的翰伯，虽然翰伯没有发言，但他能与会也是对同行们的一种支持和鼓励。"当扬之水从三联书店老编辑秦人路口中得知陈翰伯去世的消息，"不禁悚然一惊，服务日结束后，正是我送他回家的。当时吴彬扶着他从会场走出，下台阶时，已是艰难万分，范用在侧，忍不住用手也去搀他挂杖的右手，老先生一下子急了：'我还要活呢！'原来他的那一只臂膀是不让人掖持的。后又一不知此情者多事，同样被他以更大的声音叱退：'我还要活呢！'——这两声喊还这样清晰地响在耳畔，当日情景更历历在目，而人却去了，真好像做梦一样"②。

陈翰伯和陈原两位先生在近半个世纪的交往中相互支持，友谊深厚。

---

①②扬之水：《〈读书〉十年》第一册，百花文艺出版社，2019年，第254页。

陈原先生 8 月 26 日傍晚从外地回来,在北京站口得到陈翰伯先生去世的消息,直奔陈翰伯先生家,8 月 31 日写就《记陈翰伯》。文章简洁有力地勾画了陈翰伯先生的一生,再现了陈翰伯先生的人品和风格,认为他是"倔强的人,正直的人,勇敢的人,永不向邪恶低头的人;为人民奉献了毕生精力的人"。著名报人、大公报元老高集先生认为这篇文章"写得极好,把翰伯写出来了"①。

四、胡绳先生小传

胡绳先生,原名项志逖,笔名蒲韧、卜人。江苏苏州人。1935 年在上海参加革命工作。1938 年参加中国共产党。曾任《全民周刊》编辑、《鄂北日报》主笔、新华日报社编委、香港生活书店总编辑。1949 年后,历任政务院出版总署党组书记、中共中央宣传部秘书长、《红旗》杂志副总编辑、中央党史研究室主任、中国社会科学院院长、中国人民政治协商会议第七、八届全国委员会副主席等职。胡绳先生是著名的马克思主义理论家、历史学家,是以马克思主义理论研究中国近代历史的开创者和中共党史学的奠基人之一,可以说是一位名副其实的学界大师,终其一生,用其《八十初度》中的诗句来说,可谓"尘凡多变敢求真"。

史枚先生回忆,文化评论是《读书与出版》自始就有的内容,复刊第一年除了二三百字一条的"笔谈"以外,还有一二千字的"长"文(但都不是每期有),主要的执笔者就是胡绳。胡绳先生当年在《读书与出版》发表的有《康有为与戊戌维新》《洪秀全和冯云山》《谈历史研究的必要》等一批重要理论文章,此外还有《用不着嗟叹》《"理未易明"么?》等一批政治观点鲜明的笔谈文章。他是《读书与出版》的编辑人又是撰稿人,而且是十分重要的撰稿人之一。

---

① 陈原:《记陈翰伯》,《读书》1988 年第 10 期。

2000年11月胡绳去世后,新华社发表文章说:"他少年早慧,崭露才华,又能不断刻苦自励,辛勤劳作,终于锻炼成为学识渊博、成就卓著、在国内外享有盛誉的学者和革命家,在宣传和阐述马列主义、毛泽东思想、邓小平理论,坚持和运用马克思主义推进社会科学研究方面,做出了重要贡献。他把毕生的精力奉献给了党的事业。"①

胡绳出身于书香门第,儿时从父教读已一二年,在1925年7岁入小学时即读五年级。9岁就读苏州中学初中部,10岁开始写诗,12岁向叶圣陶主编的《中学生》投稿,两年间自由体诗作达30首,被称为"神童"。他在学校跟其他同学一起积极投入社会活动。1931年九一八事变时,他读高中,参加学校"反日救国会"演讲团,多次上街宣讲抗日。1932年淞沪抗战爆发后,他开始接触包括宣传马克思主义在内的社会科学书籍和中共内部报刊,并担任了所在高中学生会主席。

国家的危难状态震撼着当时的进步青年。胡绳跟一些同学交流对中国命运和前途的看法,既有担心也寄予希望;他知道苏联在世界被压迫人民斗争中的地位,并怀有真切的向往之心。他读了一些马克思、恩格斯、列宁的书,还有《共产主义ABC》等,被马克思主义所吸引。他也读过瞿秋白的一些书,了解到中国共产党经历过及正在进行着艰苦斗争,也被中国共产党的理论和实践所吸引。这样的进步倾向奠定了青年时代胡绳的生活和思想基础。

胡绳15岁时与人合作主编《百合》月刊,在创刊号上发表的长文署之以"胡绳"笔名,从此沿用终生。他16岁进北京大学哲学系学习,成了"少年大学生"。他在上大学期间,不是一个死读书的学生,而是拣可听的课听之,不爱听的就跑到北海旁的图书馆找点书看看。他在大学读了一年之后想换一种生活方式,就离开北大去上海,开始了同现在一些人"北漂"

---

① 见新华社北京2000年11月12日电,转载自中国社会科学院网站。

一样的"上漂"生活。

"上漂"是胡绳成长史的一个重要节点。他步入社会，开始了解社会的多面性。他一面读书自修，一面从事写作，并参加在中国共产党领导下的文化宣传，投入抗日救亡运动。在上海两年间，他为《读书生活》《生活知识》《新知识》《自修大学》《时事新报》等报刊撰稿，参加《新学识》的编辑工作，发表了60多篇文章。他的生活完全靠写文章的稿酬维持，没有去找什么正式工作。1935年秋，经从事世界语研究的叶籁士介绍，胡绳参加中共"文总"（左翼文化总同盟）领导的"语联"（中国普罗世界语者联盟，上海世界语者协会是其公开机构，是中共的外围组织）工作，并短期担任上海世界语者协会机关刊物《世界》的编辑，写过若干有关世界语和语文问题的文章。对他影响最大的是在此期间结识了胡乔木。当时胡乔木是党在文化工作上的领导机构"文总"的负责人之一，胡绳参加的"语联"只是党的外围组织。对于进步青年来说，与胡乔木建立了联系，就等于找到了党。胡乔木找过胡绳几次，谈了一些对文字改革和拉丁化方案的意见，使胡绳感到乔木对文字音韵学很有些知识。但两人认识没多久，胡乔木就离开上海去了延安。此后，胡绳参加的文化活动更多。北京爆发"一二·九"运动后，他还参加了上海声援北京的游行示威和抗日救亡的集会活动。

1937年八一三上海抗战开始后，胡绳到达武汉从事文化工作和统一战线工作，直至1938年10月武汉沦陷。在武汉期间，他主编通俗刊物《救中国》周刊，起初大多自己撰稿；受邀参加柳湜创办的《全民周刊》编辑工作；发表了数十篇文章。

"上漂"以来，他一直没有停下手中的笔，不断地写呀写，3年中发表了100多篇文章，出了近10本小册子。1938年1月，胡绳加入了多年追随的中国共产党。由于过去做了不少文化工作，党组织决定他不需要候补期，入党后即是正式党员。这既是对胡绳过去努力的认可，也是胡绳人生道路的新里程碑。他开始了从自由人到"党的人"的新征程。

在中共党内，从新中国成立直至20世纪末的半个世纪内，长期参与中央的文字工作，起草中央重要文件和重要讲话的人才不少。但是，成为党的两代核心领导的"一支笔"者，第一是胡乔木，第二就数胡绳了。

新中国成立后，胡绳先后担任过中央宣传部《学习》杂志社主编、中央政治研究室副主任和《红旗》杂志社副总编辑。按照现在的话说，这都是中央的重要智库。在20世纪50年代初期至60年代中期的十多年间，胡绳参与了许多中央重要政治文件和理论文献的起草和修改，参加了毛泽东和党中央召集的一些重要学术理论问题的讨论。

胡绳八十自寿铭写道："四十而惑，惑而不解，垂三十载。"[1]改革开放初期的1978年前后，还属于他的"惑而不解"时期。这时的"惑而不解"，就是他的思想没能跟上时代发展。邓小平在十一届三中全会前的中央工作会议上的闭幕讲话，促使胡绳的思想不断解放，逐渐走出思想僵化状态。"笔杆子"毕竟是"笔杆子"，思想通了，就"惑而有解"。改革开放以后，他又是党内重要的"一支笔"，不仅参加中央文件和领导人讲话的起草讨论，而且起着带一些徒弟的作用，使一批批年轻人也成为中央的"笔杆子"。

在新中国成立以来的半个多世纪里，胡绳的成就，说得直白一点，有如"双头鹰"。一"头"是我们党两代领导核心的"一支笔"，为党的重要文献的形成和阐述，为宣传马克思列宁主义、毛泽东思想、邓小平理论做出了重要贡献。另一"头"是个人著书立说，在以《帝国主义与中国政治》为代表的研究成果和新中国成立后继续对近代史展开专题研究的基础上，20世纪70年代中期，尚且身处逆境的胡绳就开始了《从鸦片战争到五四运动》这部巨著的写作。90年代，胡绳在组织编修《中国共产党历史》上

---

① 徐庆全：《胡绳"回归自我"的历程》，《炎黄春秋》2005年第5期。

卷的同时，主编了《中国共产党的七十年》这一印数达数百万册的皇皇巨著。此外，正值"粗知天命"（胡绳自谓"七十八十，粗知天命"）之时，胡绳发表了大量政论性学术论文，汇集成《马克思主义与改革开放》出版，被誉为"很有影响、很有深度、很有新意"，达到"中国社会科学最高水平"的力作。这三本书成了胡绳晚年的重要作品。

五、杜国庠先生小传

杜国庠先生是广东澄海人，马克思主义哲学家、历史学家。曾用杜守素、林伯修等笔名。早年留学日本，回国后曾执教于北京大学。参加发起组织中国社会科学家联盟，曾任左翼刊物《中国文化》主编。1935年被捕，1936年西安事变后出狱。此后主要研究中国思想史。抗战胜利后，杜国庠重新回到上海。周恩来指示他不要公开参加政治活动，不要突出，以便今后为党工作。他遂以文人身份，继续从事研究和著述。

杜国庠（杜守素）先生是《读书与出版》的编委会成员，同时又是该刊物重要的撰稿人之一，他相继在《读书与出版》发表《墨子思想》《荀卿的逻辑思想》等一批研究先秦思想史的重点文章。在刊登《墨子思想》的1946年第5期《读书与出版》上，编辑部还配发了署名"于湘"的访谈文章《墨者杜老》：

> 在一个简陋的亭子间里，我会见了杜老，窗台上堆着一堆书，一部分是线装的。一张单人床，几件旧家具。这就是他的卧室、书斋和会客室。从窗子里面望出去，可以看到马路，因为前面一排房子已在战时打掉了，只剩颓废的墙壁。而从重庆到上海，一位穷学者，能够住这么一间房，已经不容易了！
>
> 谈起了他新近为青年们写的一本书，他谦虚地说最后一部分写得不大满意。要用通俗的文体评述先秦诸子的逻辑研究，的确不是

易事,许多征引若翻译成白话,好是好,篇幅上可要增加不少。我是读了杜老这本书的原稿的,我觉得这是老先生对青年们特别恳切,才担心自己的著作还有不通俗的毛病。

杜老近年致力研究古代中国的社会与思想,发表于各种杂志上的论文,已收集为《先秦诸子思想研究》。郭沫若在《我怎样写青铜时代和十批判书》文中曾说:“他是墨学研究的专家,而且是相当崇拜墨子的人。只有在这一点上我和他的意见不十分一致。他的生活很坚苦,我们有时戏称他为墨者杜老。”其实杜、郭二位于孔子的看法也有不同处,《我怎样写青铜时代和十批判书》文中不是说“杜老曾经说过我有点儿袒护儒家”吗? 杜老称美侯外庐的《中国古代思想学说史》,虽然他们二位的见解并不相同。我曾以杨荣国的《孔墨的思想》询问他的意见,他说,写的不坏,很适合于初学者阅读,不过对于孔子的批评还有可以商榷的地方。

我本想把某杂志关于老、庄论争同他谈谈,但这场没有完结的论争实在只是胡扯,所以终于搁着。我们的话题转到买书的方面。现在的书价太贵,而且有好多的参考书一时竟不容易买到。旧书铺很会敲竹杠,反正战前容易得到的书一时没有重版的可能,出版家的存货也光了,为什么不敲竹杠呢?“真的,只要出版家还有存货,中华商务的古书倒不好算十分贵”。——杜老用他的潮州口音的普通话这样说。

是十年前了,杜老在上海和田汉、华汉们一起被捕。那时他叫吴啸仙(记得他曾用这个笔名译过东西),是新兴社会科学界的领导人之一。但他常用的笔名是林伯修,用这个署名翻译的东西有:德波林的《辩证法唯物论入门》和《唯物辩证法与自然科学》,猪俣津南雄的《金融资本论》,以及林房雄的小说等。

杜老做民主革命的文化运动大约会有了二十年的历史。一九二八年以来的新思潮的发展,他是积极的推动者。他之潜心于古代思想的研究,或者还是在狱中开始的。当时苏州的特种新式监狱(类似现在的集中营),允许他向沧浪亭的省立图书馆借书。

现在杜老还是继续他的研究工作,但他缺少书,也缺少买书的钱。偌大的上海,偌大的中国,向人借他所需要的书或其他资料,是多么困难!在中国,做一个学者,除了要时时防着吃枪弹、进集中营以外,连垦殖得土地(书之类)都被人独占着而望都没有机会望到的。而且,杜老的简单的家,要靠写作维持生活也仍然是勉强的。现在杜老已经离开"以裘褐为衣,以跂蹻为服"不远了,难道我们的国家应当让学者们过这种生活吗?

杜老预备在最近再写一本给青年们的读物,那是讲认识论的。"为了生活",他说,"不能不在研究工作以外多写些东西"。然而,青年们会感谢他的。

1946年7月,杜国庠集中精力以一个月时间,写出了《先秦诸子思想概要》一书,以马克思主义观点,对自孔子到韩非子,即从春秋末叶到战国末叶儒、墨、道、法、名几家重要代表者的思想作了精湛的论述。随后又完成了所承担的《中国思想通史》第一、二、三卷的有关部分。并在民主人士和工商界上层人士中开展统战工作。

中华人民共和国建立后,他任中国科学院哲学社会科学部学部委员和中国科学院广州分院院长。他力图用马克思主义观点总结中国古代思想文化遗产,研究问题重视资料的搜集、考证。主要著作有《中国逻辑史》《中国佛学概论》《中国思想通史》(和侯外庐等合编)、《先秦诸子思想概要》《先秦诸子的若干研究》《杜国庠文集》等。

杜国庠先生学识渊博,精通日文,还懂英文、德语,探涉的学术领域宽阔,在政治经济、哲学、文学、古文献、佛学、逻辑学、因明学(印度逻辑)等方面,都有高深的造诣。邱汉生先生撰写的《杜国庠传略》认为:"杜国庠是一位学者,是革命家,他为学术的繁荣,为人民的解放,历尽了艰难险阻,奋斗终身。他的言论、风貌,精神、品格给后世留下了令人敬仰的典范,这是中华民族的一份精神财富。铁窗囚系,弥足以励其坚贞;白屋清贫,更见其安于淡素。后人从他身上可以学到的,是一个多方面的、十分完满的、高贵的品格。"

六、戈宝权先生小传

戈宝权先生是江苏东台人。曾用葆荃、北泉、北辰、苏牧等笔名。1932年肄业于上海大夏大学(今华东师范大学),著名外国文学研究家、翻译家,苏联文学专家,也是新中国成立后派往国外的第一位外交官。他是当年《读书与出版》的编辑人和撰稿人,尤其是苏联文学的主要译稿人。《苏联文学中的伟大卫国战争》《苏联的作家是怎样生活的?》《苏联的作家在写什么?》《高尔基论文艺写作问题》等一大批重要文章和译稿都出自戈宝权先生的手笔。戈宝权先生向中国读者介绍苏联文学的贡献巨大。他翻译的苏联作家高尔基的名篇《海燕》被列入中国中学语文教材。普希金的童话《渔夫和金鱼的故事》妇孺皆知,译者戈宝权先生被朋友们戏称为"老渔夫"。

戈宝权先生在《我和生活、读书、新知三家书店——从读者、撰稿人到编辑》一文中说:"抗战胜利后,我又回到了上海。……到了上海以后,我见到了徐伯昕、胡绳等同志,就先参加了生活书店编辑部的工作。记得当时生活书店的门市部在霞飞路吕班路口(现淮海中路重庆南路口),编辑部是租用霞飞路迈尔西爱路(现茂名路)口一处里弄房子的二层楼。在小小的一间编辑室里,我们经常见到的,就有胡绳、陈原、史枚、肖岱等同志。从一九四六年四月起,我们开始编辑《读书与出版》月刊,我差不多每期都为他写稿或译稿。"①

戈宝权认为,翻译语言要朴素。他翻译普希金的《渔夫和金鱼的故事》就尽量做到简单朴素,一听就懂。比如,"从前有个老头和他的老太婆,住在碧蓝的大海边;他们同住在一所破旧的小泥棚里面,整整地过了三十又三年"。这个"三十又三年"完全是俄文的形式,俄文是"三十加上三年",戈宝权翻成"三十又三年",中文也通,又忠实于原文。"老头出去撒网打鱼,老太婆在家里纺纱结线。有一次老头向大海撒下网,拖上来是一网水草。他再撒了一次网,拖上来是一网海草。他又撒下了第三次网——这次网到了一条鱼,不是条平常的鱼——是条金鱼"。戈宝权没有译成"是条金鱼,不是条平常的鱼",而是索性按照原文的样子:"不是条平常的鱼——是条金鱼",加上个破折号,读起来就有味道了。戈宝权认为,翻译东西不仅仅要尽量使人看得懂,而且还要做到使人听得懂。

对于普希金,戈宝权先生真可以说是情有独钟。20世纪40年代,戈宝权翻译编辑了《普希金文集》,并写出《普希金在中国》一文。50年代,他开展了研究普希金的工作。他参观了普希金的博物馆,阅读了普希金手稿和藏书,并和苏俄研究普希金的专家进行了交流,从而收集了大量的材料,为他后来的研究打下了坚实的基础。戈宝权担任文学研究所的研究员以后对普希金的研究更深入了一层,先后写出了《普希金和中国》《谈普希金的〈俄国情史〉》《〈叶甫盖尼·奥涅金〉在中国》等文章。这些文章不仅论述了普希金对中国的兴趣和他的作品在中国的传播情况,同时也反映了戈宝权几十年来孜孜以求的敬业精神。为了探求《俄国情史》的真面目,戈宝权花了几十年的心血去寻找这本译作的原版,最后才在旧书堆里找到了它。经过戈宝权的认真阅读和考证,才证实它就是普希金的《上尉

① 戈宝权:《我和生活、读书、新知三家书店——从读者、撰稿人到编辑》,《出版史料》第一辑,学林出版社,1982年,第55页。

的女儿》。

托尔斯泰也是戈宝权先生潜心研究的对象。他在苏联担任记者和外交官期间,曾多次参观托尔斯泰的故乡及其在莫斯科等地的博物馆、纪念馆。托尔斯泰也像普希金一样给戈宝权从小就留下了深刻的印象,使戈宝权对这位文化伟人产生了无限崇敬之情。值得一提的是,苏联从1928年开始曾出版了一套91卷的《托尔斯泰全集》,直到1958年才出齐,历时整整30年。而戈宝权从20世纪30年代开始收集这套全集,后来历经种种曲折困难,终于将全集收齐。戈宝权视其为珍宝,倍加爱护。现在它成了我国唯一一部完整的原版《托尔斯泰全集》,保存在南京图书馆。

戈宝权在1980年发表的《托尔斯泰和中国》这篇文章中,首先便谈到了他对托尔斯泰的热爱和敬慕之情。在论述托尔斯泰与中国的渊源时,戈宝权更是以其精细的考证,论证了托尔斯泰的作品最早介绍到中国来的情况,以及他与辜鸿铭、张庆桐的联系。特别是他对张庆桐的考证,不仅澄清了在这个人名问题上的种种猜测、怀疑,而且更加证明了他严肃认真的治学态度。

戈宝权先生对高尔基的研究更是成绩斐然。戈宝权在苏联期间,在红场亲眼见到过这位俄苏革命作家,后来又参加过高尔基的遗体告别仪式和葬礼,并先后写出《高尔基的逝世和葬礼》《高尔基博物馆》等文章。这些文章夹叙夹论,是中国最早以亲身感受写就的论及高尔基生平和创作的两篇报道。1947年和1948年,他和罗果夫合编了两本《高尔基研究年刊》。像这样的研究年刊,在当时的中国可以说是空前的创举。从这个意义来说,戈宝权是我国"高尔基学"的开拓者。

新中国成立以后,戈宝权对高尔基的研究更是成绩卓著,先后发表了《高尔基和中国》《高尔基与中国革命斗争》《谈谈高尔基的〈海燕〉》《关于高尔基的〈我怎样学习和写作〉》《高尔基作品的早期中译及其他》等专论。其中既有评论性的文章,也有考证式的论文,详细地论述了高尔基与中国革命和现代文学的关系,全面剖析了《海燕》这篇作品的写作背景、思想意义和艺术感染力。这些论文既具有珍贵的文献价值,又促进了我国高尔基学的发展。

鲁迅是戈宝权先生研究的主要中国作家。1976年他参加《鲁迅全集》的注释工作,随后又担任了北京鲁迅博物馆鲁迅研究室和中国鲁迅研究学会的顾问,因此鲁迅便成了戈宝权20世纪80年代研究的重点之一。在短短的数年之中,他先后发表了一系列论文,涉及鲁迅与外国文学的关系,鲁迅与外国作家的交往和友谊,鲁迅著作在国外翻译、出版和研究的情况等。在这些文章中,引起国内外反响最大的要数《鲁迅在世界文学上的地位》这篇论文。这篇文章内容博大精深,多方面、多层次地论证了鲁迅在世界文学上的崇高地位,因而受到许多外国汉学家的盛赞和肯定。

《〈阿Q正传〉在国外》也是一篇引起广泛反响的论文。《阿Q正传》不仅奠定了鲁迅在中国现代文学史上的地位,而且也给鲁迅带来了巨大的国际声誉。戈宝权在他的论文中,先是论述了这篇小说的成因,以及它在国外所引起的巨大反响,继而论及《阿Q正传》被介绍到国外的情况。这篇论文的可贵之处,就是它打破了俄译本是最早的欧译本的传统看法,并以确凿无疑的证据,证明梁社乾翻译的英译本和敬隐渔翻译的法译本才是最早的欧译本。正是有了这两种译本,鲁迅的名字才传遍欧美各国,引起欧美作家的关注。戈宝权对《阿Q正传》的考证研究,得到许多学者的高度评价,甚至连鲁迅生前好友也给他去信表示称赞。

藏书,是戈宝权先生一生最大的嗜好。他平时省吃俭用,把钱全"储"在书上。他家藏书古今中外都有,多为善本、珍本,计两万余册,1986年他毅然将这一生的心血全部捐给他的家乡江苏省。政府为表彰他这一义举,给他一笔可观的奖金,他以这笔款设立"戈宝权文学翻译奖",奖掖、扶持年轻的翻译工作者。

著名翻译家高莽回忆:

在学术方面,他一直是我的老师。戈宝权先生是我国介绍、翻译俄苏文学的杰出学者。他接过了鲁迅、瞿秋白、茅盾、曹靖华等老一辈的接力棒,奋力地往前奔跑。在学术领域,他拓宽了研究文化交流的范围,写了不少文章,集成厚厚一本,以《中俄文学交流因缘》为书名问世,其资料之翔实、之丰富,是前无古人的。戈先生的学术活动加深、扩大了与俄苏作家的友谊与交流,很多苏联老作家都认识他,他也悉心保存了他们寄给他的信件、赠书、题词等。

……几年前,他把自己的藏书捐赠给南京图书馆,成立了"戈宝权藏书室",并捐款 3 万元,设立戈宝权文学奖金。半个多世纪苦心积累的文化财富,如今变成大家可以享用的宝贵资料,显示了他博大无私的胸怀。我感到幸运的是我为他画的一幅肖像也挂在"戈宝权藏书室"内。

……2000 年 5 月 15 日,戈宝权先生不幸逝世,消息传来,我悲痛地说:"我万分痛心,因为我的成长与他分不开,他的为人、他的译著都是我学习的榜样。"[①]

七、徐伯昕先生小传

说起《读书与出版》和《读书月报》的创办和发行,徐伯昕先生功不可没,细心的读者会发现,在《读书与出版》的创刊号、复刊号和《读书月报》的创刊号的版权页上都有"发行人徐伯昕"的字样,1946 年春天出版的《读书与出版》版权页上虽然注明"发行者生活书店",徐伯昕先生担任生活书店的总经理,所以解放战争时期出版的《读书与出版》杂志的实际发

---

①《学术名家自述:高莽》,社会科学文献出版社,2017 年,第 50 页。

行人仍然是徐伯昕先生。

徐伯昕先生原名徐亮,笔名徐吟秋、徐味冰、赵锡庆。出生于常州市武进鸣凰乡小留塘里村,是我国当代著名出版家、社会活动家、中国民主促进会主要创始人之一。他协助邹韬奋先生创办《生活》周刊、生活书店,于20世纪40年代投身革命出版事业,与郑振铎先生等创办《民主》周刊,推动成立生活·读书·新知三联书店,为新中国出版事业培育了一大批优秀人才。

吴永贵先生在《徐伯昕,同样是出版事业楷模》一文中写道:

> 说徐伯昕是邹韬奋的黄金搭档,除了思想行动上的协同外,更主要的表现在他们各自能力优势的互补上。邹韬奋长于编辑工作和全局性的规划,是生活书店的灵魂;而徐伯昕善于经营筹划和具体落实,可谓生活书店的支柱。……出版业的发展,既需要有像邹韬奋这样的编辑大家,也需要有像徐伯昕这样的经营专家。
>
> 从进入《生活》杂志的时间上说,徐伯昕比邹韬奋还要早一些。当时的《生活》杂志,由王志莘出任主编,徐伯昕刚从中华职业学校珐琅科毕业,以练习生的身份兼管发行。王志莘离开杂志到银行工作后,邹韬奋接任了主编的工作。说是主编,其实是"光杆编辑"一个,因为包括邹韬奋在内的全部工作人员只有"两个半"人,会计孙梦旦有一部分时间还兼职职教社的事,所以只能算作半个,另外一个人就是徐伯昕。当邹韬奋不得已在编辑上唱"独角戏"的时候,编辑和会计之外的其他一切营业事务,亦同样只能由徐伯昕一人唱"独角戏"。这是两个人一起艰苦创业的开始,直到1944年邹韬奋去世前的18年峥嵘出版岁月中,两个人分工协作,相互为援,彼此欣赏,从办刊物到办书店,共同擎举一片令世人瞩目的出版事业。这是一对绝配的

黄金搭档。①

当20世纪三四十年代邹韬奋的思想在与现实的不断碰撞中发生变化，最终走向革命道路的时候，徐伯昕是其坚定的支持者和追随者。胡绳评价徐伯昕有"'生意人'的精明"，而这个特点，与"政治上是一个叱咤风云的人物，但在生活上却是个书呆子，更不善交际（茅盾语）"的邹韬奋，恰成鲜明的对比。徐伯昕长期担任生活书店经理，人称"徐老板"，他的经营才干，很好地弥补了邹韬奋的不足。

1940年，生活书店在重庆以无记名投票方式选举第六届领导机构，对徐伯昕是这样介绍的："徐先生是本店事业的舵手，10余年来引导全体同人渡过了不知多少惊涛巨浪，才把本店的事业缔造成目前的规模。我们的事业之船在商业竞争的海洋中行进，每个同人都热烈拥戴这位熟练无比的舵手，是毫无疑义的。"

那次选举，徐伯昕和邹韬奋均以最高票数当选。这是对徐伯昕若干年来经营成绩的充分肯定。邹韬奋对他的这位合作者也十分钦佩，从不吝啬赞语，说他有"苏张之舌"，有"出将入相"之才，说他"对本店的功绩，是永远不朽的"。

诚如邹韬奋所言，在20世纪三四十年代，生活书店能迅速崛起，成为进步力量所办的出版机构中时间最长、影响最大的一家，与徐伯昕的运筹帷幄、经营有方，是有决定性的关系的。

在整体的经营思路上，徐伯昕亦表现出开阔的眼光。生活书店建立之初，他大力发展期刊经营，走书刊互动的路线，经营上卓然有成效。除了《生活》系列杂志之外，抗战之前生活书店相继编辑和发行的期刊还有《文学》《世界知识》《太白》《译文》《妇女杂志》《光明》《生活教育》《中华公

---

①吴永贵：《徐伯昕，同样是出版事业楷模》，《光明日报》2006年11月29日。

论》《生活知识》《新知识》等十几种,涉及时政、文艺、教育、学术、文化等多个领域,形成了一个阵容庞大的杂志群落。杂志联系着方方面面的作者,为生活书店后来出书,提供了至关重要的作者资源,同时杂志的传播也极大地提高了书店在读者中的知名度,特别是《文学》月刊和《世界知识》半月刊,加上原来的《生活》周刊,"使年轻的生活书店崛起,社会为之瞩目,声誉鹊起",对其以后的图书发行大有帮衬,很多杂志的订户后来亦成为生活图书的读者。

按说,刊与书的协同互动,在民国时期的书业经营活动中,并不稀见,但是,能像生活书店这样,一开始就在期刊出版上如此大手笔的,几乎是绝无仅有。这是生活书店经营的重要特色之一,也是徐伯昕谋划经营格局宏大的表现。

邹韬奋曾言:"无论何种事业,能干的还要愿干,否则难有责任心;愿干的还要能干,否则难有成效。"徐伯昕带着生活书店这艘航船在商海中乘风破浪,成就出一番载入史册的文化大业,是其既"愿干"又"能干"的结果。邹韬奋明言说"同事中最辛苦的就是徐伯昕",这是徐伯昕愿干的表现。而生活书店在政治环境险恶的情况下,各项工作能开展得井井有条,以实实在在的服务,赢得了遍布海内外的读者,则是其工作出色、能干的明证。

1944年,周恩来在延安提议以韬奋为"出版事业楷模"。当我们回顾生活书店的发展历程,度量邹、徐两巨头间的合作成就时,我们同样有理由认定,徐伯昕也是一位值得后人学习的出版楷模。出版业的发展,既需要有像邹韬奋这样的编辑大家,也需要有像徐伯昕这样的经营专家。两种类型出版人的并肩携手,方能结出"事业性和商业性统一"的璀璨文化之果。①

陈原先生在《记徐伯昕》中写道：

坦率地说，我年轻时对于生活书店出版物版权页上的记载"发行人徐伯昕"不如对于写了那么多发人深省的文章的宣传家邹韬奋那样敬重和崇拜的。我参加进步出版事业的头一个十年，竟以为只要有一个邹韬奋，我们的出版社便可以兴旺发达了；到我参加工作的第二个十年，我发现我不对，却又以为只要有一个徐伯昕，我们的出版社才能蓬勃发展；进入第三个十年——当我有了出版行政经验时，我以为一个出版机构必须有一个邹韬奋加上一个徐伯昕，然后能够有效地传播革命种子。……但韬奋毕竟是宣传鼓动家，他是事业心十分强烈的政治家，但如果没有伯昕那种十分执着顽强的事业精神，小心谨慎地去实现计划，那么，我们的革命出版事业也不能在那样恶劣的政治条件下取得战胜敌人的辉煌成就。②

他还充满深情地回忆：

凡是同伯昕共事过或接触过的人，都会感到他是一个事业心十分强烈的人，是一个万事认真、百折不挠的人，是一个对公众利益斤斤计较，绝不马虎的人，是一个自奉甚薄，克己奉公而又不发牢骚的人；甚至有时觉得这样的一个人待人有点冷，要求人过于严。是的，近半个世纪以来，他何尝为自己谋求过什么？在他手下工作过的人，

①吴永贵：《徐伯昕，同样是出版事业楷模》，《光明日报》2006年11月29日。
②陈原：《记徐伯昕》，《人和书》，生活·读书·新知三联书店，1988年，第251—252页。

却不以为他冷,而无时不想着他的严。他对手下的同志了如指掌,这个人有什么长处,有什么弱点,有什么困难,他无不记在心中,并且采取使人一时察觉不出的有效措施来"扬长避短"。

有一年,我心脏病突然发作,极度的供血不足,使脑血管失去了记忆,伯昕有两天坐在我病床旁,他说着说着,我当时睁大了眼睛却不知道他说什么,但我觉察到他对我这样的青年编辑的关怀——那真挚的面容、那祝愿的面容,至今仍然留在脑际。当我康复后,他要从白区撤退到香港,他走前的一个黄昏,让我到他家里,他要我主持撤退后书店的编辑工作,他说不要搞得太红,要有步骤,我只记得他说我的计划太大,想做的事太多,他劝我编好一个杂志(指《读书与出版》,我做了),团结好几个文化人让他们为出版社出主意和写东西(指《读书与出版》邀请周建人等组成的编委会,我做了),他说,你就在家里同这几个人开编委会,每月一次就够了(我做了),他要我集中力量把《世界政治手册》编好出版(我做了)。我那时显然是因为这撤退弄得黯然——他听到了我无声的话语,他笑了笑,说,你愁什么,我们要回来的。①

八、林默涵先生小传

林默涵先生是福建武平人。原名林烈,笔名有林彬、林屿、穆文等。早年从事中共地下工作。1935年曾到日本学习,次年回国。曾编辑《生活日报》《读书与出版》《国民周刊》。1938年后至1948年,先后任延安《解放日报》、重庆《新华日报》、香港《大众文艺丛刊》编辑。1949年后,曾任中共中央宣传部副部长、文化部副部长。

---

① 陈原:《记徐伯昕》,《人和书》,生活·读书·新知三联书店,1988年,第253—254页。

　　1935年，林默涵同志东渡日本，入东京新闻学院学习，与进步朋友成立"哲学读书会"，潜心攻读马克思主义哲学书籍。"一二·九"运动爆发后，他毅然回到祖国。不久去香港担任邹韬奋主办的《生活日报》副刊编辑，开始用"默涵"的笔名发表文章。后到上海生活书店工作，参与编辑《世界知识》《国民周刊》《读书与出版》，并在《自修大学》上发表学习哲学的文章。抗战胜利后，林默涵回到上海，在中共中央主办的《群众》周刊工作，同时参与编辑《新文化》刊物。国共和谈破裂后，《群众》周刊移到香港出版，林默涵任编辑，同时参与编辑《大众文艺丛刊》，联系进步报刊，开展文化界的统一战线工作。这时期，他除了继续发表针砭时弊的杂文外，还写了大量的文艺论文，后来集成杂文集《狮和龙》和文艺论文集《在激变中》。

　　据《林默涵自述》记载：

　　　　1936年7、8月间，我由柳湜引荐，来到香港，在《生活日报》编副刊。邹韬奋为人正直热情，对工作满腔热忱，我很敬重他。那时他每天都要收到很多读者的来信，信中常常提出各种各样的问题向他请教，如出路问题、生活问题、学习问题、婚姻恋爱问题等等。他总是尽可能亲自阅复每一封来信，尽力代办读者委托的事情。他把读者来信看作是读者对自己的信任和托付，因此总是以高度的热情来写回信。后来因为收到的信太多，才不得不请了一位年轻的秘书帮他作复，有时我也帮着写回信。所有的信写好以后，邹韬奋都要亲自过目，并亲笔签名，然后发出，对于那些带有普遍意义的信则公开发表。《生活日报》上开辟有《读者信箱》园地，这也是最吸引读者的地方。①

　　林默涵先生不仅是抗日战争前夕《读书与出版》的编辑人之一，而且

---

①《林默涵自述》，《新文学史料》2006年第3期。

是解放战争时期《读书与出版》"修养月谈"专栏的主持人和撰稿人,为《读书与出版》"修养月谈"专栏相继撰写了《谈理想》《谈实践》《谈意志》《谈集体》等系列文章,使之成为读者最欢迎的一个读书专栏。

《读书与出版》1948 年第 5 期《谈实践》

当年在上海,林默涵见到了早已声誉卓著的鲁迅。他后来回忆说,那时他崇拜鲁迅,他把鲁迅称为"启蒙老师",有时在书店和先生邂逅,他都万分激动。有段时间和鲁迅住在同一个弄堂,经常遇到鲁迅,可对方不可能认识像他这样名不见经传的学生。或许是鲁迅以笔为旗的做法鼓舞了林默涵,1934 年,林默涵来到上海一家报馆工作,同时向《读书生活》等报刊投稿针砭时弊。

林东祥先生在《林默涵在解放日报社》一文中写道:"林默涵勤奋好学,晚上自由支配的时间,他从不打麻将扑克,不跳舞和串门,他在擦得锃亮的小美孚灯下,埋头伏案,不倦地读书写作,在报社工作的不到两年时间里,他发表了40 多篇文章,这在编辑人员中也是非常少见的。"

林默涵写的杂文,内容丰富,思想犀利。作品中有控诉德、意法西斯侵略罪行的《枪口对外》,有抨击国民党消极抗战积极反共的,有歌颂工农兵幸福生活和创造才能的,也有批评官僚主义和腐败作风的。他的作品爱憎分明地表达了真知灼见,总是以革命的利益出发,以群众的利益出发,成为群众喜爱的有独特风格的杂文作者。

他还发表许多文艺评论,在《"面包师"与"饼干匠"》中说:"艺术家如果不彻底脱离这个狭小的几乎自我陶醉的小圈子……即光主观上想要为大众服务,恐怕很难服务的上。"在《打破旧观点》中说:"艺术家要打碎'艺术高于一切'的观点,到实际工作中去,并且是以一个工作者的身份真正参加实际工作。"这说明林默涵对毛泽东《在延安文艺座谈会上的讲话》有深刻的理解,最早提出深入生活确实可行的办法。

林默涵先生的女儿孙小林在《回忆我的父亲林默涵》一文中说:

> 我的父亲一辈子最敬重的就是鲁迅,他从年轻时代就开始崇拜鲁迅了。我对鲁迅的孙子周令飞说:"我爸爸一辈子都在捍卫你爷爷。"他写了不少文章和反对鲁迅、往鲁迅身上泼脏水的人作斗争。1977年我父亲从江西回到北京后第一项工作,就是主持1981年版《鲁迅全集》的编辑、注释和出版,为此他投入了全部精力,做了大量的组织和文字工作。当时茅盾对周而复说这项工作非由林默涵这样的"霹雳手"来主持不可。我父亲认为这是他一生中所做的最有意义的事。[1]

①孙小林:《回忆我的父亲林默涵》,《文艺理论与批评》2014年第2期。

九、杨荣国先生小传

《读书与出版》1947年第1期《李守常先生的思想》

翻阅纸色已经发黄变脆的《读书与出版》多期刊物,就会发现《李守常先生的思想》《吴虞的思想》《王国维的思想与学术》《康有为的思想与学术》《钱玄同对中国新文化的贡献》等一批重点理论文章,这批重点理论文章的撰稿人就是杨荣国先生。他在《读书与出版》1947年第1期发表的《李守常先生的思想》这篇文章的开头写道:

在五四运动中,胡适倡导的是实验主义;陈独秀虽以最进步的姿态出现,仿佛是个马克思主义者,但其实离马克思主义还十万八千里;然而李守常(名大钊)先生则不然,他一面从事实际斗争,另一面则加强理论学习,因为理论是指导实践的,没有革命的理论,便没有革命的行动,所以李先生就感到要向这一方面有所致力,当时不是还没有一部马克思理论的著作吗,李先生就于研究之余,写了一篇长达数万字的《我的马克思主义观》（载《新青年》六卷五六两期），其中并把马克思的《哲学之贫困》《共产党宣言》和《经济学批判》很扼要地各译了数节，这在当时说来，不独是介绍马克思主义最先的一篇文章，同时也是最详尽的一篇文章吧！

因为李先生既有实际斗争经验，又有相当好的理论基础，所以对于事物的看法也较当时一般人为正确。

当时大家虽以新青年相号召，但很少击中青年人的要害，青年人的要害是什么呢？他在《今》的一文里这样说："……一种是厌'今'……，一种是乐'今'……，厌'今'的……有两派；一派是对于'现在'一切现象都不满足，因起一种回顾'过去'的感想；……一派是对于'现在'一切现象都不满足，……但是他们不想'过去'，但盼'将来'。盼'将来'的结果，往往流于梦想，把许多'现在可以努力的事业都放弃不做，单单沉溺于虚无缥缈的空玄境界。这两派人都是不能助益进化，并且很足以阻滞进化的。乐'今'的人大概是些无志趣无意志的人，是些对于'现在'一切都满足的人。觉的所处境遇可以安乐优游，不必再商进取，再为创造。这种人丧失今的好处，阻滞进化的潮流，同厌'今'派毫无区别'。"（《新青年》四卷四号）

于是前者不是走向复古主义，便是流为等待主义；而后者则是乐天派的享乐主义者，这两者都是不对的，都足以阻滞社会的进化。

因之，李先生特别叫人把握住的是"现在"，他一则说："吾人在世，不可厌'今'而图回思'过去'梦想'将来'，以耗误'现在'的努力；又不可以'今'境自足，毫不拿出'现在'的努力谋'将来'的发展。宜善用'今'，以努力为'将来'之创造。"

再则说："无限的'过去'，都以'现在'为归宿。无限的'未来'，都以'现在'为渊源。'过去''未来'的中间全仗有'现在'以成其连续，以成其永远。"

时间是前进的,如果不死死地把握住"现在",对于现在许多应该改造的工作,或者是应当创建的工作,不加以特别致力的话;马上便从时代的激流中推向过去,成为落伍者了。所以李先生对当时青年人特别提醒到这一点。

在这篇文章里,杨荣国先生还深刻地分析了李大钊对第一次世界大战及苏联十月革命的理论观点,认为:"这在当时的中国来说,很少有人能有李先生这样的看法;换言之,也就是很少有人能像李先生这样对于当时战争的起因与结果做这种正确的把握与科学的分析的。"杨荣国先生在这篇重点文章中对李大钊先生在中国最早传播马克思主义和领导中国人民进行伟大实践的开拓性贡献予以充分的肯定和高度的评价,这是很有政治眼光的。

杨荣国先生是湖南长沙人,笔名杨天锡。早年毕业于上海群治大学。1931年"九一八"事变后,全国各地掀起了抗日救亡运动。1936年5月31日至6月1日,全国各界救国联合会(简称救国会)在上海成立后,不少地方相继成立救国会组织,湖南长沙也不例外,杨荣国也加入救国会组织,参加抗日救亡活动。1937年"七七"事变后,同年9月间,徐特立被党中央派到长沙建立八路军驻长沙通讯社(后改称办事处),他多次前往听徐特立的演讲,与共产党人接触,并于1937年担任长沙文化抗日协会理事,1938年4月参加中国共产党。

1938年10月,武汉失守,长沙告急,杨荣国及其弟步行至宝庆(今邵阳)。他与著名史学家谭丕模、文学家张天翼主办《新观察日报》,用通俗的文字宣传抗日救亡活动。1939年,杨荣国到广西桂林,担任桂林文化供应社编导,并从事学术研究,于1940年通过桂林写读出版社出版了他的首部著作《中国古代唯物论研究》。

1941年秋,日寇进犯桂林,杨荣国去了重庆,把三个女儿寄托在桂林难童教养所。杨荣国到重庆后寄寓于翦伯赞家中,后得到吴泽的帮助,到

"计政班"当教员,这是吴泽让给他的兼职。杨荣国在该班讲授政治经济学,"是按照薛暮桥的进步经济学观点讲课的。他讲劳动创造价值和孙中山的社会创造价值相结合,引起了当时计政班中的特务的注意,一年后他被解除职务"。

在极度困难的生活环境中,杨荣国先生接受了马列主义的思想,开始运用辩证唯物主义观点进行历史研究。曾以杨天锡的笔名,在党的刊物《读书生活》《群众》等杂志发表文章,如《康有为思想》一文,"就是通过谈康有为的改革而影射当时社会政治的腐败"。这两年,他完成了《中国十七世纪思想史》(1945年重庆东南出版社出版)、《孔墨的思想》(1946年生活书店出版;1950年三联书店重版)两部专著的写作。他花了四年时间完成的一部30万字的《清代思想史》,1945年交当时的"图书出版审查委员会"审查时,竟全部被扣,这出其不意的打击使他几年的心血毁于一旦,他几乎气晕了!

1944年,杨荣国被当时迁到重庆三台办学的东北大学聘为教授,讲授历史哲学课程。他"巧妙地宣传辩证唯物论哲学"(吴熙钊),受到当时听课学生的欢迎。抗日战争胜利后,他受聘为广西桂林师范学院教授,讲授中国古代思想史课程。为支持学生开展爱国民主运动,他在1946年加入中国民主同盟。他以季野为笔名,为保存数年的毛泽东的《辩证唯物论提纲》油印本写了前言,然后公开发表。1946年7月,杨荣国被捕入狱10个月,在狱中从事《中国古代思想史》一书的资料摘录工作。1949年4月,杨荣国回到长沙,参加迎接解放的斗争。

新中国成立后,杨荣国被任命为湖南大学文学院院长兼历史系主任,同时被任命为湖南省人民政府委员,并当选民盟中央委员。1953年秋院系调整时,杨荣国随湖南大学历史系调入中山大学历史系,任历史系中国史教研组主任。1978年病逝,纵观杨荣国先生一生的学术生涯,他还是一位国内外知名的中国思想史专家和历史学家,对中国思想史、哲学史,特别是对中国古代思想史、哲学史的研究有较深造诣。

十、艾寒松先生小传

艾寒松先生是江西高安人。原名艾涤尘,又名艾逸尘,一名艾逖生、何敬之,平时爱读《申报》《生活》等爱国进步报刊,也给各种报刊撰写有关青年修养和进步思想的文章。当年在复旦大学读书时化名何敬之署名,给《生活》周刊主编邹韬奋写了一封七千字的长信《青年烦闷之由来》,受到《生活》主编邹韬奋先生的重视,经略加删改予以笔名寒松刊出,为此约期会晤交谈融洽,就被邀请参加了《生活》的编辑工作,成为韬奋的助手,生活书店创办人之一。

1935年6、7月间,上海发生了一件震动全国的大事,那就是"新生事件"。1933年12月,著名爱国民主人士、新闻出版界前辈邹韬奋主编的《生活》周刊被国民党反动派以"同情福建人民政府"的罪名予以查封禁止出版。当时韬奋先生正在国外考察,他的战友爱国民主人士、工商界名人杜重远利用其知名人士的身份和社会上多方面的关系,向国民党上海市党部申请登记,创办《新生》周刊。获得批准后,这本周刊就由杜重远出面任主编,原《生活》周刊的编辑艾寒松任编辑。创刊号于1934年2月15日出版。内容仍为呼吁国共合作共同抗日;同时针砭时弊,要求进步。由于内容符合大众意愿,封面形式又与《生活》周刊大致相同,因此受到广大读者欢迎,销数不断上升,继续发挥了激发人民群众抗日救亡热情的舆论作用。

不料出到1935年5月4日2卷15期,因发表了艾寒松先生署名"易水"写的《闲话皇帝》的文章,文中提到了日本天皇是个生物学家,对生物学很有研究。日本皇宫内有实验室,他大半时间花在蝶类的分析研究上。评论说如果他的毕生精力能多用于研究工作则成就将更大。这本来是很正常的说法,并无恶意,但是,日本驻上海总领事借机挑起事端,于是发生了闻名一时的"新生事件",国民党政府的法院终于判处杜重远一年二个月徒刑,禁止《新生》周刊出版,并在暗中不断追查作者易水。艾寒松先生因为处境危险,上海无法存身,就在1935年9月被迫出国,先至法国巴黎,后又去苏联莫斯科参加中国共产党在国外出版的中文《救国时报》编辑部工作。

1938年2月抗日战争紧张激烈时,艾寒松从国外回到武汉,与战友重逢格外感到亲切,担任了生活书店总务部主任,紧张地投入了新的战斗。随着抗战形势的变化,生活书店总管理处由武汉迁至重庆。艾寒松改任生活书店编审委员会委员,负责编辑部日常工作。当时印刷出版条件非常困难,但在他努力下仍完成了艰巨的任务。由于上海沦为"孤岛"后,英、法等国的租界还存在,与中国香港、新加坡等海外物资运输交通往来未断,纸张、油墨、印刷用品也都可通过香港由海外输入,另一方面也有不少作家文化人还滞留在上海,上海仍是组稿出版的重要阵地。为此生活书店总管理处于1939年9月调派艾寒松到上海主持组稿出书工作。他在敌伪特务威胁下不避艰险,关心进步知识分子,组织到不少稿件,还参加了《集纳》期刊的编辑;同时担任了中共地下党的文委委员,积极从事统战工作,团结文化界人士。

1942年,艾寒松经党安排调往苏北解放区,任盐阜行政公署文教科长、阜东县委宣传部长、《盐阜报》总编辑等职。在敌伪军队频繁扫荡、特务汉奸严密封锁的艰险情况下,他与战友们一起克服种种困难坚持把报纸按期出版,为解放区军民提供了精神食粮。抗日战争胜利后,组织上又调他到上海工作。为了避免国民党特务的注意,他化妆改名隐蔽在上海西南角偏僻地方建立起党的地下秘密联络点。他与妻子孩子一家四口挤住在六平方米的房间里,过着非常艰苦的生活,为党做工作,并为《民主》周刊等进步杂志写稿。有一天他在途中突然遇到一个在解放区认识而后来叛变成了特务的人,当时他虽然机智地躲开,但是已被发现,并遭追捕,党就决定要他全家撤离上海。他先至天津,再经交通员引路通过层层封锁线历尽艰险到达了河北平山县中共中央所在地,受到了周恩来等领导的热烈欢迎。

艾寒松先生不仅是当年《生活》周刊和《新生》周刊的编辑,而且和史枚先生一起是抗日战争期间在重庆出版的《读书月报》的两位编辑人之一,同时他还为解放战争时期出版的《读书与出版》撰写了"杂志回顾"专栏,撰写了深受读者好评的文章。在《读书月报》的创刊号上,艾寒松先生和邹韬奋先生分别发表《关于读书的经验》和《略谈读书的方法》。艾寒松先生的文章结尾是这样写的:

> 在我的读书经验里感觉到:除有了各方面的基础知识以外,再要有进步,应该拿某一问题作中心来研究,为了研究某一问题,就必须要去读许多与某一问题有关的书。列宁为着写《帝国主义》这本书,曾参考了三百种以上的书,为着写《国家与革命》,参考的书有六百种以上,这些参考书至今还保存在莫斯科的列宁博物馆内。如果我们在研究某一问题时,将该问题做一个研究提纲,和写下与这问题有关的参考书,根据这提纲和参考书去作有系统的探讨,这样的读书是比较地更深刻了。另外的经验是,个人暗中摸索,随便乱读,进步的速率不如有人指导;第二,个人的指导,不如集体的研究。所以我的读书经验的结论是:读书要有正确的方法,要有思想健全的人的指导,要参加集体的研究,更要有和现实的联系。[1]

新中国成立后,艾寒松先生奉调南下,任江西省教育厅厅长。1953年又调至武汉任中共中央中南局党校副教育长。1957年再调回江西任

---

[1] 艾寒松:《关于读书的经验》,《读书月报》1931年2月1日创刊号"读书问答"专栏。

江西省委候补委员和省党校校长、省委宣传部部长等职。他根据上级指示和有关方面要求,为了党的思想建设和组织建设废寝忘餐,夜以继日地编写出《怎样做一个共产党员》一书,于1952年6月出版。1957年他根据党的八大精神作了修订,还增加了"反对破坏党的团结统一和集体领导的个人迷信"这一重要章节。修订本出版后受到广大党员、团员和积极分子的热烈欢迎,各级党校和各单位党组织纷纷将此书作为党课教材。这本书从1952年初版起至1963年止共出了七个版本,印刷了三十一次,发行了近千万册。

艾寒松先生的儿子艾岁寒回忆说:

在我们子女眼里,父亲耿直、严肃、勤勉,平日成天埋头书案,办公,打电话。闲暇时,偶尔放放留声机唱片,哼上几句京戏,满足得像个孩子。他做事埋头苦干、细致、认真、一丝不苟且十分执着。民国时期他因工作需要时常出入红、白区,为一心一意干革命,甚至将两个子女送了人。父亲是个淡泊名利,低调本分又很勤奋的知识分子,他原本不想卷入政治漩涡,也不想当官,不想发财,只想做一个普通人。

说起来,他的梦想也非常平凡。1933年,在主编胡愈之的策划下,中国第一大刊《东方杂志》组织了一场面向社会各界人士征集"新年梦想"的征文活动。征文设计了两个问题:1.你梦想中的未来中国是怎样的? 2.你的个人生活中有什么梦想?《东方杂志》将回应征文及作者身份发表在元旦的"新年特大号"专辑上,其中有老舍、巴金、茅盾等作家,有外交部部长、铁道部次长、教育部科长等公务员,有高校教师、银行家、画家、学生和其他普通读者。

其中有父亲以艾逖生属名,以生活周刊编辑为身份写的梦想,现摘录部分如下:"我是喜欢欣赏自然美景而同时又主张要从事生产工作,也为了衣食逼迫得不能不工作的人。我的理想的个人生活,假如环境允许的话,那就是说,在时局平静国泰民安,没有帝国主义军阀贪官污吏地主豪绅诸种种压迫时,我是要毅然地放弃一切……做个十足地道的老农,自耕自食。"他说,他想和家人努力从事农事,到田间跑跑,开心地看看自己劳动种出来的作物,和妻儿一起唱唱山歌,请村中老者来家喝喝酒,谈谈过去的兴亡沧桑,与远道来的友人纵谈天下事。除此以外,还要分出时间读些想读的书,尽自己力去告诉农民,劳动者才是真正的生产者和国家的主人,应该享受一切……。但当时他就感叹说,他梦想的这种安分守己的平凡人生活,在"无一块平静土"的中国,"它的实现的难,是难于上青天的!"

父亲艾寒松,这位由邹韬奋改名的爱国青年,这位想以自己的文笔尽忠的共产党员,经历了两次政治大风浪的人生坎坷后,走完了他平凡又不平凡的一生。他生前没有实现自己极其简朴的梦想。冰雪消融后,在京养病的我,于1979年隆冬曾往京郊松林,在冰天雪地中流连忘返,思绪万千,即兴赋诗《寒松赞》一首,将其寄赠亲友,特别是父亲青年时代在生活书店共患难的老战友们。这里就用其中一段诗句作为此文的结尾吧:"是啊,在生活书店 / 你有多么出色的同志和兄弟 / 与群松为侣, / 怎不会如青松般挺拔刚毅! / ——在震荡神州的红色风暴中, / 有过你生命的闪电和霹雳, / 你将热血灌注战笔, / 摧枯拉朽, / 搏风击雨, / 寒天里高扬松的虬枝铁臂! / 在人民江山的满园春色里, / 你曾雄姿英发, / 迎春吐绿, / 虽然狂飙骤降, / 摧折了你的躯干, / 而松林群体岿然不屈, / 仍把你报春的心愿延续……"①

---

① 艾岁寒:《我这六十年——一个普通人的回忆录》,《道客巴巴》文档库,2013年6月3日。

十一、尾声

著名出版家范用先生也是当年《读书与出版》的出版人之一。新中国成立前,范用和他的朋友们——陈原、陈翰伯、倪子明等——陆陆续续一直在编辑出版和读书相关的杂志。最早是20世纪30年代在上海出版的《读书生活》半月刊,被查禁后又先后在沪渝两地出版过《读书与出版》《读书月报》等杂志。

在范用看来,他操办过的这些读书杂志都有一脉相承的特点,从内容上讲,"它们不是简单的书评杂志,而是比较广泛地谈文化问题、思想问题的,不限于读书的问题"。从读者定位上讲,它们针对的是"喜欢看书的普通人"①。

范用先生在《办杂志起家》的文章中提到,当年《读书月报》和《读书与出版》等杂志号称"十大期刊":

> 三四十年代参加爱国进步活动的青年,几乎都受到过生活、读书、新知三家出版社的杂志的良好影响。这些杂志的主编或实际主编人,多属知名的理论家、文学家、编辑家、社会活动家。开一张不完全的名单:胡愈之、邹韬奋、李公朴、沙千里、陈望道、张仲实、沈志远、钱亦石、钱俊瑞、胡绳、艾思奇、柳湜、陶行知、沈兹九、金仲华、艾寒松、曹孟君、李平心、胡曲园、郑易里、姜君辰、陈楚云、赵冬垠、茅盾、郑振铎、周扬、傅东华、宋云彬、陈子展、楼适夷、洪深、沈起予、黄源、叶以群、罗苏、戈宝权、何其芳、陈翰伯、史枚、徐杰、林默涵、陈原、李凌、赵沨、林路、叶籁士。主持出版发行工作的是徐伯昕、黄洛峰、徐雪寒、华应申几位出版家。

对中国出版事业做出贡献的前辈,不仅三联书店,包括其他出版

---

① 高任飞:《给普通人办〈读书〉》,《南方人物周刊》2007年第18期。

社的许多编辑者、发行人,如今大多已经不在人世,历史不会忘记他们。生活、读书、新知三出版社,由办杂志起家,生根发芽,成长壮大,用杂志开拓思想阵地,直接面向大众,联系读者,团结作家,推荐新人,培养编辑人才,改变了过去出版秘密刊物只在极小的圈子里流传的局面,中国共产党和进步团体的主张、号召,才能够迅速与众见面,并能彼此交流思想,同时,也在青年知识分子中,通俗地介绍马列主义和社会科学基础知识,从思想上理论上武装他们。①

美国《读者文摘》的创办人德维特·华莱士先生对刊物提出了如下的"训戒":"它可以被引述吗?它是读者会记得、思索和讨论的东西吗?它实用吗?是大多数人的兴趣和谈话的题目吗?它有恒久的趣味吗?一两年后仍然有意思吗?"②

用德维特·华莱士先生对刊物提出的"训戒"来检验70多年前出版的《读书与出版》,应该说,《读书与出版》交出了一份合格的答卷。

正是因为拥有当时全国一流的编刊人和撰稿人,《读书与出版》在解放战争时期众多的文化刊物中脱颖而出,成为一个发挥了特殊历史作用的特殊刊物,成为一个弘扬真理力量的"红色刊物",成为一个时代的空谷足音和人间绝唱——"在此之前,没有一个家杂志能做到这个境界,将来别的杂志也未必能够同样出色"③,把《读者文摘传奇》作者约翰·海登瑞说的这句话赠送给《读书与出版》,同样是恰如其分的和实至名归的。

---

① 范用:《办杂志起家》,《书香处处》,生活·读书·新知三联书店,2020年,第108—109页。
② [美]约翰·海登瑞:《读者文摘传奇》,林丽冠、余恭芗译,海南出版社,1996年,第66页。
③ [美]约翰·海登瑞:《读者文摘传奇》,林丽冠、余恭芗译,海南出版社,1996年,第1页。

书香溢百年

　　沈昌文先生回忆,《读书》创刊时将办刊宗旨定为"以书为中心的思想评论刊物","当时所来有自"。这源头就是40年前的《读书与出版》。

——何宝民①

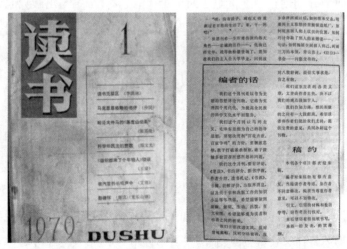

1979年4月《读书》杂志创刊号及代创刊词《编者的话》

---

　　①何宝民:《〈读书与出版〉的停刊与复刊》,《刊影流年》,大象出版社,2018年,第243页。

以上这段文字来自何宝民先生在《刊影流年》中的描述，文中还讲道："《读书与出版》不是单一的书评刊物，还是以书籍为中心的思想评论杂志。1979年4月《读书》创刊，策划并主事的陈翰伯、陈原、史枚、范用等，基本上是《读书与出版》的班底。"

1925年10月，由中华职业教育社主办的《生活》周刊创刊。自1926年10月起，由邹韬奋先生接任主编。1932年7月，在邹韬奋主编的《生活》周刊社基础上成立了"生活出版合作社"，对外称生活书店。生活书店是解放前重要的进步文化机构。1935年，生活书店开始发行《读书与出版》期刊，并在《读书与出版》第一次停刊期间，于1939年2月1日创刊了《读书月报》，直到1941年2月停刊。及至1946年再次复刊的《读书与出版》，以及1979年创刊的《读书》杂志，基本为同一套班底。这几份刊物可谓是一脉相承，传承近百年。

三联书店主办的《读书》杂志在刊发史枚先生回忆《读书与出版》和《读书月报》文章时的编者按语说："史枚先生是《读书》杂志的创办人之一，他所介绍的两个分别创刊于上世纪三四十年代的刊物《读书与出版》和《读书月报》可以说是《读书》的前身，文中闪动的正是编辑前辈们承担着对时代的责任、坚守在文化出版领域中工作的身影———将近七十年的岁月改变了许多东西，但我们坚信有许多东西可以抵御时间的销蚀，历久而常新，贯穿于《读书》的前世与今生。"①

这个意味深长的编者按语，道出了《读书与出版》《读书月报》和《读书》杂志的内在关联和历史的"血脉传承"。这种"血脉传承"，我们可以从三份读书刊物的"发刊词""复刊词"和"编辑室的话"梳理出一个梗概来：1935年5月18日，《读书与出版》第1期发表的《创刊漫话》这样写道："……如果说我们出版这刊物还有什么宗旨，那只有两点值得宣布一下的：头一是要替读者和出版界做一个老实的媒婆，一面叫出版界好的货色不致搁在灰尘满布的深闺

---

①史枚：《〈读书与出版〉和〈读书月报文章〉》，《读书》2003年第5期。

中做老处女,一面叫读者不必花冤枉钱讨进一只白鸽或杨梅毒;还有一点,我们很愿尽力告诉读者一点读书的'门槛',报告一些新书或出版消息。"

1937年3月16日,《读书与出版》"复刊号""编辑室的话"这样表述:"说到本刊的态度,和从前的一样,仍力求客观公正,问题的探讨,书报的评述,都从客观的立场出发。尤其关于出版方面,只要有好书出现,内容不是骗人的,不问哪家出版的,也不问是什么人著的译的,我们都负责地介绍给读者。"1939年2月1日创刊的《读书月报》刊登在头条位置的《本刊的发端》这样宣告:"本刊打算介绍一点学人的心得,以广读者的眼界;介绍读书、学习的方法和经验,以供读者参考;介绍当今出版界可读的书报,评论一书一章乃至一句的价值,使读者买书时多一种选择的根据,读书时也多能注意内容的领会;并且希望读者经常和本刊讨论,提出学习生活中各种疑问;本刊也尽量提供研究提纲,讨论大纲之类,总求引发青年自动学习的精神。"

1946年4月5日,第二次复刊的《读书与出版》在刊首的"笔谈"这样阐明:"《读书与出版》在战前曾发行过,这次应当说是复刊。但编了这第一期后,我们觉得离开计划时的理想尚远。书的批评与介绍还是迁就手边的方便的,研习大纲也未能附举参考材料,'广播'的内容也不够丰富……但我们希望以后能改进。尤其希望读者投函本刊'信箱',和我们讨论。如果可能,我们还打算给每月的书刊一个总的批评和叙述出版业的故事。"1947年2月15日,《读书与出版》在第二期封面后推出一面专门介绍刊物内容彩色"插页",明确说明:《读书与出版》是"帮助学习的综合性月刊",办刊宗旨是"指导学习方法,提供各种知识,介绍优良读物,报道文化动向"。1979年4月,《读书》杂志创刊时,将办刊宗旨确定为"以书为中心的思想评论刊物"。

以上就是三份读书刊物的历史"血脉传承"。更为准确地说,不仅当年出版的《读书月报》的"性格基本上和《读书与出版》相同",而且《读书月报》和《读书与出版》的基本"性格"又是从1926年10月起由邹韬奋先生任主编的《生活》周刊传承接续而来。

　　笔者由当年《生活》周刊的六大特点(见前文"杂志回顾录")联想到《读书与出版》《读书月报》和《读书》杂志的历史"血脉传承",发现了三个十分有趣的文化现象:一是四份刊物一条红线,即这些刊物全是由生活书店("三联"书店)创办,时间上基本没有间断;二是《读书月报》《读书与出版》和《读书》的基本内容全是读书与出版,都是坚持"以书籍为中心的思想理论刊物",并且在各个历史时期都是推动中国读书与出版事业繁荣和发展的领军式刊物;三是《读书》杂志传承了90多年前的《生活》周刊、80多年前的《读书月报》、70多年前《读书与出版》的文脉和风骨,依然是"以书为中心的思想评论刊物"。

　　人们从这四个绵延将近百年的积极倡导读书的刊物中看到了闪烁其中的邹韬奋精神,看到了汩汩流淌在这四个不同历史阶段"红色刊物"中的红色血脉,看到了一个坚持近百年"竭诚为读者服务"精神的薪火相传,闻到了一股飘逸在百年时空中国大地上浓郁的缕缕书香……

　　原三联书店总经理、《读书》杂志主编董秀玉在《我与三联》一书中回忆:

　　　　我对出版理想的认识,确是在跟随老一辈出版家创办《读书》杂志之后。在那个乍暖还寒的年代……陈翰伯、陈原、史枚、范用、倪子明等等就开始酝酿和筹备着《读书》的创刊,高高举起了捍卫真理的大旗。他们强调《读书》在思想界的战斗作用,强调时代脚步的记录,更强调实事求是、探索真理、坚持真理。他们的勇气和决心让我感触至深。

　　　　……这种思想和心灵的熏陶,为我开启了一个全新的世界。让我懂得应当怎样来爱我们的国家、民族,怎样才是真正坚持了文化理想,做个大写的人应有怎样的担当和牺牲。所有这一切,让我受益终生,这是我成长中、生命中最重要的转折点。

　　　　我懂得了,文化理想从根本上说就是文化责任,坚持优秀文化的传承和发展,坚持人文精神,是一个编辑最根本的担当、最基本的职责。不管在权利面前,还是在利益面前,我们必须有这样的文化自觉。也因此,着眼国家民族,守住文化尊严,扎根品牌形象,成为自己在三联始终坚持、须臾不敢轻忽的根本操守。①

20世纪90年代初期,笔者曾经有幸拜访了当时兼任《读书》杂志主编的"三联"书店总经理董秀玉先生,当面聆听了她对韬奋精神的理解和传承——怀抱深切的人文关怀和出版人庄重的使命感,营造一个书香盈溢的社会,培养一代代可持续发展的读书种子,是所有出版人的神圣使命所在,更是民族文化薪火传承的基础和希望所在。

吴彬先生为扬之水先生《〈读书〉十年》所作序言中的一段话令人印象深刻:"在多年的经历之后,我体悟到了:《读书》能够坚持下来,必须对那些创办了它的前辈出版家、对他们制定的方针和应对各种不同情势的策略表示由衷的钦佩和敬意。这些前辈是用自己毕生积累的资源和人脉为杂志灌注了精神,接通了血脉。……是那一批优秀的前辈知识分子塑造了《读书》也保护了《读书》,即使在他们离去后,也依然引领她经风经雨不断走出困境,让她有了生存空间和不衰的生命力。"②

樊希安先生在书中说:"三十年前,在改革开放的浩荡春风吹拂下,陈翰伯、范用、陈原、倪子明、史枚、冯亦代等老一代出版家和文化人,创办了《读书》杂志。《读书》是改革开放的产物,是拨乱反正、思想解放的一个重要标志。三十年来,《读书》历经风雨,一路走来,集聚了一大批作者、读者,努力把杂志打造成一个读书人的家园。她形成了独特的个性、鲜明的文风,留下了许多

---

①董秀玉:《在理想与现实之间》,《我与三联》,生活·读书·新知三联书店,2008年,第285—286页。

②吴彬:《序二》,载扬之水著《〈读书〉十年》第一册,百花文艺出版社,2019年,第21—22页。

脍炙人口的名篇,受到知识界、文化界的喜爱和赞誉"。①

　　当今时代,出版界和读书界面临的内外环境正在发生深刻的变化,新媒体技术的广泛应用极大地改变了出版格局和读者的阅读习惯。笔者认为:不管人类的生存环境如何变化,对读书的需求和渴望永远不会改变。因为书籍是人类生存和发展的精神动力之源,谁能够真正掌握书籍的丰富内涵,谁就能够把握好人生命运的航船。一个人只有头脑书香充盈,才能够使自己的灵魂充实饱满,才能够勇敢面对生活的各种严峻挑战。简言之:人类只要还有书籍存在,就一定会有美好的希望和未来……

---

①樊希安:《理想与情怀——三联书店出版工作行思录》,天津人民出版社,2021年,第73页。

附录:《读书与出版》总目录①

《读书与出版》创刊号(1935年5月18日)②

创刊漫话 ┃ 编者

出版界往哪儿走 ┃ 平心

关于读书的态度与书 ┃ 鹤天

怎样利用杂志 ┃ 豁风

伟大的文艺宝藏发掘工程 ┃ 编者

第三号(1935年7月15日)
著作界·出版界·读书界

洗去文化界的污点③ ┃ 迈

抓住要点 ┃ 启

文坛上的新人 ┃ 岩

专论

环境与生活的作风 ┃ 东亮

读物印象

从儿童读物谈到《表》 ┃ 品今

读书商讨

"方法""偏见"及其他 ┃ 编者

第五号(1935年9月16日)
文化谈评

不自觉的文字游戏 ┃ 翰齐

文学家的"考察"——不调和的补

---

①编者按:因资料缺失,暂无1935年第二号、第四号及1936年的文章目录;1937年仅有第24、25期目录。目录均为原文实录,个别与现在不同的表述,采取保留原文原则。原杂志目录并不囊括内文,今只录原目录。

②《读书与出版》创刊于1935年5月18日,编辑部在上海,编辑人:平心,寒松;发行人:徐伯昕。

③文章内文标题是《洗除文化界的污点》,文章目录是《洗去文化界的污点》。此处为目录原文实录。

白之一 ┃ 源成

不朽人物

悼念巴比塞 ┃ 周游

写情杰作的推销法——不调和的

补白之二 ┃ 源成

读物印象

《第二次世界大战》读后记 ┃ 一介

读书往来

驱除书业中的"江湖骗子" ┃ 编者

第六号（1935年10月16日）

文化谈评

从海外的幽默谈起 ┃ 平心

人物画像

韦尔斯的面影 ┃ 周游

读物印象

评《文学百题》 ┃ 一芥

全运杂感——对全国健儿与非健

儿说几句话 ┃ 翰齐

第七号（1935年11月16日）

文化谈评

文化界的科班制度和票房制度

┃ 平心

略谈通俗文 ┃ 翰其

人物画像

一个新型的艺术家摩尔 ┃ 优生

读物印象

介绍新知书店最近出版书籍四种

┃ 梁心沐

漫谈经济学新书—兼评沈志远著

《新经济学大纲》 ┃ 邵翰齐

第八号（1935年12月16日）

文化谈评

目前智识分子的紧要任务 ┃ 德生

谈谈小型报 ┃ 奔流

读物印象

给初学写作者的一封信 ┃ 优生

从东北到庶联 ┃ 应人

读书往来

关于经济学上的几个问题①

┃ 谭学海等

第一次复刊号：第廿四期（1937年3
月16日）②

①文章内文标题是《关于研究经济学的三个问题》，此处为目录原文实录。

②《读书与出版》复刊号的出版日期是1937年3月16日，与同期出版的《新生》杂志装订在一起（合刊）发行，该期《新生》杂志在首页提醒读者："注意：本期附有生活书店编行之《读书与出版》八页，售价照旧。"编辑部在上海，编辑人：张仲实，林默涵；发行人：徐伯昕。由生活书店发行。

小评论

　从书年——读者当心 | 易税

　失学与自学 | 古一尘

　英雄的骂 | 韦芝

编辑室 | 编者

国际问题研究大纲 | 葛乔

书报述评

　政治经济学讲话 | 吴梦殊

　关于《世界政治》 | 细流

文化情报

　纪德的《从苏联归来》 | 白辰

　检察网下的苏联出版物 | 实陀

西班牙文坛现状 | 渺加

百科问答

　人和环境 | 编者

信箱 | 编者

第廿五期（1937年4月16日）

中国当前所需要的文化运动 | 默涵

哲学研究大纲 | 胡绳

苏联女科学家会议 | 沁远

怎样组织读书会 | 警华

书报介绍

　上海——冒险家的乐园 | 童城

　普式庚研究 | 季行

文化情报

　苏联的智识分子① | 木石

百科问答

　求进呢？还是死？——答张望光、萧勇两君 | 编者

信箱

　回答济南、香港、福州、河南等地读者来信 | 编者

第二次复刊号：第一年（1946年）

第1期②

介绍一本大书——上海 | 凡士

春天——时局的关键 | 子起

罗曼罗兰的《约翰·克里斯朵夫》 | 戈宝权

书评

　研究远东局势与美苏关系的两本必备参考书 | Y

　历史的镜子 | W

---

①文章内文的标题是《苏联的知识分子》，此处为目录原文实录。

②《读书与出版》1946年4月5日第二次复刊，编辑部在上海，由读书与出版月刊社编辑，生活书店发行。每月出版一期，出版到第三年第9期（1948年9月）迫于国民党政府的"禁令"，在《大公报》宣布停刊。刊物连续出版了29期，创造了《读书与出版》创刊后连续出版最长的历史纪录，成为国民党统治区最受读者欢迎和最有影响的"红色"刊物之一。

滩 ｜ 拾栢

两本杂文 ｜ S

信箱

经济学能自修吗？怎样自修？ ｜ 编者

我想有计划的读世界文学 ｜ 编者

第一年(1946)第2期

前途还是艰难 ｜ 凡士

新中国宪法问题 ｜ 子起

向广阔处看 ｜ 田

肖洛霍夫的《被开垦的处女地》｜ 戈宝权

书评

介绍几本新哲学新书 ｜ TY

论民主革命 ｜ S

为了认识苏联 ｜ TY

四世同堂 ｜ 柏

任何人之科学 ｜ Y

三本儿童读物 ｜ Y

信箱

怎样组织读书会 ｜ 编者

关于了解国际时事 ｜ 编者

第一年(1946)第3期

笔谈(二篇) ｜ 田、谷

迎接困难 ｜ 方直

中国土地问题 ｜ 子起

高尔基逝世十周祭

高尔基是怎样读书的？ ｜ 戈宝权

读些什么高尔基的作品？ ｜ 荃

书评

《社会主义从空想到科学》及其他 ｜ S

关于勃洛摩夫 ｜ 葆荃

棉花 ｜ H

苏联少年读物的三个译本 ｜ Y

战后工业循环问题 ｜ S

一本最新的工业地图 ｜ 原

学习心理之话 ｜ H

第一年(1946)第4期

他还站在我们的前面 ｜ 胡绳

《怎样向韬奋学习》的引言 ｜ 韬奋出版社

论书籍 ｜ 高尔基作, 戈宝权译

《内地农村》自序 ｜ 费孝通

书评

青年自学丛书 ｜ L

孔墨的思想 ｜ H

理性与自由 ｜ M

科学新话 ｜ Y

初访美国 ｜ 谷

史坦培克的几本小说 ｜ Y

中国经济的道路 | S

时代评论小丛书 | S

苏联的文学 | 荃

第一年(1946)第5期

学术工作的方向 | 胡绳

陶行知先生的事业与精神

陶行知先生最值得学习的地方 |
郭沫若

我所见的陶行知先生 | 茅盾

大公无私的人 | 冯乃超

继承陶先生,学习陶先生 | 翦
伯赞

民主教育的导师 | 明道

陶行知先生论读书 | 傅彬然

愿大家承继陶行知先生伟大的精
神遗产 | 余之介

敬吊陶行知先生 | 罗淑章

墨子思想 | 杜守素

"墨者杜老" | 於湘

故意与无意 | 柏园

维族后裔的历史学家 | 凡容

书评

一生的幸福前途 | 友谷

二千年间 | 陆骥

一本非常可爱而新鲜的儿童小
说 | 新岳

多列士自传 | 原

钢铁是怎样炼成的 | 荃

信箱

怎样读中国史书 | 编者

第一年(1946)第6期

现代中国的思想家

梁启超的思想学术 | 杨荣国

杂志回顾

南国月刊 | 田汉

学习之话

方法与经验 | 胡绳

文化街沧桑录 | 萧聪

左,右与中 | 陈原

其人及其著作 | 集纳人

胡愈之先生在南洋 | 烟波

欧美书讯 | 柏园

谈一本不安静的书 | 高尔基作,葆
荃译

贝多芬:人和创造 | 戈宝权

书评

新知识初步丛刊 | 李麟

现代美国 | 柏园

中国政治史讲话 | 克俭

亚尔培·萨伐龙 | 素

考验 | 烟波

书市散步 | 子起

信箱

放长外汇——历史的怀疑论

者——儿童杂志——文艺理论的
修养——国文自修 | 编者

第一年(1946)第7期
学习之话
　为什么要读经济新闻 | 杨培新
　谈历史研究的必要 | 胡绳
杂志回顾
　世界知识 | 张章甫
　《新月》上的政论 | 存文
文化街沧桑录
　《五四以前的文艺杂志.从鸳鸯蝴
　蝶到黑幕武侠》| 萧聪
其人及其著作
　郭沫若的演说 | 文萃
　邓初民在重庆 | 文萃
　客居在印尼的王任叔(巴人) |
　烟波
我为什么译《相持》| 秋斯
矛盾的国度 | 爱伦堡作,尊闻译
广播
　欧美书讯 | 柏园
　苏联的出版事业 | 以实节译
大学通讯
　回到清华园 | 绍荃
书评
　关于《第二次世界大战史》| 柏园
　欧洲纵横谈 | 原

高老头 | 波
书市散步 | 子起
信箱
　时事札记和剪报——英语自修.
　诗作法——读外国史——更切实
　际的工作——学习地理 | 编者

第一年(1946)第8期
现代中国的思想家
　吴虞的思想 | 杨荣国
谈形式对于内容的关系 | 胡绳
研习大纲
　辩证唯物论 | 周颐
杂志回顾
　生活周刊 | 寒松
其人及其著作
　专勤于业的金仲华 | 文萃
　"神童"吴祖光 | 文萃
　文化街沧桑录(三)(商务与中华
　的竞争·教科书比赛·线装书和碑
　帖画册)| 萧聪
广播
　传记与回忆录(欧美书讯) |
　柏园
论巴尔扎克 | 高尔基作,戈宝权译
关于间接翻译 | 秋斯
书评
　几本国际知识新书 | 园

《时间呀，前进！》| 北泉

书市散步 | 子起

信箱

对美国式民主的怀疑——简复三

则 | 编者

第二年(1947)第1期

学习之话

学问和问学 | 孙起孟

现代中国的思想家

李守常先生的思想 | 杨荣国

行将到来的经济恐慌 | 杨培新

丘吉尔为什么反苏？| 梁纯夫

《理未易明》么？| 胡绳

本能和它的由来 | 周建人

杂志回顾

记《文艺新闻》| 适夷

新生周刊 | 萧风

通讯

北京图书馆 | 绍荃

国际文化风景线

"主流"及其他 | 柏园

苏联的作家在写什么？| 葆荃

其人及其著作

恢复了健康的平心先生 | 文萃

诗人袁水拍 | 文萃

书堆里的漫步

上图书馆的烦恼 | 柏园

怎样读《索特》？| 董秋斯

猎书偶记 | 蒋天佐

读书杂记 | 陈敬容

母鸡生鸡蛋的声音 | 罗稷南

"书评"专栏

潘金斯的《罗斯福回忆录》| 清

涟译

少年文库 | 怀德

信箱

越读越糊涂——简复二则 |

编者

第二年(1947)第2期

纪念普希金特辑

高尔基论普希金及其作品 | 葆

荃译

普希金年谱 | 编者

普希金诗两篇 | 戈宝权译

关于普希金 | 立人

普希金的作品在中国 | 芜萌

封面说明：鲍尔金诺之秋 | 编者

学习之话

学与用 | 孙起孟

研习大纲

辩证唯物论 | 周颜

从通货膨胀说到财政矛盾 | 杨培新

唐代新文化运动 | 谭丕模

广播

闻一多先生遗集 | 禹

国际文化风景线

普希金的自画像及其他 | 柏园

其人及其著作

我看朱光潜先生 | 禹

书堆里的漫步

书在旅行中的厄运 | 柏园

我们需要这样一个刊物 | 董秋斯

琉璃厂,这旧文化的库房 | 绍荃

出版难 | 张静庐

猎书偶记 | 蒋天佐

书评

罗斯福见闻秘录 | 园

《罗斯福见闻秘录》的真实性 |

园节译

一本用人民熟悉的的形式写的小

说 | 田堃

自然科学的入门书 | 野

信箱

观察国际形势的一些疑问 |

编者

第二年(1947)第3期

学习之话

学习不等于作知识分子 | 孙起孟

时事特讲

莫斯科外长会议 | 戴文葆

经济紧急措施方案的解剖 | 钦

本立

从"再教育"说到"抢救失足青年" |

彬然

记上海通信图书馆 | 适夷

广播

华莱士当编辑的第一天 | 柏园

各国异教社会主义的源流 | 平心

中国现代史脞谈

四十年前的"皖变" | 胡绳

现代中国的思想家

康有为的思想与学术 | 杨荣国

辩证唯物论是研究科学的理论指

针 | 贺湄译

穆姆《原方照配》序 | 吕叔湘译

《匹克威克外传》识小 | 董秋斯

《纽约时报》是怎样出版的? | 小鱼

节译

书评

五大哲学思潮 | 让

达尔文的《种的起源》| 子洋

甲申记 | 小萍

书市散步 | 子起

信箱

简复七则 | 编者

封面:《匹克威克外传》的插图 | 编者

第二年(1947)第4期

学习之话

献议一个学习合作的计划 | 孙

起孟

本刊关于帮助学习合作的办法 |

编者

时事特讲

物价还要上涨么？ | 钦本立

哀悼耿济之先生

苏俄文学百科全书序 | 耿济之

先生遗译

耿济之先生所译俄国文学作品的

初步编目 | 葆荃

封面:耿济之先生遗容 | 编者

钱玄同对于新文化的贡献 | 谭丕模

明太祖的《孟子节文》| 容肇祖

英国农民战争前后的异教社会主义

思想 | 平心

论苏联新道德 | 叶文雄译

阿Q时候的风俗人物一斑 | 周建人

广播

《新时代》及其他 | 柏园

猎书偶记

《诗论》| 蒋天佐

初读迭更斯的《唐贝父子》| 何家

槐译

华莱士的《新共和》| 小鱼

书评

殖民地·附属国新历史 | 勃

书市散步 | 子起

信箱·外简复六则

关于妇女问题 | 编者

第二年(1947)第5期

论纵横家的商人思想 | 侯外庐

抢做中国的债主 | 蒲韧

波西米亚的异教社会主义运动 |

平心

苏联文学讲话

苏联文学是怎样一种文学？ |

戈宝权

其人及其著作

诗人李广田 | 吕剑

广播

《新群众》的奇迹 | 柏园

通讯

香岛一瞥 | 谷

《战后资本主义经济之变化》序 | 吴

清友译

书评

思想史研究的新果实 | 纪玄冰

华莱士一门三杰 | 端纳

介绍《中国历史参考图谱》|

向达

人怎样征服自然 | 园

书市散步 ∣ 子起

《民族》周刊 ∣ 小鱼

学习之话

调查和批评 ∣ 孟启予

学习合作

自我介绍(廿八篇) ∣ 读者

讨论·建议 ∣ 编者

信箱·外简复八则

毕业后的打算 ∣ 编者

封面:华莱士 ∣ 编者

第二年(1947)第6期

现代中国的思想家

王国维的思想与学术 ∣ 杨荣国

德国农民战争时期的异教社会主义 ∣ 平心

书堆里的漫步

焚书·禁忌及其他 ∣ 柏园

广播

文学自由 ∣ 柏园

高尔基论文艺写作问题 ∣ 戈宝权译

封面:高尔基(六月十八日是他逝世的十一周年忌) ∣ 编者

文艺我语(一) ∣ 子古

其人及其著作

听马凡陀 ∣ 吕剑

皮鞋匠论 ∣ 许杰

书评

战后新版《世界经济地理讲座》∣ 朱适生

新哲学研究要纲 ∣ 纪玄冰

中国人学英文 ∣ 建

人民文豪鲁迅 ∣ 勃

书市散步 ∣ 子起

学习之话

下一步如何? ∣ 孙起孟

学习合作

自我介绍(五十九篇) ∣ 读者

大家来讨论 ∣ 编者

建议·批评 ∣ 读者

信箱简复七则

一个简单的书目及其他 ∣ 编者

第二年(1947)第7期

"纪念韬奋先生"特辑

悼韬奋诗 ∣ 柳亚子

韬奋死三年了 ∣ 黄炎培

悼念韬奋 ∣ 史良

向韬奋先生学习什么 ∣ 艾寒松

未竟事业待继续 ∣ 景宋

封面:韬奋先生 ∣ 编者

学习之话

怎样拟订学习计划 ∣ 子起

学习合作

自我介绍(四十六篇) ∣ 读者

大家来讨论 ｜ 编者

通讯选载 ｜ 编者

建议·批评 ｜ 读者

编者的话 ｜ 编者

习作四篇 ｜ 何金铭等

笔谈二则 ｜ 编者

资本主义国家的种族歧视 ｜ 樊英译

谈谈宇宙 ｜ 建人

苏联文学讲话

苏联文学的主潮是什么？ ｜ 戈

宝权

其人及其著作

闻一多与吴晗 ｜ 王一

广播

英国的法西斯主义 ｜ 柏园

文讯

桂林的书市 ｜ 蒋烈奇

书堆里的漫步

图书审查种种 ｜ 柏园

英国的左翼读书会 ｜ 何凯

《战后资本主义经济之变化》内容提

要 ｜ 吴清友译

书评

王贵与李香香 ｜ 周哲

俄罗斯问题 ｜ 曾蔓

书市散步 ｜ 子起

第二年(1947)第8期

学习之话

学习科学就是练习思想 ｜ 建人

略谈社会调查 ｜ 西超

学习合作

自我介绍(三十六篇) ｜ 读者

大家来讨论 ｜ 读者

学习计划 ｜ 读者

建议·批评 ｜ 读者

编者的话 ｜ 编者

阅读材料拟目 ｜ 编者

习作

日记断片 ｜ 柳彬

妇女与学习 ｜ 赵文娟

怎样读书 ｜ 骆秉彝

读丹东之死 ｜ 魏世英

笔谈 ｜ 编者

理论检讨

国际问题三事 ｜ 梅碧华

问题解答

日本货来了有害处吗？ ｜ 杨深

报上说的七月涨风为什么涨不起

来？ ｜ 杨深

马歇尔计划的由来、内容与反应

｜ 陈原

印荷战争是怎样爆发的？ ｜ 陈原

苏联文学讲话

苏联文学是怎样发展和成长

的？｜戈宝权

莫斯科中央儿童图书馆巡礼｜夏维译

广播

《俄罗斯问题》及其他｜柏园

书评

近代中国思想学说史介评｜守素

书市散步｜子起

猎书偶记

从复活看毁灭｜蒋天佐

根室与《美国内幕》｜小鱼

封面：农民休息之所（米勒作）｜编者

第二年(1947)第9期

笔谈

历史的进程｜绳

谣言何多｜建人

提高史地教育｜素

我们的翻译界｜枚

时事特讲

魏德迈访华｜梅碧华

问题解答

关于这一次外汇调整｜文麟

日内瓦国际贸易会议怎样举行的？｜陈原

泛美联防会议，泛美联盟｜陈原

苏联文学讲话

高尔基对苏联文学贡献了什么？｜戈宝权

行为的特征形式的复杂性｜子古

答H君问诗｜吕剑

国文班

先谈一篇习作｜孙起孟

学习之话

注意语句上的稳练｜魏金枝

学习合作

自我介绍(六十五篇)｜读者

大家来讨论｜读者

笔记摘录｜读者

建议·批评｜读者

编者的话｜编者

通信借书｜编者

习作

怎样自学速记｜光复

悼失书｜铁

文化通讯

我们的合作学习｜章周

广播

现实与神话｜柏园

一本书的诞生｜张静庐

名著解题

恩格斯的《家庭私有财产和国家的起源》｜叶文雄译

书评

中国近代史参考资料 ｜ 焕

今日工商之路 ｜ 佩

书市散步 ｜ 子起

封面:梵高的《刈割者》｜ 编者

第二年(1947)第10期

笔谈

坚定的信念 ｜ 绳

住在乾坤袋里还是当文化小兵?
｜ 建人

"精彩的镜头"｜ 碧

时事特讲

开放日本贸易问题 ｜ 娄立斋

国文班

呐喊自序 ｜ 孙起孟

漫谈语句的峭利 ｜ 魏金枝

苏联文学讲话

反映在苏联文学中的国内战争 ｜
戈宝权

问题解答

中国经济会不会崩溃? ｜ 文麟

关于联合国大会 ｜ 贝逊

书评

可耻的结局 ｜ 梅碧华

大众科学丛书介绍 ｜ 建人

书市散步 ｜ 子起

广播

新人·新女性·新院士 ｜ 柏园

学习之话

亦谈社会调查 ｜ 费孝通

关于哲学学习的方法问题 ｜
马特

学习合作

自我介绍(六十七篇) ｜ 读者

通讯选载 ｜ 读者

其他 ｜ 编者

有效的学习之路在哪里? ｜ 孙起孟

持恒学讯

持恒函授学校课程设计 ｜ 编者

答问 ｜ 编者

习作

读书的效率 ｜ 成湘

对农村教育不能希望过奢 ｜ 益初

信箱

关于中国文字研究的三项询问 ｜
马叙伦答

问题一则·讨论

关于怎样阅读和学习文艺 ｜
编者

封面:米开朗哲罗的雕塑《奴隶》的
一部分 ｜ 编者

第二年(1947)第11期

笔谈

检讨，再出发！| 素

谈到筱丹桂自杀 | 建

洋员 | 绳

"版权所有" | 佚名

时事特讲

认识世界 | 梅碧华

国文班

一件小事 | 孙起孟

苏联文学讲话

反映在苏联文学中的社会主义建

设 | 戈宝权

问题解答

这次物价涨风特征是什么？|

文麟

物价今后是否就此直线上升呢？

| 文麟

什么叫做"小型联大"？| 贝逊

关于巴勒斯坦问题 | 贝逊

感觉经验的内心批判过程 | 子古

昆虫生活一斑——兼讲法布尔的观

察 | 建人

论牛全德 | 许杰

书评

通俗读物的光辉 | 治俊

《巴黎的陷落》| 曾蔓

书市散步 | 怀蔫

广播

两个音乐家 | 柏园

文化通讯

暹罗华侨的读书与出版 | 庚如

学习之话

关于辩证唯物论的具体运用问题

| 马特

名著解题

《唯物论与经验批判论》| 叶文

雄译

持恒学讯

持恒函授学校课程设计（续）|

编者

柬学友 | 编者

习作

新鲜的气息 | 祝凤珊

怎样做记者 | 陈砥平

信箱

关于绘画基础理论的学习 | 丁

聪答

外一则·讨论

关于妇女与学习诸问题 | 编者

封面:布尔台尔的雕塑《拉弓的黑拉

克列斯》| 编者

第二年(1947)第12期

笔谈 | 编者

理论检讨

秋季的几次文艺论争 │ 乾英

国文班

《故乡》│ 孙起孟

时事特讲

和约问题 │ 梅碧华

问题解答

蒲立特计划能否安定中国经济？
│ 文麟

关于外长会议 │ 贝逊

法国人民的攻势与反动派 │
贝逊

科学上怎样考察事实真相 │ 建人

书肆偶涉 │ 巴人

关于《实验科学方法论》这样的书│
夏康农

书评

介绍《亡友鲁迅印象记》│ 景宋

读《呼嚎》│ 周哲

书市散步 │ 怀葛

论《战后资本主义经济之变化》问
题 │ 吴清友

广播

雷诺自己不照照镜子 │ 柏园

学习之话

论史料的搜集和处理 │ 嘉遂

信箱

答某君问什么是历史 │ 守素

简复(共十一则) │ 编者

习作·小说

一个小镇的风波 │ 李鸣

持恒学讯

持恒函授学校中学部课程设计│
编者

第一个学月届满告学友 │ 编者

学友意见调查表 │ 编者

封面：迈伦的雕塑《投掷圆盘的青
年》│ 编者

第三年(1948)第1期

笔谈

元旦试笔 │ 素

把过去做一个结算 │ 建

新闻自由一例 │ 碧

新形势和新认识 │ 邹彦

时事特讲

联合国与民主和平 │ 梅碧华

从人物看近代中国

康有为与戊戌维新 │ 胡绳

国文班

《头发的故事》│ 孙起孟

苏联文学讲话

反映在苏联文学中的伟大卫国战
争 │ 戈宝权

问题解答

关于苏联币制改革(共四问) │

文麟

胡佛的对德的单独媾和计划是怎样的? | 贝逊

鲁尔问题为什么如此重要? | 贝逊

其人及其著作

钱亦石先生在工作队中 | 何家槐

国际文化风景线

柯尔先生说错了 | 柏园

书评

读《中国经济原论》| 哲奇

十二颗星 | 闻枚

书市散步 | 怀葛

文化通讯

燕大翁独键先生讲三十年来苏联的史学界 | 傄励

通俗化·庸俗化·举例子 | 马特

学习之话

英文的学习问题 | 胡仲持

信箱

关于人类进化疑点之答复 | 建人

简复(共六则) | 编辑部

习作·小说

回家 | 李华

封面:拉布雷的《巨人世家》插图(G. 陀莱作) | 编者

第三年(1948)第2期

笔谈

校门之外 | 风

关于科学兴趣的培养 | 建

时事特讲

紧随着世界的进步潮流 | 梅碧华

从人物看近代中国

康有为与戊戌维新(续完) | 胡绳

国文班

《社戏》| 孙起孟

苏联文学讲话

反映在苏联文学中的伟大卫国战争(下) | 戈宝权

问题解答

中国币制可能改革吗?(二问) | 文麟

西欧诸国的所谓"中间路线" | 贝逊

关于法国市选结果的补充 | 贝逊

从文艺到哲学 | 史笃

新哲学与科学传统(美.D.J.Sruik) | 章怡译

名著解题

《在俄罗斯谁能快乐而自由》研究 | 辛之译

书评

　　最近几本有关国际形势的翻译 |

　　史炼

　　介绍《普希金文集》| 周哲

　　关于《饕餮的巴黎》| 范泉

早春的野花 | 建人

国际文化风景线

　　首奖：貂皮大衣一件 | 柏园

信箱

　　职业青年的苦闷 | 彬然

简复（共十四则）| 素、麟、编者等

习作

　　读书与学习（记一个座谈会）|

　　伍生

　　封面：雷平的《拉船的人》| 编者

第三年（1948）第3期

笔谈

　　事实胜于雄辩 | 建

　　女子非"弱性" | 建

　　好莱坞文化 | 风

研习大纲

　　二个阵营对立下的世界 | 梅

　　碧华

梁启超及其保皇党思想 | 胡绳

国文班

　　有关《呐喊》自序的几点讨论 |

　　孙起孟

苏联文学讲话

　　反映在苏联文学中的历史题材及

　　其他 | 戈宝权

问题解答

　　关于法郎贬值（共三问）| 文麟

　　什么叫做西欧同盟？ | 贝逊

　　捷克政潮是否所谓新民主政权的

　　危机？ | 贝逊

书评

　　介绍《杰克·伦敦传》| 董秋斯

　　我怎样改译《勃·康化学》| 顾

　　均正

　　法捷耶夫的《青年近卫军》| 堃

　　推荐《世界史初步》| 沅

　　拜伦和马可斯 | 秦牧

猎书偶记

　　叔本华的文学观 | 蒋天佐

国际文化风景线

　　新群众周刊停版了 | 柏园

学习之话

　　哲学有什么用处？ | 马特

信箱

　　关于历史概念答海峰先生 |

　　守素

简复（共十二则）| 编者

习作

　　《自然与自然科学》| 胡庸

　　"过渡"的主题及其它 | 赵文娟

人民自己的歌 | 张臂呼

封面：M.高尔基《童年》的插图(A.B.
戴赫基列夫作) | 编者

第三年(1948)第4期

笔谈

"自由主义者"转到"智识分子"
| 建

从马沙里克谈起 | 木

是谁在胆颤心惊 | 碧

居里夫人被捕 | 园

理论检讨

总结关于"自由主义"的论争 |
庞欣

时事特讲

一个奴役远东的计划 | 梅碧华

修养月谈

谈理想 | 默涵

从人物看近代中国

梁启超及其保皇党思想(下) |
胡绳

国文班

《孔乙己》及其他 | 孙起孟

苏联文学讲话

反映在苏联文学中的历史题材及
其他(下) | 戈宝权

问题解答

中国的土地问题和土地改革 |
文麟

土地改革会使农业减产吗？ |
文麟

土地改革会妨碍工业化吗？ |
文麟

什么叫做"斯揣克方案"？ |
贝逊

所谓"国际新危机"究竟是什么？
| 贝逊

四月十八日意大利普选的展望 |
贝逊

悼许寿裳先生 | 建

记郑定文和他的《大姊》| 适夷

节足动物里丈夫难做 | 建人

书评

巨大的兴奋 | 史笃

《近代世界史简编》| 黄翰

介绍两本新货币学 | 沧

书市散步 | 王孝风、怀葛

国际文化风景线

梭斯达可维之的自我批判 |
柏园

学习之话专栏

怎样学习马克思学说 | 温斯东
作，方华译

简复(关于瓦尔加等共八则) | 编者

习作

买书的故事 | 何金铭

封面:A.托尔斯泰的《俄罗斯故事》
插图丨编者

第三年(1948)第5期
笔谈
纪念"五四"想到科学丨建
论爱之宣传丨直
知识分子的道路丨碧
探险的喜剧丨柏
什么是目前出版界的困难丨莫
修养月谈
谈实践丨默涵
国文班
"是"?不"是"?丨孙起孟
时事特讲
论美国经济恐慌丨李正文
问题解答
资金南流·资金逃避·港汇·申汇
丨文麟
最近工厂南移的趋势丨文麟
"冷战"·"小害为佳"说·意大利选
举丨贝逊
苏联的妇女与家庭丨茅盾
个人与社会主义社会丨乌姆斯基
作,樊英译
农民文艺与五四传统丨杨晦
一个生物学家对日常生活的观感丨
何默

明末复社领袖张溥丨容肇祖
书评
新民主国家的轮廓画丨梅碧华
斯坦倍克及其《红马驹》丨董
秋斯
《苏联见闻录》丨区海
书市散步丨王孝风、怀葛
国际文化风景线
最近一次的斯大林奖金丨柏园
为什么逻辑离不开认识论?丨杜
守素
关于《战后资本主义经济之变化》底
检讨和答辩(上)丨瓦尔加作,吴清
友译
学习之话
怎样研习中国劳动问题丨徐弦
简复丨编者
封面:《种马铃薯》(新中国妇女所作
之刺绣图案)丨佚名

第三年(1948)第6期
笔谈
关于诈术丨敬
雅典的屠杀丨园
且看有些地区的"文化"丨健
小型书架丨华
修养月谈
谈苦闷丨冯堃

从人物看近代中国

洪秀全和冯云山(上) | 胡绳

国文班

《孔乙己》研究 | 孙起孟

时事特讲

世界局势中的美苏关系 | 梅碧华

问题解答

东南欧新民主经济与中国 | 文麟

《德莱勃计划》·以色列国的诞生 | 贝逊

农民文艺与知识分子的改造 | 杨晦

前期儒墨道三家的逻辑思想 | 杜守素

美国的反动哲学 | 梁恒

论科学的政治性和现行优生学的荒谬 | 建人

关于《印尼社会发展概观》| 王任叔

书评

统治美国的一千人 | 史炼

介绍《人民与文艺》| 应怀

《春风秋雨》| 周哲

书市散步 | 王孝凤、怀莴

国际文化风景线

逃避与颓唐 | 园

甚么是音乐上的现代派和形式主义 | 苏碧

关于《战后资本主义经济之变化》的检讨和答辩(下) | 瓦尔加作,吴清友译

关于本刊第一次征文 | 编者

征文四篇 | 嘉联、陈一虹、刘润生、张臂呼

封面:讽刺画《皇帝们在革命的海洋里》(英·Punch) | 编者

第三年(1948)第7期

笔谈

痛念四位民主战士 | 澍

司徒博士没有认识中国 | 健

《爱中国》| 敬

深入研究日本问题 | 孝

修养月谈

谈意志 | 默涵

学习之话

日本问题研究法 | 张可斋

时事特讲

日本问题十问十答 | 梅碧华

从人物看近代中国

洪秀全和冯云山(下) | 胡绳

惠施公孙龙的逻辑思想 | 杜守素

名著解题

恩格斯的《费尔巴哈论》| 应怀

关于韬奋文录

韬奋文录序 | 胡愈之

韬奋文录编后记 ｜ 编者

韬奋文录目次 ｜ 编者

文学自由与刘易士的小说 ｜ 董秋斯

书评

《论新民主革命》绪言 ｜ 于怀

《四十年》译序 ｜ 罗稷南

读《红楼梦人物论》｜ 玄

读《我的音乐生活》｜ 苏碧

文化通讯

香港杂志巡礼 ｜ 周哲

国际文化风景线

波克事件及其它 ｜ 柏园

科学小品

梅雨 ｜ 黄宗甄

我所知道的雕刻家刘开渠 ｜ 陆地

问题解答和信箱

关于美国大选和第三党运动(国
际)｜ 贝逊

东南欧新民主经济的性质(经济)
｜ 文麟

社会主义社会有没有矛盾(哲学)
｜ 马特

改进本刊的意见 ｜ 曹继昌、编者

征文选登

我怎样离开XX公司 ｜ 张石民

编者·作者·读者 ｜ 编者

封面:《射击》(俄国诗人莱蒙托夫手
稿)｜ 编者

第三年(1948)第8期

笔谈

最后消费者 ｜ 碧

关于饥饿 ｜ 直

拒绝"恩惠" ｜ 健

不要文化 ｜ 白

时事特讲

南斯拉夫问题浅解 ｜ 贝逊

苏联文学讲话

苏联的作家是怎样生活的(续
完)｜ 戈宝权

新的国家和新的人民

新的地理 ｜ 米海洛夫作,陈原译

学习之话

历史变革的主导力量 ｜ 嘉遂

名著解题

《德国农民战争》｜ 应怀

《闻一多全集》序 ｜ 朱自清

书评

关于土地改革的两本新书:

一、《土地改革问题论丛》｜ 杨郁

二、《中国土地问题讲话》｜ 史炼

司汤达的《帕尔玛宫闱秘史》
｜ 堃

看地图·识时事 ｜ 萧绿

书市散步 ｜ 沅、孝风、孟健

上海杂志巡礼 ｜ 孙璧如

论人口论中的欺骗作用 ｜ 建人

从翻译狄更斯说起 | 董秋斯

讨论

关于人民文艺和农民文艺的随想 | 刘幸

关于哲学史及哲学战线上的诸问题（上）| 日丹诺夫作，李常立译

问题解答

最近物价暴涨的原因和趋势（经济）| 行素

什么叫做双边协定（政治）| 梅碧华

不吃是否可以生存（科学）| 建人

关于辩证法的四大特征和三大法则（哲学）| 马特

读书要用脑子想（外三则）| 读者、编者

封面：《无题》（美·Gropper）| 编者

第三年（1948）第9期

笔谈

怀疑与信仰 | 健

怎样想就怎样写 | 直

出版界一奇景 | 碧

敬悼朱自清先生 | 傅彬然

时事特讲

美援与中国经济 | 娄立斋

修养月谈

谈集体 | 默涵

英语学习讲话

字母和发音 | 胡仲持

荀卿的逻辑思想 | 杜守素

名著解题

《拿破仑第三政变记》| 应怀

书评

知识分子的道路 | 许小花

书市散步 | 季同

上海的几个政论杂志 | 孙璧如

谈文艺的群众性与大众化 | 蔡仪

谈桐城派 | 方重禹

科学小品

漫谈流汗的科学 | 黄宗甄

新的国家和新的人民

动力站 | 米海洛夫作，陈原译

论哲学及哲学战线上的诸问题（中）| 日丹诺夫作，李常立译

讨论

翻译的价值 | 董秋斯

问题解答

再关于"双边协定"（经济.三题）| 行素

柏林"危机"与德国局势（国际）| 梅碧华

美国的"红色间谍案"（政治.三题）| 梅碧华

唯心论的积极性和唯物论的积极
性 | 马特
关于昆虫及植物的"回光返照"
（科学）| 建人

封面:希泰恩堡（V.STINBE:G）为谢
甫青科的诗集《歌者》初版本
所作插图 | 编者

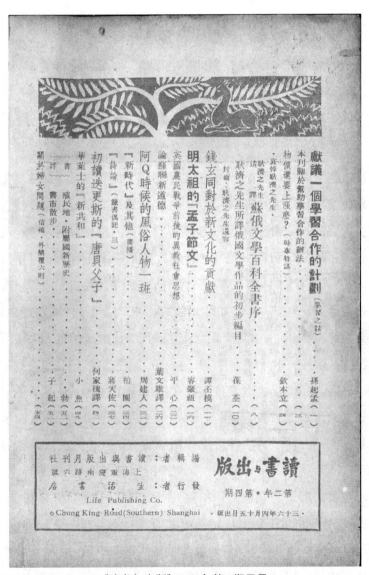

《读书与出版》1947年第4期目录

后记

　　按照我个人的写作计划,本想在2020年完成自己第一部散文集的写作和出版,谁料想,天有不测风云,一场突如其来的新冠肺炎疫情全然改变了全人类的行动轨迹,自然也改变了我个人的预先规划。于是我宅在家里,安心读书和写作,只是写作计划改变了——开始动手写作这部书稿。为什么要写这样一部书稿呢?大约六七年前,我在天津的一次古旧书籍拍卖会上发现了一套1947年出版的《读书与出版》全年12期合订本,心中充满好奇:当年中国共产党竟然在国民党统治区的核心大城市上海创办出版了这样一份"红色刊物"!这一份"红色刊物"十分值得我这个从事阅读推广、在出版界工作的人关注和研究,于是立即举牌拍买下来。

　　初步阅读了这12期《读书与出版》杂志后,我立即意识到《读书与出版》这份"红色刊物"的独特历史作用。首先,它创刊于抗日战争前期(1935年5月),是中国共产党在国民党统治区创办的一份倡导读书、推动出版事业发展的进步刊物。1936年一度停刊,1937年3月复刊,1937年底再次停刊;后再次复刊于1946年4月,直至1948年9月停刊。这个历史节点正值中国共产党领导人民大众带领中国由旧中国向新中国转变的特殊时期,当时国民党统治区内人们的思想正处在彷徨、徘徊的十字路口,

《读书与出版》实际上成为在思想上照亮"国统区"人们,特别是广大青年的心灵,引导他们奔向进步与光明的"一盏灯"。其次,它创办于国统区的心脏地区上海,刊物的编辑人和撰稿人冒着极大的政治风险,指导广大读者读好书、评好书,尽力推动读书与出版事业发展,发表的文章直指人民大众关注的国计民生问题,直指国民党反动派的命门所在,这种大无畏的精神和"接地气"的办刊经验,对于我们办好今天的报刊,推动全民阅读,繁荣出版事业,仍然具有极为宝贵的借鉴意义。《读书与出版》在伟大的人民解放战争中发挥的独特作用,以及它在中国近代出版史中占据的独特位置,是我决心撰写这本书的主要原因。

著名学者钱理群先生在《我的精神自传》中对今天我们所处的时代充满忧虑:"这是一个消解神圣,消解痴情、激情,消解浪漫、理想的追求,最终要将人的精神也消解殆尽的时代。"著名学者萧延中先生也明确提出,今天的"我们似乎什么都不缺乏,只是再没有了'慎独'的余暇,失去了反思自我生命及其内在价值的动力。我们遭遇到了前所未有的时代困境和心灵困境"。两位学者振聋发聩的警语使我掩卷深思:今天的我们怎样才能摆脱"前所未有的时代困境和心灵困境",并且"重新找回精神生活"?

我觉得,回顾当年《读书与出版》的编辑人和撰稿人冒着无比巨大的生命威胁风险,在十分恶劣的政治环境下,依然坚持出版这份"红色刊物",生活在"国统区"战火频仍、饥寒交迫条件下的人们,依然冒着巨大的风险坚持阅读《读书与出版》,坚持阅读《读书与出版》推荐的进步书籍,在心灵中点亮了理想和信念的"一盏灯",终于走出了一个"时代困境和心灵困境",迎来了新中国诞生的曲折心路历程,生活在今天的人们一定会受到深刻的心灵震撼——当年"国统区"的人们能够追随《读书与出版》走出"时代困境和心灵困境",今天的人们同样能够通过读书与思考,让理想和信念的"一盏灯"照亮自己的心灵,也一定会走出"时代困境和心灵困境",寻找到一个属于自己的心灵家园。就像著名社会学家马斯洛所说:"我深信在设计美好的精神世界、良好的社会时……我们就要学会不过于注重金钱，即重视高级的而不是低级的需要。"笔者认为，人类这种高级的需要就是当年《读书与出版》编辑人、撰稿人和阅读人所向往和追求的"美好的精神世界"，就是今天的人们正在苦苦求索的"心灵家园"。

为此笔者用半年多的时间，从30多册《读书与出版》杂志的200多万字资料"宝库"中，精选提炼出了20多万字的精粹文章，同时吸纳了这份"红色刊物"编刊人、撰稿人和当年读者的难忘记忆，荟萃了专家学者对这份"红色刊物"的历史评价，并且融合个人的阅读体会，撰写了这部书稿，可以说这也是笔者本人的一部"读刊笔记"或"读书笔记"。习近平总书记说："读书已成了我的一种生活方式。读书可以让人保持思想活力，让人得到智慧启发，让人滋养浩然之气。"[①]笔者相信，今天的人们如果能够将读书作为一种"生活方式"，就一定会找到当年《读书与出版》编辑人、撰稿人和阅读人所向往和追求的"美好的精神世界"，就一定会回归到属于我们每个人的"心灵家园"。

在这里还要提及的是，要写好这份"红色刊物"的书稿，我手头最初仅有的1947年出版的全年12本刊物还不够用，还要获得从1935年创刊到1937年停刊的杂志，以及1946年4月复刊到1948年9月停刊的全套杂志。前几年我从孔夫子旧书网陆续买到了1935年的6期、1937年的2期以及1948年的全9期《读书与出版》，其中第9期是这份刊物的终刊号。但是最难搜寻购买的是1946年的全8期杂志。苍天不负苦心人，通过不断搜寻，我终于在今年2月初从孔夫子旧书网上购买到了一套品相完好的1946年出版的全8期《读书与出版》。在此由衷地感谢为我提供这8期刊物的福建泉州那位十分讲信誉的民营书商朋友；由衷地感谢快递小哥在疫情防控的特殊时期，通过数千里不平凡的邮路辗转将这8期珍贵的

---

① 《习近平接受俄罗斯电视台专访》，《人民日报》2014年2月9日。

刊物平安无误地交到我的手中。至此,我的手头终于凑齐了全套29本从1946年4月复刊至1948年9月被迫停刊的《读书与出版》杂志,并且还有1935年和1937年的零散的《读书与出版》杂志,其中包括创刊号和第一次复刊号。

但是要撰写这样一部书稿,仅有这套刊物还远远不够,还需要更多的参考资料。在这部书稿的写作过程中,我先后参阅的书籍和文章还有:何宝民先生的著作《刊影流年》,这部著作里有他撰写的《〈读书与出版〉的停刊与复刊》;姜德明先生的著作《金台小集》,这部著作里有他撰写的《〈读书与出版〉杂记》;史枚先生的《记〈读书与出版〉和〈读书月报〉》;陈原先生的《不是杂志的杂志》;傅丰村、朱子泉先生的《关于〈读书与出版〉和"学习合作"的回忆》;"生活·读书·新知三联书店成立六十周年纪念集"之《我与三联》,其中有张仲实、戈宝权、蓝真、吴道弘、范用、董秀玉等先生回忆《读书与出版》及《读书》杂志的文章;樊希安先生的《理想与情怀:三联书店出版工作行思录》;扬之水先生的《〈读书〉十年》;肖伟俐先生的《周建人的为官为人和为学》(《大家风范:我所知道的民主党派领袖》);于淑敏先生的《刊和人·和我——陈原出版研究之二》《〈读书〉的前辈们》;沈昌文先生的《回忆〈读书〉老编辑部》;周慧梅先生的《科学小品、科学教育与知识图景——以周建人为考察中心》;吴象先生的《悼孙起孟老》;刘龙飞先生的《杜国庠:一生学术与革命交互辉映的"墨者杜老"》;陆华先生的《林默涵自述》;夏其言先生的《唐纳与我》(《东方文苑》);朱晓荣先生的《开放与变革:当前我国期刊封面设计理念略谈》;徐书白先生的《关于持恒学校》文章等。此外还有《生活第一卷汇刊》、《生活》周刊、《新生》周刊、《读书月报》创刊号等民国书刊,以及网络上搜集的与《读书与出版》相关的历史资料,笔者对于所有专家学者和相关资料提供者一并表示衷心的感谢。

撰写这部书稿既是我不断购买相关书籍和搜集资料的过程,同时也是一个不断学习和阅读相关书籍与资料的过程,更是一个得以虚心向当年《读书与出版》的编辑人、撰稿人——这些活跃在20世纪三四十年代我国知识界、出版界的文化素养深厚并且具有强烈社会责任感的前辈们学习求教的过程。在此仅向这些前辈们致以崇高的敬意,感谢他们以呕心沥血、殚精竭虑的无私奉献精神和博大精深、高瞻远瞩的政治智慧,为我们后辈留下了这份极其宝贵的文化遗存和精神财富,同时仅以这部小小书稿奉献给他们——感谢中国出版界和文化界的一代元老们为人民解放战争的最后胜利和新中国的诞生做出的贡献,并以此作为对他们一种永恒的缅怀和纪念。

笔者同时期盼人们阅读这本书后,能够从《生活周刊》《读书月报》《读书与出版》和《读书》这四个绵延将近百年的、积极倡导读书的刊物中,看到闪烁其中的邹韬奋精神,看到汩汩流淌在这四个不同历史阶段"红色刊物"中的红色血脉,看到坚持近百年"竭诚为读者服务"精神的薪火相传,闻到飘逸在中国大地上百年浓郁的缕缕书香……

这部书稿的撰写和出版,得到了中国出版传媒商报社原社长伍旭升先生、中国新闻出版研究院传媒研究所所长兼基础理论研究室主任李晓晔先生,以及人民出版社编审崔继新先生等朋友的大力支持和悉心指导;天津出版传媒集团副总经理纪秀荣女士、天津人民出版社社长刘庆先生、总编辑王康女士,本书编辑韩玉霞女士和李佩俊女士、美术编辑汤磊先生,均为这本书的出版提供了热情帮助,付出了辛勤劳动,在此一并致谢。

樊国安

2020年5月1日于天津